生态文明法治建设文库 专著系列 2
◎总主编 刘俊 张志辽

核损害赔偿责任制度研究

陈建 著

本书为重庆文理学院引进人才专项项目（项目编号：R2019FG27）阶段性成果

法律出版社 LAW PRESS·CHINA

总　序

回溯历史，五千年中华文明，翔实记录了中华儿女尊重自然、敬畏自然、顺应自然、保护自然、与自然相通相融的博大智慧和深邃思考。“天人合一”“道法自然”的哲学观滋养着一代又一代炎黄子孙，“天下皆宁，美善相乐”①“悠悠乎与颢气俱，而莫得其崖；洋洋乎与造物者游，而不知其所穷”②“天地有大美而不言，四时有明法而不议，万物有成理而不说”③等名言佳句历久不衰、沁人心脾，从云南苦聪人“刻木分水”到李冰父子修建都江堰，一个又一个经典故事名扬寰宇、名垂千秋。另据统计，在《诗经》305 篇诗歌中，有 141 篇 492 次提到动物、144 篇 505 次提到植物。诸如此例，足见中华民族源远流长的生态文化观念。

生态文明的提出，是人类对工业文明深刻反思的结果，是人类文明形态的新发展，涉及人类价值观念、生产方式、生活方式的全方位调整和重大变革。生态文明强调人与自然、人与人、人与社会的和谐共生、良

---

① 《荀子·乐论》。
② （唐）柳宗元：《始得西山宴游记》。
③ 《庄子·知北游》。

性循环、全面发展和持续繁荣为基本内涵的文化伦理形态。正如恩格斯所言："我们必须时时记住：我们统治自然界，决不像征服者统治异民族一样，决不像站在自然界以外的人一样——相反地，我们连同我们的肉、血和头脑都是属于自然界，存在于自然界的；我们对自然界的整个统治，是在于我们比其他一切动物强，能够认识和正确运用自然规律。"[①]因此，建设生态文明，就是对日趋严重的生态环境问题进行理论阐释和实践应对，是对现实工业文明困境的全面突围。中国共产党第十八次全国代表大会报告指出："建设生态文明，是关系人民福祉、关乎民族未来的长远大计。面对资源约束趋紧、环境污染严重、生态系统退化的严峻形势，必须树立尊重自然、顺应自然、保护自然的生态文明理念，把生态文明建设放在突出地位，融入经济建设、政治建设、文化建设、社会建设各方面和全过程，努力建设美丽中国，实现中华民族永续发展。"自此之后，加强生态文明建设的战略部署引领着全社会、各领域的制度建构和制度实践。2014 年 4 月 24 日第十二届全国人大常委会第八次会议修订通过的《环境保护法》首次将"推进生态文明建设"作为立法宗旨加以固化。其后修订通过的《大气污染防治法》和《野生动物保护法》均将"推进生态文明建设"确定为立法宗旨。2015 年 7 月 1 日实施的《国家安全法》更是将生态安全作为国家安全的重要内容加以规定。

生态文明建设涉及绿色发展、国土开发、生态修复、环境保护、生态效益评价、生态损害赔偿、核能开发利用、碳排放权和排污权交易、国际交流与合作等一系列重大课题，因此，深入研究生态文明建设中的法律问题，及时反映生态文明建设中的实践成果，为生态文明建设提供法治保障，是当前乃至未来相当长时期的重要主题。西南政法大学生态文明建设法治保障研究创新团队特别推出《生态文明法治建设文库》，选择出版生态文明法治研究方面的优秀著作，既为生态文明建设出智，又为人才培养助力。文库分专著、

① 《马克思恩格斯全集》(第 20 卷)，人民出版社 1971 年版，第 519 页。

译著、研究报告、论文集和教材等系列，力求全方位、多角度反映生态文明法治建设的科学研究和人才培养成果。感谢中央财政支持地方高校发展专项资金支持。我们深望绵薄之力虽不能擎天撼地，亦能水滴石穿。

是为序。

2016 年 9 月

---

* 西南政法大学教授、博士研究生导师，原西南政法大学副校长，法学博士。

** 西南政法大学教授、硕士研究生导师，教务处副处长，法学博士。

序

核能,作为一种低碳高效能源,不仅越来越受到各国的青睐,而且已在人类能源结构中具有举足轻重的地位,并成为解决能源危机的有效途径。然而,核能安全问题同样也伴随着核能利用,引发了人类更加强烈的关注。核安全问题主要集中在两个方面:一是核事故的预防,二是核损害的补救。虽然核事故的预防是核能利用过程中最优先考虑的问题,甚至可以说,核事故预防能力直接决定着核能的利用。但是,无论人类核事故预防能力如何强大,都没有任何一个国家不重视一旦发生核事故时的补救问题。核损害赔偿责任法律制度,也自然成为核能利用国的重要法律制度。

尽管我国核能开发利用实践如火如荼,但与核能相关的法律供给却明显不足,特别是核损害责任立法。我国核损害赔偿责任立法的相关规定,散见于《民法总则》《放射性污染防治法》《侵权责任法》《核安全法》中,并且以原则性规定为特征,缺乏可操作性。虽然国务院相继出台的国务院《关于处理第三方核责任问题给核工业部、国家核安全局、国务院核电领导小组的批复》(国函〔1986〕44 号)和国务院《关于核事故损害赔偿责任问题的批复》(国函〔2007〕64 号)是专门针对核损害赔偿责任作出的,但这种为引进国外核能技术而出台的“应急性”文件,仍缺乏应有的系统性。总之,我国核能开发利用的迅速发展,迫切需要加强对核损害赔偿责任法律制度的研究。

陈建同志所著《核损害赔偿责任制度研究》一书,不失时机地回应了我国核能开发利用的迫切需要,是对核损害补救机制较为完整的阐释。《核损害赔偿责任制度研究》以核风险是公共风险的定性为逻辑基石,以构建核损害赔偿责任制度为目标,通过分配正义理论工具,将核损害赔偿责任划分为核损害赔偿营运人责任、核损害赔偿社会责任、核损害赔偿中的国家补偿责任三类,并根据每一责任类型的特性,细化各责任类型中的具体制度。

通读《核损害赔偿责任制度研究》一书,我认为以下几点值得充分肯定:

第一,准确锁定了研究的逻辑起点。核损害赔偿责任制度与一般侵权损害赔偿制度存在实质性差别,既揭示了一般民事侵权赔偿责任法律制度难以完全适用的现实,提升了对核损害赔偿责任研究的意义,也同时奠定了必须建立一项特殊的核损害赔偿责任法律制度,来解决特殊的核损害赔偿法律问题的基础。本书将核风险定性为公共风险,并以此为逻辑基石,分析了在风险社会背景下,核损害呈现出或然性、潜伏性、持续性、后果巨额性等特征。进而认为核损害赔偿责任与传统的侵权赔偿责任相比,存在非单一性、重责任分担、以利益平衡为中心、制度运行条件特殊等差异。

第二,选择了一个较好的研究视角。学界对核损害赔偿责任制度的研究,无一例外地认为,核损害赔偿责任的主体仅为核设施营运人,进而以核设施营运人侵权责任为出发点来构建该制度。核设施营运人,作为核损害赔偿的重要责任主体,这是毫无疑问的。但核设施营运人的责任能力存在有限性,如果将核设施营运人作为唯一的责任主体,实际上很难实现及时、有效地赔偿受害人的立法目的。本书抓住核风险具有公共性特征,通过分配正义理论,将核风险责任分配给了三个主体:核设施营运人、其他社会主体和国家。与此相适应,核损害赔偿责任也分为核设施营运人责任、社会责任、国家补偿责任,进而构筑了我国核损害赔偿责任的国内三级财务保证:第一级为保险、第二级为基金、第三级为国家补偿。

第三,提出一些较有见地的新观点。首先,在核设施营运人责任的论证部分,作者提出核损害赔偿营运人责任实现的最佳方式是强制性核第三者责任保险。在此基础上,还主张引入核巨灾责任保险制度、非诉救济中的受害人共同体制度。其次,在核损害赔偿社会责任的论证部分,作者提出建立核损害赔偿基金制度，基金由核能行业中的所有核设施营运人、核事业相关产品的消费者、核设施营运人的股东、核供应商、收取税费的当级政府、公众等受益主体提供。再次，在核损害赔偿中的国家补偿责任部分，作者提出国家承担补偿责任的理论基础是国家保证理论。最后，在核损害赔偿责任制度的运行部分，作者基于公平性、效率性、秩序性和应急性标准的判断，提出建立行政主导的核损害赔偿应急机制。

第四，时效性强。在《核安全法》出台前，很多学者都认为，在新法中会将核损害赔偿责任制度的内容细化。但遗憾的是，新法就该制度内容仅在第 89 条、第 90 条作了原则性的规定。这也从一个侧面反映了我国学界对核损害赔偿责任制度的研究还不成熟，不能有效为立法提供理论支撑。该著作的出版，不仅有助于核损害赔偿责任立法在释义方面的深化，而且对核损害赔偿责任制度在司法实践中的进一步丰富，具有积极意义。

当然，作为一项学术研究，该著作仍然存在一些不足之处。譬如，对外国相关法律制度立法梳理及其实施效果的文献资料收集与利用，核损害赔偿核设施营运人责任、社会责任和国家补偿责任三种责任类型的关系的分析论证欠深入，语言文字表达精准与流畅等，都还需要下大功夫。

总之，作者以传统的法学理论为基础，将核损害赔偿责任细分为三种类型，并在此基础上建立起核损害赔偿责任风险分担体系，或许是核损害赔偿制度走出困境的有效路径。

西南政法大学教授　博士生导师

刘　俊

2018 年 10 月

Contents

目录

引　言

据日本政府估计，截至2016年年底，日本福岛核事故造成的核损害约为22万亿日元(约合1986亿美元)。[①] 该损害既包括了东京电力公司自身的财产损害，也包括了对第三人的人身损害和财产损害以及环境损害。截至2018年8月31日，东京电力公司共接收约267.3万件索赔，总付款金额约8.3427万亿日元(约合751亿美元)。[②] 然而东京电力公司的总资产仅为1.22776万亿日元(约合110亿美元)。[③] 如果没有日本政府的资金援助，按照一般侵权损害赔偿的规定，就算东京电力公司宣布破产，并以其全部资产对此损害承担无限责任，其赔偿能力也不够已索赔损害的14.72%。[④] 那么对于未赔偿的大部分损害，要么由政府大包大揽，要么由核受害人自我消化。这既

---

① 郭浩：《福岛核事故6周年：日本对核电失去信心了吗?》，载网易科技：http://tech.163.com/17/0318/10/CFQ7LEM600097U81.html，最后访问日期：2018年9月1日。

② 参见日本东京电力公司官网：http://www.tepco.co.jp/fukushima_hq/compensation/results/index-j.html，最后访问日期：2018年9月1日。

③ 参见日本东京电力公司官网：http://www.tepco.co.jp/about/corporateinfo/holdings/index-j.html，最后访问日期：2018年9月1日。

④ 这还是以东京电力公司没有其他外债的前提下，其赔偿能力才有可能接近14.72%。如果还存在其他外部债务或者后续赔偿，此时东京电力公司对核损害的赔偿能力将更弱。

不利于和平利用核能事业的发展，同时也不利于对核受害人的保护。本书以该事件为契机，对一般侵权损害赔偿责任制度为何难以解决核损害赔偿问题进行思考。在深入剖析过程中，本书发现试图充分认识核损害赔偿责任制度，应当解决如下问题：核损害的界定；核损害赔偿责任与一般侵权损害赔偿责任的区别；核损害赔偿责任的类型划分；核损害赔偿营运人责任、社会责任和国家补偿责任的承担；核损害赔偿责任制度的运行；核损害赔偿责任制度的立法固化等。

一、本书研究的目的及意义

通过对核损害赔偿责任制度的研究，本书试图在理论上实现对现有的核损害赔偿理论进行完善，对现有理论的错误观点进行矫正，对现有理论的阙如进行填补。同时，本研究正处于国家核损害赔偿责任立法的前期，本书还希望能为国家立法提供理论支撑和建议。

（一）完善现有研究理论

1. 在唯一责任或责任集中的论证方面，理论界普遍认为之所以核损害赔偿责任仅由核营运人承担，而不要求核供应商承担，是因为这类主体与核营运人的交易金额远低于核损害额。如果要求其承担损害责任，那么很可能会出现核工业供应出现断链现象。本书赞同学者的这种观点，在核能合作逐渐国际化的当代社会，核供应商已不再局限于本国范围内的供应商。他们在核能事业的发展过程中，起到了举足轻重的作用。相较于一次核事故损害的损失而言，核供应商提供的产品或服务的价值是难以和其比拟的。如果让核供应商承担核损害赔偿责任，那么他们将不敢供应核产品了，最终结果即为核能事业停滞不前，进而消失。但是，核供应商因其核产品的缺陷造成核事故损害，如果仍不承担损害赔偿责任未免有失公允。对此本书认为，既要让供应商敢于提供核产品又要让其承担责任的最好方法就是其承担的责任额必须是确定的，且在其承受范围内。因此，在维持唯一责任原则的情况下，可以将核供应商承担的那部分损害赔偿责任，纳入核损害赔偿社会责任中，将核供应商作为核损害赔偿基金的分担主体比较恰当。

2. 在国家干预的论证方面，理论界均效仿国际公约的做法，提出在超出限额时，国家应当提供一定金额的补偿，有的学者认为是赔偿，而且均未对国家干预的正当性基础提出论证，表现出国家补偿或赔偿是理所应当的态度。本书认为,核损害赔偿责任制度中的国家补偿责任,不等于传统的国家补偿责任。国家承担核损害赔偿中的补偿责任的理论基础为国家保证责任,即对国家行为的保证和对受害人救济的保证。

3. 在财务保证的论证方面,大部分学者倡导建立多层财务保证以求实现对受害人的完全赔偿,表现出越多越好的态度,但是他们又未对具体财务保证方式提出理论构建。本书认为,并非财务保证层级越多越好,因为不同层级之间的财务保证需要进行一定的衔接,会产生衔接成本(主要是效率)。另外,层级越多会导致较高层级的财务保证形同虚设,同时产生资金闲置。就国内核损害赔偿而言,本书主张采用三级财务保证即可,包括第一级的核责任保险,第二级的核损害赔偿基金,第三级的国家补偿。

4. 在核损害中环境损害的论证方面,学界受国际公约的影响较大,将环境损害的范围主要限定在环境损害的恢复措施费用上,而忽视了环境本身的价值。本书在分析中共中央办公厅、国务院办公厅印发的《生态环境损害赔偿制度改革方案》后,认为环境损害还应当包括环境本身的价值的减损。

5. 在核损害限额的论述方面,理论界参考国际公约和主要有核国家关于限额的规定,均认为应当提高我国对核损害限额的标准。学者过多地纠结于限额的高低,却忽视了背后的原因。本书认为,限额的高低不是关键问题,关键问题是限额的制定缺乏动态机制。另外,本书认为,需要对限额的设定方式进行论证。在核营运人方面,应考虑引入比例原则,对不同核营运人适用灵活的限额,防止"一刀切"。在受害人方面,应考虑的是以一次核事故仅作一个限额设置,还是对人身、财产等损害设定一个限额。

(二)矫正现有研究理论

1. 矫正对核事故和核事件概念的混淆。理论界大都未对核事故、核事件的概念进行区别,对此问题予以回避。但是从我国《侵权责任法》第 70 条的规定来看,我国立法认为核事故是核损害赔偿责任制度规制的对象,核事故以外的核事件可以适用《侵权责任法》的其他规定。本书认为,核事故和核事件是否需要区别对待关涉核损害赔偿责任制度的调整范围。国际原子能机构和欧洲经济合作组织原子能机构共同制定的《国际核和放射性事件分类标准》(International Nuclear Event Scale, INES,后改为《国际核和辐射事件分级表》)仅仅是对不同安全系数等级的评定。但本书认为在我国存在工伤保险制度的情况下,我国核侵权责任仅覆盖至核事故范围具有一定的合理性,同时也能够起到与国际相互衔接的作用。

2. 矫正对供应商需要承担第三方责任的态度。理论界大都反对将供应商进行豁免,认为不利于供应商提高核产品和服务的质量,试图寻找让供应商承担对第三方损害赔偿的方式,提出让供应商对核设施营运人的核设施等物质损失进行赔偿。其实,学者忽视了核损害赔偿责任制度是围绕如何对受害人的责任予以实现。简言之,从赔偿方面看,接受赔偿的主体应当是受害人。

(三)丰富现有研究理论

1. 提出核损害赔偿责任的三元划分。从理论界对核损害赔偿责任制度的认识来看,无一例外地将整个责任定性为核设施营运人的侵权责任。但从有关核损害赔偿责任的国际公约和国家国内立法情况来看,几乎都在规定了核设施营运人唯一责任原则的同时,还规定了在超过核设施营运人的赔偿限额时,由国家承担一定额度的赔偿责任,有些国家(如美国)规定由核能行业互助基金承担一定额度的赔偿责任。这使人不得不深思,核损害赔偿责任是否仅指核设施营运人的侵权责任。核风险是公共风险,核风险实现(核事故的发生)造成的核损害,应当由公共承担才具有正当性和合理性。因此,核损害赔偿责任制度应当强调风险分配和责任分担,而不应将核风险定性为私人风险,由核设施营运人独自承担。因为这既不符合公共风险理论的要求,也不符合核事业发展的正外部性内部化的要求。因此,本书采用分配正义的理论来将核损害赔偿责任划分为:核损害赔偿营运人责任、核损害赔偿社会责任和核损害赔偿的国家补偿责任。核设施营运人承担核损害赔偿的营运人责任,其他社会主体则承担核损害赔偿的社会责任,国家承担的是补偿责任。

2. 提出构建核巨灾责任保险制度。根据我国核共体保险范围的规定,核第三者责任保险不承保因重大自然灾害引起的核损害赔偿责任,从而出现了除外责任情形下的保险断层。这一方面给核设施营运人造成资金压力,另一方面难以实现及时、充分且有效地对受害人的赔偿。由此,本书提出在我国建立由政府财政支持下的核巨灾责任保险制度,由核巨灾责任保险对因重大自然灾害造成的核损害进行承保。

3. 提出建立核损害赔偿基金制度。从国务院的两个《批复》①来看，我国只有两级财务保证，即核第三者责任保险和国家补偿机制，没有建立核损害赔偿基金制度。本书认为，风险社会下建立多元化的风险分担机制具有正当性和合理性，提出建立政府性的核损害赔偿基金。对于资金的来源，坚持“谁获益，谁支出”的原则，得出基金支付主体范围包括但不限于：核能行业中的所有核设施营运人、核事业相关产品的消费者、核设施营运人的股东、核供应商、收取税费的当级政府和公众等。同时认为，出于对此项财务保证方式的有效性考虑，应当采事前预防性的筹集模式。

4. 提出建立非诉救济中受害人共同体设立制度。为了化解单个受害人与核设施营运人协商谈判中的弱势地位，保证受害人共同体内部的受害人之间赔偿标准的统一，提高核损害赔偿的效率性和秩序性，本书提出建立非诉救济中受害人共同体设立制度，由受害人共同体代表核受害人向核设施营运人进行索赔。

5. 提出适用行政处理前置程序，建立行政主导的核损害赔偿应急机制。在当事人主义模式下，依据现有的民事纠纷处理方式（主要为：和解、调解、仲裁、诉讼），难以保证公平性、效率性和秩序性。另外，核事故应急过程本身就存在核损害赔偿应急，但按照我国核事故应急相关立法的规定看，应急过程中政府支出和核设施营运人支出的费用性质均属于核应急的经费，不能用于核损害赔偿事宜。本书借鉴加拿大、印度、日本等国的立法经验，以及日本两次核损害赔偿实践经验，提出建立行政主导的核损害赔偿应急机制，核损害赔偿纠纷先由规定的行政主体进行处理，对处理不服的才可以提起诉讼进行索赔。

6. 提出核损害持续性侵权行为对诉讼时效的影响。核损害是一种物理性污染损害，其侵权是通过辐射完成的。由于人体、财产或环境在辐射造成后，基于辐射物质的附着性，只要其上存在辐射物质，对其辐射就一直存在，导致侵权行为的持续存在。核损害侵权不同于一般的侵权损害，一般的侵权损害中，侵权行为可以随着加害人行为的停止而终了，而核侵权行为不会随着加害人的行为停止而终了。从而引发了客观诉讼时效存在于核损害侵

---

① 两个《批复》分别指：国务院《关于处理第三方核责任问题给核工业部、国家核安全局、国务院核电领导小组的批复》(1986 年)和国务院《关于核事故损害赔偿责任问题的批复》(国函〔2007〕64 号)。

权中的危机。基于核侵权行为持续性特征，本书建议只保留主观诉讼时效的规定，而摒弃客观诉讼时效的规定。

(四)影响我国核损害赔偿责任立法

本书通过对国际公约、主要有核国家关于核损害赔偿责任制度的分析，并结合我国国情，以本土化和创新制度设计为路径，希望本书研究成果能够对我国核损害赔偿责任制度立法产生积极影响。

二、研究综述

有关核损害赔偿责任制度的研究，国内外学者都不同程度地作了相应的贡献，为本书的写作提供了有力的参考。但需要说明的是，囿于笔者语言能力，部分国家的相关立法和学界的研究难以掌握。另外，由于部分核能方面的国内文献资料存在涉密问题，难以为本书所用，如核第三者责任保险费率、条款等。为此，在文献范围方面，本书仅以能够掌握的国内外文献为限。

(一)国外研究现状

1. 在立法形式方面。(1)国际公约。[①] 从1960年开始，针对核损害赔偿责任制度的国际公约均独成体系，未与核安全公约体系等其他公约交织，包括《巴黎公约》体系、[②]《维也纳公约》体系[③]以及《核损害补充赔偿公约》[④]。(2)主要有核国家国内法。[⑤] 美国1954年颁布《原子能法》为原子能领域的基本法，在此基础上1957年制定了针对核损害赔偿的单行法《普莱斯—安德森法案》(Price-Anderson Act)。采用既有基本法又有单行法做法的国家

---

① 参见陈刚:《国际原子能法汇编》，中国原子能出版社2012年版，第468~482页；国际原子能机构网：http://www.iaea.org/Publications/Documents/Conventions/supcomp_status.pdf，最后访问日期:2018年9月1日。

② 1960年7月29日在欧洲经济合作组织主持下，德意志联邦共和国等16国签订了《关于核能领域中第三方责任的公约》，其生效于1968年4月1日。因其订立于巴黎，故又称其为《巴黎公约》。该公约曾于1964年、1982年和2004年以补充议定书的形式先后进行了三次修订。其中在1964年修订后形成了《布鲁塞尔补充公约》作为《巴黎公约的补充公约》，该公约于1974年12月4日生效。

③ 1963年5月21日在国际原子能机构主持下签订了《关于核损害民事责任的维也纳公约》，其生效于1977年11月12日。因其订立于维也纳，故又称其为《维也纳公约》。考虑到平衡受害者和核能利用行业两者的利益，该公约曾于1997年进行了一次修订并沿用至今。

④ 1997年9月12日在国际原子能机构主持下签订了《核损害补充赔偿公约》，该公约于2015年因日本批准加入才生效。

⑤ 傅济熙:《核损害的民事责任与赔偿》，中国原子能出版社2003年版，第53~59页。

还有：日本依据《原子能基本法》制定了《核损害赔偿法》及其执行条例、《核损害赔偿的补偿协议法》单行法；英国既制定了《能源法》，又制定了《核设施法》；印度既制定了《原子能法》，又制定了《核损害赔偿责任法》。与此相反的是只制定单行法：德国制定的《关于和平利用核能和防止核损害法》将核损害赔偿的内容直接纳入其中并予以细化；法国直接制定单行法《关于核能领域第三方责任法》；加拿大直接制定单行法《核责任法》。

2. 在救济途径方面。站在受害人的角度，救济途径越多，越利于权利的维护。但遗憾的是，除了印度和加拿大提出了新的救济途径外，无论是国际公约还是主要有核国家的国内法，均表现出对事后司法救济的青睐。国家干预原则更多地表现为国家履行补偿义务，并未实质性地体现国家干预的精髓。(1)印度。[①] 印度在司法救济之外设立了一套准司法意义上的行政裁决制度。其一般处理流程为：原子能监管委员会在核事故发生之日起的15日内公告该核事故→中央政府任命的理赔专员采用其认为适当的方式进行宣传，并收集对核损害提出的索赔申请→受害人在知晓遭受核损害之日起3年内提出索赔申请→理赔专员通知营运人→理赔专员在收到索赔申请3个月内作出裁决。对于中央政府认为核事故涉及公众利益的，可以设立核损害理赔委员会来代替理赔专员处理，其流程同前。只是此种情形下，委员会可以对索赔进行听证，并以此作出裁决。这套具有准司法意义的行政裁决机制展现出行政主动性，弥补了司法被动性的弊端。(2)加拿大。[②] 该国依据核事故大小，分别制定了司法和行政两个系统来处理赔偿问题。前者处理未超出核设施营运人责任限额的案件，后者处理超出限额的案件。

3. 在责任限制方面。学者约瑟夫·埃瑟尔(Josef Esser)认为，在危险责任领域实行的责任限额是对极端事故归责的修正手段。[③] 学者卡尔·汉纳克(Karl Hannak)认为，从损害分配的角度看，严格责任应伴有责任限制，而责任限制乃根源于危险的本质。[④] 乔恩·M. 范·戴克(Jon M. Van Dyke)认为，完全赔偿和部分赔偿是一个矛盾体。在完全赔偿情况下，尽管有利于

---

① 刘江：《印度2010年核损害民事责任法》，载《国外核新闻》2011年第9期。

② 傅济熙：《核损害的民事责任与赔偿》，中国原子能出版社2003年版，第79页。

③ Peixoto, Ester Lopes, "The Problem of Interpretation in Josef Esser's Thought", *DIREITO GV Law Review*, Vol. 3, Issue 1 January-June 2007, pp. 121 – 136.

④ 蔡先凤：《论核损害民事责任中的责任限制原则》，载《法商研究》2006年第1期。

对环境和受害人的保护，但是这样一来增加了核设施营运人的财政负担。从对核能利用的角度来看，则会影响核事业的快速发展。在部分赔偿情况下，尽管有利于核事业的快速发展，但又可能导致将环境和公众置于无尽的危险中。[①] 从责任限额的发展演变来看，《巴黎公约》体系规定的核营运人的责任额，从 1960 年的 500 万 ~1500 万欧洲货币单位（1982 年将计算单位改为特别提款权 SDRs），到 2004 年增至为不低于 7 亿欧元，对风险较低的装置和核材料运输中的责任额从 500 万 SDRs 提高到 7000 万欧元和 8000 万欧元。[②]《维也纳公约》体系规定的核营运人的责任额从 1963 年的不得少于 500 万美元，到 1997 年增至 3 亿 SDRs。[③]《核损害补充赔偿公约》体系规定的核营运人的赔偿限额为不低于 3 亿 SDRs。[④] 美国、加拿大和日本无限额规定，而是在财务保证（如强制保险）中间接规定。其他国家：[⑤]德国核损害赔偿限额为 25 亿欧元，英国为 14 亿英镑，印度为不超过 3.2 亿美元，法国规定的赔偿限额最高为 6 亿法郎，低风险装置和运输过程中的核装置、核材料的限额为 1.5 亿法郎。尽管赔偿限额本身与当下世界经济和国内经济水平不一定匹配，但不得不承认的是赔偿限额随着经济水平的增长而不断提高，体现了动态规律。

4. 在责任归责方面。迈克尔 · G. 福尔（Michael G. Faure）和汤姆 · 范登 · 博尔（Tom Vanden Borre）对美国的立法例进行总结后发现，在核事故损害是由核设施营运人供应商或其他第三人的行为造成时，对于如何认定侵权人和承担侵权责任有两种归责原则：第一种归责原则为经济管道归责原则，由美国《普莱斯—安德森法案》确定，即在普通侵权法上，核设施营运人的供应商或其他第三人要承担法律上的侵权责任。对核受害人的赔偿支付应当由核设施营运人来实施，但核设施营运人享有对该核供应商的追偿权。第二种归责原则是《巴黎公约》体系和《维也纳公约》体系确立的所谓法律管道责任，即在普通侵权法上，核供应商或其他第三人不承担法律上的侵权责

---

① Jon M. Van Dyke, "Liability and Compensation for Harm Caused by Nuclear Activities", *Denver Journal of International Law and Policy*, Vol. 35, Issue 1, 2006. pp. 13 -46.

② 傅济熙：《核损害的民事责任与赔偿》，中国原子能出版社 2003 年版，第 21 页、第 45 页。

③ 陈刚：《国际原子能法汇编》，中国原子能出版社 2012 年版，第 440 页、第 459 页。

④ 同上书，第 470 页。

⑤ 徐原、陈刚主编：《世界原子能法律解析与编译》，法律出版社 2011 年版，第 30 页、第 42 页、第 43 页、第 76 页。

任,而是由核设施营运人承担唯一责任。而且核设施营运人承担对核受害人的赔偿责任后,无权再向核供应商或其他第三人追偿。[①] 帕特里夏·W.比尔尼(Patricia W. Birnie)和艾伦·E.博伊尔(Alan E. Boyle)认为,采用唯一责任原则来确定核损害赔偿责任的履行主体,是指将所有赔偿责任都归属于核设施营运人。该原则既有利于减轻原告(受害人)选择被告所支付的成本,又有利于明晰核设施营运人的责任界限。[②]

5. 在核风险分担方面。风险分担最终也要落实到责任分担上去,因此国外学者大多从责任分担的视角来为风险分担提供建议。日本学者加藤信教授认为,可以建立一套由社会保险制度与侵权损害赔偿制度相互融合的综合性救济体系,并在其《关于综合救济系统的建议》一文中,将侵权行为社会保障性的、统一的综合救济理论作了进一步阐释。这在一定程度上推动了侵权责任社会化理论的发展。[③] 德国哥丁根大学的诺伯特·佩鲁尔(Norbert Peluer)提出如果受害者是由于运营者持有的各种保证金用尽而得不到赔偿,可向有过错的供应商索赔,但索赔的款额应限于其供货价值加上所得利润,这样供应商所承担的风险就是确定的。[④] 在国际公约方面,他们建立了多级风险分担机制。《巴黎公约》体系形成了由核设施营运人、设施所在国、缔约国组成的三阶梯风险分担机制。[⑤] 第一级来自核营运人的保险或其他财务保证,数额为至少7亿欧元;第二级来自装置国的公共基金,数额为第一级数额到12亿欧元之间的差额(一般为5亿欧元);第三级来自缔约国的公共基金,数额为3亿欧元。[⑥]《核损害补充赔偿公约》体系站在国家层面规定了两级风险分担机制。第一级为装置国应确保可提供3亿提款权,第

---

① Faure, Michael G., Borre, Tom Vanden, "Compensating Nuclear Damage: A Comparative Economic Analysis of the U. S. and International Liability Schemes", *William &Mary Environmental Law and Policy Review*, Vol. 33, Issue 1, 2008. p. 234.

② Patricia W. Birnie and Alan E. Boyle, *International Law and the Environment*, Oxford University Press. Oxford 2002, p. 478.

③ Nathalie L. J. T. Horbach, "Review of Nuclear Liability Compensation Systems Applicable to Reactors Outside the Unitied States", by *Nuclear Energy Institute*, 1999, p. 4.

④ 傅济熙:《核损害的民事责任与赔偿》,中国原子能出版社2003年版,第12页。

⑤ 黄胜开:《核损害赔偿国际立法及对我国的启示》,载《中南民族大学学报》(人文社会科学版)2015年第2期。

⑥ 傅济熙:《核损害的民事责任与赔偿》,中国原子能出版社2003年版,第47页。

二级为缔约国按照该公约规定的方案提供公共资金。① 个别有核国家进行了多级、多元的风险分担机制探索。美国建立了四级风险分担机制。第一级至第三级在《普莱斯—安德森法案》中予以规定：第一级由营运人所投保险承担，第二级由美国所有核电站缴纳的"追溯性延迟赔偿金/追溯性延期保费"承担，第三级在第一级、第二级不足以赔偿的情况下，由政府（国会）决定承担一定数额的补偿。② 第四级则由《核损害补充赔偿公约》缔约国公共基金承担。第一级和第二级均由核营运人或营运人集体承担，因此，也可以将第一级、第二级视为第一级。另外第一级的财务保证除购买强制保险外，还可以采私人保险、私人合同损害赔偿、自我保险、其他财务责任证据及其组合。③

6. 在诉讼时效方面。《巴黎公约》体系和《维也纳公约》体系规定的客观诉讼时效一致：对于人身伤害（包括生命丧失）的诉讼时效，延长至核事件发生之日起 30 年，其他损害的诉讼时效为 10 年；对于主观诉讼时效，《巴黎公约》体系规定受害者知道或应当知道受到了损害及其责任人之日起的诉讼时效限定为 3 年；而《维也纳公约》体系规定为至少 3 年。④《核损害补充赔偿公约》体系规定的客观诉讼时效为 10 年，主观诉讼时效为不少于 3 年，⑤ 但缔约国可以通过国内法延长时效。其他有核国家规定的情况为：⑥美国仅在非常核事故情况下规定了主观诉讼时效为 3 年，且无客观时效限制；德国规定的主观时效为 3 年，客观时效为 30 年；英国客观时效一般情况下为 10 年，特殊情况是 30 年，且无主观时效限制；韩国、罗马尼亚规定主观时效为 3 年，对生命丧失和人身伤害的客观时效为 30 年，其他损害为 10 年。

综观国外研究，在立法形式、救济途径、责任限制、责任归责、风险分担和诉讼时效等方面都已触及，大致形成了一个较为完整的核损害赔偿责任制度。但是这些研究主要还是以核设施营运人的侵权责任为主来进行研究。在存在一般侵权损害赔偿责任制度的前提下，学者们鲜有将核损害赔

① 陈刚：《国际原子能法汇编》，中国原子能出版社 2012 年版，第 470 页。

② 傅济熙、董保同：《浅谈第三方核责任法律制度》，载《中国核工业》1998 年第 3 期。

③ 徐原、陈刚主编：《世界原子能法律解析与编译》，法律出版社 2011 年版，第 107 页。

④ 傅济熙：《核损害的民事责任与赔偿》，中国原子能出版社 2003 年版，第 35 页、第 45 页、第 46 页。

⑤ 陈刚：《国际原子能法汇编》，中国原子能出版社 2012 年版，第 482 页。

⑥ 傅济熙：《核损害的民事责任与赔偿》，中国原子能出版社 2003 年版，第 57 页、第 75 页、第 84 页、第 93 页。

偿责任与一般侵权损害赔偿责任作区分。这不得不让人产生疑惑,既然核损害赔偿责任就只是侵权责任而已,那么为何不能适用侵权责任法,而要在侵权责任法之外单独建立一套新的核损害赔偿责任制度呢?其实,关键的问题还在于对核风险的理解上。核损害赔偿责任制度实质上就是对核风险进行分担的制度。从外国学者的研究来看,尽管已认识到了应当进行核风险分担,但他们研究的分担手段却局限于商业保险机制,而对其他的分担机制并没有进行充分研究。总体来看,出现这些问题的关键在于没有清晰认识到核损害赔偿责任与一般侵权损害赔偿责任的区别。

(二)国内研究现状

1. 在核损害界定方面。黄锡生、关慧认为,核损害不仅包括传统民法所保护的人的生命权、健康权、财产权等所造成的侵害,还包括对环境所造成的损害,其性质属于核能和平利用这类合法行为所引起的损害。① 耿保江将核损害区分为形式上的核损害和实质上的核损害,形式上的核损害包括人身损害、财产损害和环境损害;而实质上的核损害则预示着一种预防原则下的事前责任。②

2. 在核损害赔偿责任制度的目的界定方面。蔡先凤认为,核责任法的立法目的是既要保障核受害人获得及时、充分且合理的赔偿,又不妨碍核工业的健康发展。③ 傅济熙、董保同将核损害赔偿责任制度称为第三方核责任制度,并认为该制度有两个指导思想:一是保护受害者利益,二是促进核工业特别是核电事业的健康发展。④

3. 在责任归责与免责方面。在责任归责方面,李雅云认为,在核损害赔偿领域适用严格责任原则或无过错责任原则的主要原因是基于核侵权人与核受害人之间存在的不平等。这种不平等不是法律地位上的不平等,而是某种客观的社会地位不平等。双方这种不平等的社会地位是由于社会分工的不同而造成的,但可以通过法律来进行矫正。严格责任原则或无过错责

---

① 黄锡生、关慧:《供应商核损害赔偿责任豁免的反思与重构》,载《重庆大学学报》(社会科学版)2012 年第 2 期。

② 耿保江:《"核损害"法律概念探析》,载《华北电力大学学报》(社会科学版)2014 年第 2 期。

③ 蔡先凤:《中国核损害责任制度的缺陷及立法设想》,载《中国人口·资源与环境》2007 年第 4 期。

④ 傅济熙、董保同:《浅谈第三方核责任法律制度》,载《中国核工业》1998 年第 3 期。

任原则是法律对这种不平等进行矫正的体现。[①] 在责任免责方面，尹生认为，随着核能技术的发展，核设施营运人因特大自然灾害而免责的正当性和合理性正逐渐消失。[②] 黄锡生、关慧认为，将核损害赔偿责任只集中于核设施营运人，而核供应商不承担任何责任，其合理性在于：一是鼓励核工业的发展。核能是一种清洁能源，能为人类带来积极效益。二是避免讼累。为核设施营运人提供核产品和服务的供应商有很多，如果不采用责任集中原则，那么受害人必须在众多的核供应商中寻找适格的被告。然而在诉讼过程中，受害人（原告）还需一一举证证明核供应商为适格的被告，这必然增加受害人的诉讼成本，对其并非有利。三是确保受害人获得及时、充分且有效的赔偿。与核供应商相比，核设施营运人更具有支付能力。四是有利于核设施营运人更加审慎地防范风险。[③] 翟晨阳、吴凯也赞成将核供应商进行豁免。他们认为，核工业不像其他工业，它有着一套严格的安全质保体系，该体系中包括了贯穿始终、覆盖全面的核监管与标准执行体系。就设备制造，国家不仅建立了严格的许可证体系，而且是相互配套的对重要设备执行全面的驻厂监造制度。这完全不同于普通的工程设备订货、生产流程。事实上，这也是目前所有国际公约并不禁止豁免供货商对运营商赔偿责任的客观原因。[④]

4. 在责任限制方面。蔡先凤将责任限制原则定义为核装置营运人和装置国对一次核事故所造成的损害，只在规定的索赔期内承担规定限额的赔偿责任。因此，核损害责任法的责任限制主要体现在赔偿数额和诉讼时效两个方面。[⑤] 尹生认为，责任限制中将赔偿予以限额的目的主要是消除核营运者承担无限责任的忧虑，终极目标是为了促进核能事业的发展。[⑥] 李雅云也认为，核事业作为高危险、高新技术行业，尽管核营运人从中获取了高额利润，但是核事业同时又对整个社会有益。可以说，社会上的任何人都能够

---

① 李雅云：《核损害责任法律制度研究》，载《环球法律评论》2002年第3期。

② 尹生：《日本福岛核事故损害赔偿责任：中国的应对与启示》，载《法学评论》2013年第2期。

③ 黄锡生、关慧：《供应商核损害赔偿责任豁免的反思与重构》，载《重庆大学学报》（社会科学版）2012年第2期。

④ 翟晨阳、吴凯：《〈核损害民事责任维也纳公约〉体系评述》，载《中国环境法治》2012年第1期。

⑤ 蔡先凤：《论核损害民事责任中的责任限制原则》，载《法商研究》2006年第1期。

⑥ 尹生：《日本福岛核事故损害赔偿责任：中国的应对与启示》，载《法学评论》2013年第2期。

从核事业的发展中获得利益。因此,社会就要有所付出,而不能由核营运人把一切赔偿责任都自己承担。[①]

5. 在损害赔偿程序方面。傅济熙提出了赔偿程序建议:[②](1)核实已发生的损害,确定赔偿的有限顺序;(2)列出受害者清单,并发布有关受害者权利和索赔的信息;(3)初步估算损害情况;(4)为预计赔偿总数将超出经济担保或营运者的赔偿基金后的赔偿制定赔偿准则;(5)减少损失;(6)支付应急款项;(7)明确损害数额,确定和支付每项损害;(8)协调程序。落志筠希望建立核事故损害即时赔偿机制及完善常态化民事赔偿机制,并提出在发生核损害的情形下是依照普通民事侵权救济途径去和解、调解、仲裁、诉讼,还是需要确定快速、及时的救济途径进行赔付,是现有核损害赔偿制度框架没有解决的问题。

6. 在财务保证方面。王蓓认为,在核损害赔偿领域中,建立有效的财务保证制度,不仅可以对核运营商的责任进行转嫁,同时还能保证公众的利益。进而提出了多级财务保证方式:第一层是商业保险;第二层是自保;第三层是营运人的赔偿准备金;第四层是国家责任。[③] 杨尊毅、王国军认为,核电事业具有负外部性的同时也具有正外部性,但出于对核能事业的保护,可以将享受了核事业正外部性的社会主体(如电力消费者)纳入赔偿的主体范围内,进而建立核损害赔偿基金。此外,他们还提出核损害赔偿的四级财务保证机制:第一级由核营运人承担,第二级由核能行业承担,第三级由核事业受益者组建的基金承担,第四级由国家财政承担。[④] 王晓方提出,在核损害赔偿保险中建立由国家、地方政府、核电企业共同筹资的核能事故赔偿准备金制度,确保在突遇赔偿时,准备金能够充足、到位。[⑤]

7. 在国家干预方面。蔡先凤认为,国家干预原则是指国家介入和参与核损害赔偿的工作,并负担调停或支付赔偿金的责任。[⑥] 翟晨阳等认为,如果财政保证人破产,或者保险是按装置投保一个固定期间,并且在首次事件

---

① 李雅云:《核损害责任法律制度研究》,载《环球法律评论》2002 年第 3 期。

② 傅济熙:《核损害的民事责任与赔偿》,中国原子能出版社 2003 年版。

③ 王蓓:《核损害赔偿中的财务保证方式探讨》,载《中国核工业》2012 年第 1 期。

④ 杨尊毅、王国军:《建立我国核损害赔偿制度探讨——福岛核事故损害赔偿的启示》,载《保险研究》2013 年第 9 期。

⑤ 王晓方:《核损害赔偿制度亟待完善》,载《中国电力企业管理》2011 年第 7 期。

⑥ 蔡先凤:《核损害民事责任研究》,武汉大学法学系 2004 年博士学位论文,第 231 页。

之后便无法使财政保证金恢复到规定的限额，国家就必须进行干预。此外，如果营运者承担的是无限责任，或该责任限额高于其必须保持的财政保证金的水平，国家也必须进行干预。①

8. 在我国现行核损害责任制度评价方面。蔡先凤认为，我国大陆现行核损害责任制度的缺陷包括：原子能法上位法缺位；侵权责任法的规定不能解决核事故损害这一特殊问题；国务院批复存在不足。② 王晓方也有类似的观点。③

综观国内研究，尽管有关核损害赔偿责任制度的著作较少，但相关的论文却为该制度的建设提出了不少建议。相较于国外研究，国内学者的研究更为精细化，几乎涉及了核损害赔偿责任制度的方方面面。这为本书的写作提供了丰富的素材。但是仍然存在一个关键性问题没有研究，即没有回答核损害赔偿责任与侵权损害赔偿责任的区别。这是研究核损害赔偿责任制度的理论基础，如果侵权责任法已经能够解决核损害赔偿问题，那么核损害赔偿责任制度就无再研究的价值。由于此前提到的问题未被学界重视，从而导致国内学者在进行研究时，蜂拥而至地致力于对核设施营运人的核损害赔偿侵权责任的研究。另外，虽有少数学者提出建立其他财务保证方式来实现核损害救济的多元化、多层次，但是这些建议仅停留在倡议层面，并未作深入研究。最后，在制度的运行上，还没有学者深入分析核损害赔偿责任制度是否应当有其特殊的运行机制。

上述国内外研究的优点为本书的写作提供了有力的论据借鉴，其缺陷为本书的写作提供了新的空间和思路。

三、本书所使用的主要研究方法及思路

(一) 主要研究方法

1. 文献分析法。通过图书馆、国内政府网站和国外政府网站搜集较为完整的文献资料。再通过对所有文献资料的分析，去伪存真，筛选出支撑本

---

① 翟晨阳、吴凯：《〈核损害民事责任维也纳公约〉体系评述》，载《中国环境法治》2012年第1期。

② 蔡先凤：《中国核损害责任制度的缺陷及立法设想》，载《中国人口·资源与环境》2007年第4期。

③ 王晓方：《核损害赔偿制度亟待完善》，载《中国电力企业管理》2011年第7期。

书论点的论据。同时,这也为本书的思路拓展提供指引。

2. 比较分析法。由于搜集的资料中,占相当部分的文献是不同国家立法文件,通过对不同国家立法文件的比较分析,得出共性和异性。并在此基础上,结合我国国情,提炼出适合我国的借鉴方案和制度。

3. 法律经济学分析法。核损害赔偿责任相关制度的设定不同于一般侵权损害赔偿责任,本书试图采用法律经济学的方法,为核损害责任的三元划分提供理论支撑,以期为所证成的制度及其设计提供正当性和合理性基础。

4. 法解释学方法。首先,核损害赔偿责任涉及相当多的法律术语,而这些法律术语具有很强的专业限制性,如核损害、核事故、核事件、核设施、核设施营运人等术语。因此,必须对其进行法律上的解释,这也是法律普适性的需要。其次,由于我国也有相当数量的与核损害赔偿责任相关的立法,对于是否受其调整,还需从法律上进行解释。

(二)研究思路

本书的主要研究思路如图1所示。从核风险的公共性出发,主张核风险应当公共分担,进而按照分配正义的路径将核损害赔偿责任划分为核损害赔偿营运人责任、社会责任和国家补偿责任。营运人责任由核设施营运人承担,社会责任由其他社会主体承担,国家补偿责任由国家承担。然后分别对营运人责任的归责原则、构成要件、基本原则、责任实现形式、受害人共同体制度等进行论述;对社会责任的理论基础、基本原则和实现形式进行论述;对国家补偿责任的理论基础和履行进行论述。对整个制度运行机制主张采用行政主导的核损害赔偿应急机制进行论述,最后提出制定《核损害赔偿法》。

四、本书可能的创新之处

1. 时效性。本书以《核损害赔偿责任制度研究》为题,以我国核能立法迅速提上议程为背景。从我国《核安全法(草案)》第82条对核损害赔偿责任制度立法打开了口子。但2017年9月1日通过的《核安全法》仅在第89条、第90条对核损害赔偿责任作了原则性的规定,这说明我国对核损害赔偿责任制度研究的不成熟,然而本书的完成恰好处于核损害赔偿责任制度的立法前期,具有一定的时效性。

2. 系统性。本书选题参考了国际公约名称和主要有核国家核损害立法

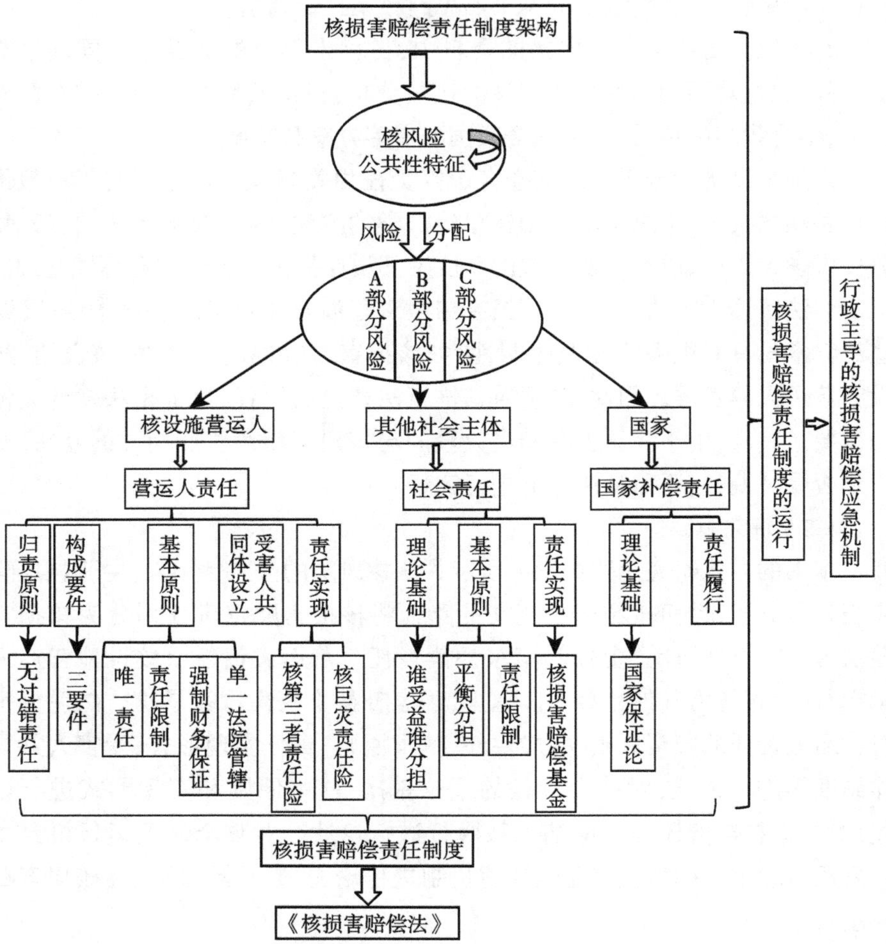

图 1　核损害赔偿责任制度研究思路

的名称，选择具有高度概括性的核损害赔偿责任为研究对象。从提纲可以看出，在该选题下，内容具有相当的系统完整性。

3. 提出核损害赔偿责任的三元划分。本书紧扣核风险的公共性特征，得出核风险及核损害均应当秉承公共承担原则，故而核损害赔偿责任不应简单地认定为私人风险责任，而应当划分为核设施营运人的核损害赔偿营运人责任、其他社会主体的核损害赔偿社会责任、国家补偿责任。对此划分结果，在国际公约和有核国家国内立法中均可得证。

4. 提出多元分担机制。首先，在核损害赔偿营运人责任中，当出现重大自然灾害导致核第三者责任保险不予承保时，由核巨灾责任保险予以承保。其次，依据获益原则，新增一级财务保证方式——核损害赔偿基金，从而保证核损害赔偿的及时性、充分性和有效性。

5. 提出建立行政主导的核损害赔偿应急机制。核损害赔偿责任制度运行需要保证公平性、效率性和秩序性，然而当事人主义下的纠纷解决机制难以实现。这为行政主导的核损害赔偿应急机制的建立提供了契机。

第一章　核损害的概念、特征及其范围界定

一般而言，在法律上论及的“损害”主要包括违约损害和侵权损害。违约损害是指违约方因不履行或不完全履行合同义务，而给对方造成的损失。侵权损害是指加害人因侵权行为而造成他人人身、财产和精神的损害。随着人类环境保护意识的增强，环境损害也被纳入侵权损害的范畴。基于前述逻辑，在不加以强调的情况下，“核损害”也应当包含核违约损害和核侵权损害。但是根据国际公约、其他国家立法以及我国的国内规范性文件来看，均约定俗成地将核损害特指为核侵权损害。如 Paris Convention on Third Party Liability in the Field of Nuclear Energy（译作《关于核能领域中第三方责任的巴黎公约》，以下简称《巴黎公约》）、Vienna Convention on Civil Liability for Nuclear Damage（译作：《关于核损害民事责任的维也纳公约》，以下简称《维也纳公约》）、Convention on Supplementary Compensation for Nuclear Damage（译作《核损害补偿赔偿公约》），美国的 Price-Anderson Act（译作《普莱斯—安德森法案》）等，以及我国国务院《关于核事故损害赔偿责任问题的批复》（国函〔2007〕64 号）均将核损害视为核侵权损害，而并未严格按前述逻辑作区分。因此，为了保持与国际法律用语习惯的一致性，对于贯穿本书的“核损害”在未作特

别强调时，均指称核侵权损害，而不包括核违约损害。

第一节　核损害所涉相关概念的辨析

随着科学技术的发展，法律的调整范围也随之扩大。很多科学技术领域的术语被引入到法律文本中，成为新兴的法律术语。由于受制于领域的局限性，这类术语的专业性很强，不被公众所知晓，这与法律的普适性相冲突。因此，在涉及科学技术性较强领域的立法时，在法律文本中往往会对这些专有名词和术语进行单独释义。不可否认的是，对于专有名词和术语的释义还可能关涉法律调整的范围，如下文提到的“核设施”。核设施内涵和外延的确定涉及哪些核设施将被法律纳入调整的范围，哪些设施不被纳入。而在不同核设施的情况下形成的法律关系又是存在差异的。因此，可以毫不夸张地说，概念的厘清是一切论证工作的逻辑前提。同样，随着原子能技术的不断发展，核能开发利用过程中产生的法律关系也进入了核能法律的调整范围，或者引发新的立法。就核损害赔偿责任制度而言，若试图准确分析该制度的各项内容，首当其冲应当对核损害的概念进行分析。但是，对核损害概念的掌握又是基于对核损害所涉及的相关概念的认识，尤其是核能领域的专业术语。

要想对核损害的内涵进行分析，至少需要掌握以下几个要素：一是核损害的加害人如何确定；二是加害人的何物导致损害，即核损害发生源的确定；三是发生了何种程度的损失。简言之，谁的何物导致了何种程度的损失。按照这种思路，本书认为并不需要将核领域的所有术语均进行界定，但必须对“核设施”、“核设施营运人”、“核事件”和“核事故”的概念进行辨析。

一、核设施

（一）相关国际公约对核设施的定义

纵览1960年《巴黎公约》等7部国际公约关于核设施[①]的定义，大都采用列举式将公约调整的核设施分别列出（详见表1），并没有直接给出核设施

---

① 由于翻译技术问题，对国际公约使用的“nuclear installation”存在翻译为“核设施”和“核装置”的情形，但从具体的定义来看，核设施与核装置两者的指向是相同的。

的内涵。

表 1　相关国际公约对核设施的界定

公约名称	核设施的界定	条款
1960 年《巴黎公约》	任何反应堆(除组成运输工具的反应堆)、核物质的生成或加工厂、核燃料的同位素分离工厂、受核燃料辐射过的工厂、贮存核物质的设施(除运输仓库)、OECD① 确定的含有核燃料、放射性产物或废物的其他装置	第 1 条第 1 款第 2 项
1963 年《维也纳公约》	任何反应堆(除海空运输工具上的反应堆)、用核燃料生产核材料的工厂、加工核材料的工厂、受核燃料辐射过的工厂、贮存核材料的设施(除运输仓库)	第 1 条第 1 款第 10 项
1997 年《维也纳公约议定书》	增加:IAEA② 确定的含有核燃料、放射性产物或废物的其他装置	第 1 条第 1 款第 j 项
1997 年《核损害补充赔偿公约》附件	任何反应堆(除海空运输工具上的反应堆)、用核燃料生产核材料的工厂、加工核材料的工厂、受核燃料辐射过的工厂、贮存核材料的设施(除运输仓库)	第 1 条第 1 款第 b 项
2004 年《巴黎公约议定书》	增加:核物质处理装置、退役期间的任何此类反应堆、工厂、设备或装置	—
1994 年《核安全公约》	陆基民用动力厂及与其运行直接有关的设施	第 1 条第 i 项
1986 年《核事故及早通报公约》	核反应堆、核燃料循环设施、放射性废物管理设施	第 1 条第 2 款

资料来源:以上数据根据相关公约文本整理所得。

(二)国家国内法对核设施的定义

从国家国内立法对核设施的定义情况来看(详见表 2),无论是国外还是我国,基本沿用国际公约的定义方式,即采用列举式将核责任法需要调整的核设施类型一一列举。

---

① OECD(全称:Organization for Economic Co-operation and Development)是指经济合作与发展组织,其前身为欧洲经济合作组织,在 1961 年 9 月 30 日改组为经济合作与发展组织。

② IAEA(全称:International Atomic Energy Agency)是指国际原子能机构。

表 2　国家国内立法对核设施的定义

国别	法律名称	核设施的界定
加拿大	《核责任法》	装有核材料的装置、加工核材料的工厂或机构、贮存核材料的场所
西班牙	《核能法》	区分核装置与放射性装置。核装置的定义与 1960 年《巴黎公约》一致；放射性装置包括：含有电离辐射源的任何装置，产生电离辐射的设备，生成、操作和贮存放射性材料的场所、实验室、工厂和其他设施
匈牙利	《原子能法》	与 1963 年《维也纳公约》的规定一致
印度	《核损害民事责任法》	任何反应堆（包括作为运输工具动力源的反应堆）；任何使用核燃料生产核材料的设施，或者任何处理核材料的任何设施，包括乏核燃料后处理设施；任何储存核材料的设施（因运载该材料而附带作出的储存除外）
中国	《核安全法》《放射性污染防治法》《民用核设施安全监督管理条例》	核电厂、核热电厂、核供汽供热厂等核动力厂及装置；核动力厂以外的研究堆、实验堆、临界装置等其他反应堆；核燃料生产、加工、贮存和后处理设施等核燃料循环设施；放射性废物的处理、贮存、处置设施

资料来源：以上数据根据相关国家国内法文本整理所得。

（三）小结

在定义方式选择上，从国际公约和国家国内立法关于核设施的定义来看，主要以列举式为主。这种下定义的方式的优点在于能够一目了然地知晓核设施的外延，便于守法和监管。但是随着科技的发展，这些核设施的外延也会相继扩张。基于法律的稳定性考虑，应当在立法中留有解释的空间，在立法中明确兜底条款或者除外条款都是较好的方法。首先，对于兜底条款而言最好能够高度概括整个法律术语的外延，例如 1960 年《巴黎公约》兜底条款“OECD 确定的含有核燃料、放射性产物或废物的其他装置”。这样能够使守法者合理预测现在或者将来的立法走向，从而对其活动进行预先安排。这同时也体现了法律的预防和指引功能。其次，对于除外条款的规定一般有两种方式：一种是直接明确具体的排除对象，如 1963 年《维也纳公约》规定“除用作一种动力源供推进或为其他目的而装置的海空运输工具上的核反应堆”。另一种是类似于兜底条款的排除方式，例如 1960 年《巴黎公约》第 1 条第 2 款规定“如能保证所冒风险不大，OECD 的指导委员会在实施本公约时，可以把任何核装置、核燃料或核物质排除在外”。在核设施的内涵设定上,结合国际公约和国家国内立法列举情况,以及部分公约的兜底条款分析后,我们可以从中提炼出核设施内涵的核心,即与核燃料、放射性产物或放射性废物有关的设施。以此为判断依据,核反应堆、放射性废物后处理设备等上述列举的核设施都可以被囊括进去。但如果照此依据判定核设施的话,会推导出很多核设施出来。因此还需要结合立法的必要性对其进行筛选,这种筛选的最优方法即为列举加除外规定相结合的方法。

学界按照"设施"的字面意义①将核设施解释为:在核能开发利用过程中为满足核活动的需要而建立的核反应堆、进行核物质生成、加工、贮存和处理等的工厂、企业、场所、建筑物以及其中的设备和物件等。② 鉴此并结合前述分析,本书认为我国的核设施立法中应当采用内涵加外延的定义方式,其是指在民用核能开发利用过程中,与核燃料、放射性产物或放射性废物有关的设施,包括:核(热)电厂等核动力厂及其装置;核动力厂以外的研究堆、实验堆、临界装置等其他反应堆;核燃料生产、加工、贮存和后处理设施等核燃料循环设施;放射性废物的处理、贮存、处置设施;其他需要严格监管的核设施。但是有关机关认为,需要排除的核设施除外。③

二、核设施营运人

对核设施营运人的界定关涉到核损害加害人的确定和损害赔偿的主体问题。由于核能作为新型能源,其开发利用具有很强的科技性特征,在实践中也少有人能够准确地了解核设施营运人到底指向谁。例如核电厂,有人认为核设施营运人就是指核电厂本身,也有人认为是核电厂的业主公司,还有人认为是核电厂的运营公司。甚至有人将核设施营运人与核设施运营人交替使用,不作区分。那么何种解释才是正确的呢?对此回答需要结合立法和实践才能得出,而不能仅仅从字面意思上来猜测。

有关国际公约和国内立法对于核设施营运人的定义基本是一致的。1960 年《巴黎公约》规定营运人是指政府主管当局指派或认可的管理该装置

① "设施"字面意义为:为某种需要而建立的机构、组织、建筑等。参见百度百科:http://hanyu.baidu.com/zici/s?wd=%E8%AE%BE%E6%96%BD&query=%E8%AE%BE%E6%96%BD&srcid=28232&from=kg0&from=kg0,最后访问日期:2018 年 9 月 2 日。

② 蔡先凤:《核损害民事责任研究》,中国原子能出版社 2005 年版,第 29 页。

③ 随着科技的日新月异,部分核设施的风险程度可能会降低,从而排除在立法调整的核设施范围内。对于这种核设施的排除规则,我国立法可以借鉴国外的低风险排除规则。

的人,这与1963年《维也纳公约》的规定完全一致。1997年《维也纳公约》和1997年《核损害补充赔偿公约》则对营运人的描述上作了小幅度调整,但实质上与前述公约的规定无异。美国《普莱斯—安德森法案》中的营运人是指建造或营运核设施的许可证持有人。瑞士《核责任法》中的营运人是指建造或拥有这些装置的人,或由瑞士当局颁布的核物质运输许可证的持有人。在加拿大,营运人是指依据《核安全与控制法》签发的营运核装置的许可证持有人,或者对于没有这种许可证的核设施,则为依据该法最后一次颁发的许可证的接受人。

在我国,国务院《关于核事故损害赔偿责任问题的批复》(国函〔2007〕64号)也明确规定了营运人的含义,即依法取得法人资格,营运核电站、民用研究堆、民用工程实验反应堆的单位或者从事民用核燃料生产、运输和乏燃料贮存、运输、后处理且拥有核设施的单位。

由于日本福岛核事故的发生,引发了人们对核电的关注。现实中之所以会出现有人认为核设施营运人就是指核电厂本身,也有人认为是核电厂的业主公司,还有人认为是核电厂的运营公司,对此分歧不得不归因于公众对法律理解的偏差,以及立法用语的模糊性。在国际公约中的核营运人的英文为"Operator",在翻译为中文过程中,有翻译为"营运人"的,也有翻译成"运营人"的,而我国使用的是"营运人"。虽然"营运"和"运营"只是字序的颠倒,但最终的意思却有天壤之别。运营是与产品生产和服务创造密切相关的各项管理工作的总称。① 而营运是指经营管理者透过一些硬指标及软指标对其下属部门管理的一系列经营管理活动。② 前者强调的产品和服务的运作,后者强调的是一系列的经营管理活动,后者的范围大于前者的范围。另外就核电而言,在实践中往往会出现既有核电项目的业主公司,又有核电厂的运营管理公司。例如,大亚湾核电站,该电站的业主公司(所有权人)是广东核电合营有限公司,但广东核电合营有限公司并没有自己运营管理,而是由大亚湾核电运营管理有限责任公司来运营管理的。通过此例可发现,在所有权与经营权分离的市场环境下,其实是存在核设施营运人和运

---

① 参见百度百科:https://baike.so.com/doc/2808221-2963945.html,最后访问日期:2018年9月3日。

② 参见百度百科:https://baike.so.com/doc/6297886-6511409.html,最后访问日期:2018年9月3日。

营人的。核设施的运营人只是为核设施营运人提供运营管理服务的企业，通俗讲即为核电厂提供运营服务的供应商。从国际公约和国内核责任立法的责任归结来看，核设施营运人才是承担唯一责任的主体（后文将详论），而供应商则不是。

据此可下判定，核设施营运人其实就是对核设施享有所有权的人，另外从国内外的立法来看，还需要一个硬性条件，即行政许可。但需要提醒的是，在我国仅有一个特例：岭澳核电站一期虽然其业主公司（所有权人）为岭澳核电有限公司，但该业主公司和大亚湾核电运营管理有限责任公司联合持有该核电站运行许可证，依据国家法律规定该双方共同为该核电站的营运人。

三、核事件与核事故

其实在对国际公约或文件（详见表3）、部分国家国内立法（详见表4）关于核事件和核事故的法律术语应用和定义分析后发现，除了我国立法严格遵循了《国际核和辐射事件分级表》[①]中关于事件与事故的区别对待外，其他国际公约、国家国内立法均未对核事件和核事故作严格的区分，而是混淆使用。[②]《国际核和辐射事件分级表》的英文全称为 International Nuclear and Radiological Event Scale，因此对应该分级表中的“事件”其实是 event。而从其他国际公约、部分国家国内立法关于 nuclear incident 和 nuclear accident 的具体定义内容来看，其实 nuclear incident、nuclear accident 与《国际核和辐射事件分级表》中的 event 是同义的，中文还可译作事情。对于《国际核和辐射事件分级表》中的 nuclear incident（核事件）、nuclear accident（核事故）其实质是对 event（事情）的安全评定结果，内含核安全的严重性等级。因此此时的 nuclear incident（核事件）、nuclear accident（核事故）不再是对 event（事情）的描述，而是对 event（事情）不同安全系数等级的评定。

我国现行《侵权责任法》第70条规定，民用核设施发生核事故造成他人

---

① 《国际核和辐射事件分级表》最初名称为《国际核事件分级表》，由国际原子能机构和经济与合作组织共同制定，其制定目的是便于核社会、新闻界和公众对 nuclear event 取得共同的理解。

② 杨卫东、万思怡：《核损害赔偿与〈侵权责任法〉的适用——以第70条为中心》，载《湖北大学学报》（哲学社会科学版）2014年第3期。

损害的，民用核设施的经营者应当承担侵权责任。其理由在于，根据《国际核和辐射事件分级表》的规定，1～3级核事件并没有造成场外公众和环境的严重损害，其各项辐射水平均在限制范围内。如果造成损害也仅涉及场内核设施及核设施营运人工作人员的损害，对此损害可以通过工伤保险予以赔偿，而无须通过《侵权责任法》进行赔偿。然而4～7级核事故则严重危及场外公众和环境，级数越高危害性越大，此时才产生侵权损害赔偿的可能。是故，在我国所有的相关立法中均使用的是"核事故"，而将"核事件"排除在侵权责任的起因之外。对此，本书赞同在同时存在工伤保险制度的情况下，我国核侵权责任仅覆盖至核事故范围具有一定的合理性，同时也能够起到与国际相互衔接的作用。

表3　国际公约或文件对核事件和核事故的规定

公约名称	术语名称	定义
1963年《巴黎公约》	nuclear incident	造成核损害的任何事件，或同造成损害有同样起因的一系列继发性事件
1963年《维也纳公约》	nuclear incident	造成核损害有同样起因的任何事件或一系列事件；或仅就预防措施而言，指产生造成此种损害的严重和紧急威胁的上述事件（后者是1997年《维也纳公约》修订后的补充）
1997年《核损害补充赔偿公约》	nuclear incident	造成核损害的任何事件或由同样起因的一系列事件，或仅就预防措施而言，指产生造成此种损害的严重和紧急威胁的上述事件
1986年《及早通报核事故公约》	nuclear accident	核设施或活动、由此引起或可能引起放射性物质释放，并已经造成或可能造成对另一国具有辐射安全重要影响的超越国界的国际性释放的任何事故
1986年《核事故或辐射紧急情况援助公约》	nuclear accident	核设施或活动、由此引起或可能引起放射性物质释放，并已经造成或可能造成对另一国具有辐射安全重要影响的超越国界的国际性释放的任何事故
《国际核和辐射事件分级表》	nuclear event	发生与核安全或辐射安全有关的事件
	nuclear incident	1～3级称为核事件
	nuclear accident	4～7级称为核事故

资料来源：本表数据根据相关国际公约和文件进行整理所得。

表 4 国家国内法对核事件和核事故的规定

国别	法律名称	术语名称	定义
美国	《普莱斯—安德森法案》	nuclear incident	由于原材料、特殊核材料或核产品的放射性、有毒性、爆炸性或其他危险性而引起的任何事件,包括非常核事件
加拿大	《核责任法》	nuclear incident	营运人造成的任何伤害或损害
罗马尼亚	《核损害民事责任法》	nuclear accident	造成核损害的任何事件或由同样起因的一系列事件,或仅就预防措施而言,指产生造成此种损害的严重和紧急威胁的上述事件
韩国	《核损害赔偿法》	nuclear accident	造成核损害的任何事件或由同样起因的一系列事件,或产生造成此种损害的严重和紧急威胁的上述事件
乌克兰	《核能利用和辐射安全法》	nuclear incident	造成核损害的任何事件或同造成损害有同样起因的一系列相关事件
印度	《核损害民事责任法》	nuclear accident	造成核损害的任何事件或起源相同的一系列事件,或仅在人们预期将采取预防性措施时造成引起这种损害的严重紧迫威胁的上述事件
中国	《核安全法》《民用核设施安全监督管理条例》	核事故	核设施内的核燃料、放射性产物、放射性废物或者运入运出核设施的核材料所发生的放射性、毒害性、爆炸性或者其他危害性事故,或者一系列事故

资料来源:本表数据根据相关国家国内立法进行整理所得。

第二节 核损害的释义

研究核损害赔偿责任制度,绕不开的一个逻辑论证环节就是准确界定核损害。由于核损害不同于一般的民事损害,以及人类立法对核损害赔偿责任制度研究的相对滞后性,导致时至今日关于核损害在立法和法律适用上都处于模糊或存在诸多观点的不确定状态。

一、有关损害的相关学说

有个不可否认的现象,“所有人都知道损害是什么,显然只有法学家不知道”。[①] 这说明了在我们的立法中对损害的界定存在模糊性。也许这与不同的法系或各国的立法习惯有关,但是据考察,处于英美法系的美国与大陆法系的德国或者中国,其立法中也并未就损害进行明确的界定,而是把这个难题交给裁判者的自由裁量权来判断。一般地,你不会在立法中发现损害是什么,但会发现损害有哪些。这正为法学研究者们提供了发散思维的空间,由于损害的界定直接关涉下一步的赔偿问题,学界对其提出了不同的学说。按照时间的先后顺序,主要有差额假说、客观说、规范说。

(一)差额假说

差额假说又被称为利益说,由德国学者莫姆森(Mommsen)在《利益说》一文中提出。之所以又称为利益说,是因为该说将损害与利益挂钩,损害即利益的表现形式,同时为了克服利益概念的复杂性及法官对赔偿范围恣意判断的弊端。[②] 莫姆森将损害总结为“损害事件发生后某人在特定时间点上的财产数量”与“如果某个损害事件不发生,该人在上述时间点上的财产数量”之间的差额。[③] 这种差额产生的利益即为侵权人需要赔偿的损害。对于差额利益的对象,莫姆森提出只能产生于财产性对象,即用金钱得以计量的财产性损失。在该说下,损害无直接损失或间接损失之说,其重点考虑受害人在侵权行为发生前后的财产变动情况。因此,可以看出差额假说的价值目标是希望实现对受害人的全额赔偿。

该说的优点在于为损害的金钱结果提供了便利的计算思维和方法,但其仍然存在一定的弊端:第一,缺乏非财产性损害。该说仅认识到可计量的财产损害,而忽视了部分侵权事件中的非财产性损害。第二,该说仅认识到金钱损害赔偿,而忽视了恢复原状在侵权损害赔偿案件中的更大效用。因而在《德国民法典》中并没有采用差额假说,该法典第 249 条第 1 款采用了

---

① [德]格哈德·瓦格纳:《损害赔偿法的未来——商业化、惩罚性赔偿、集体性损害》,王程芳译,中国法制出版社 2012 年版,第 13 页。

② 徐银波:《侵权损害赔偿论》,中国法制出版社 2014 年版,第 22 页。

③ Friedrich Mommsen, Beiträge zum Obligationenrecht, 2. Abteilung, Zur Lehre von den Interesse, 1855, §1, S. 3. 转引自[德]格哈德·瓦格纳:《损害赔偿法的未来——商业化、惩罚性赔偿、集体性损害》,王程芳译,中国法制出版社 2012 年版,第 15 页。

既适用于财产损害,又适用于非财产损害的恢复原状规定,而并非按照受害人被侵害前后财产总额的比较加以规定。① 第三,损害计量方面。首先,存在计量主观性较强的问题。既然是差额假说,那么必然不能摆脱人的主观作用。在此说中,财产性损害的金钱计量并非按照该财产的客观交易价值标准来计算,而是以该受损财产对受害人的主观价值来衡定,考虑了感情上的价值。例如A损毁了B的钢笔,这支钢笔的市价为30元,但这支钢笔是其曾祖父赠与的,并在其上刻有名字。现在曾祖父已经去世,此钢笔对B而言具有一定的纪念价值。对此,在计量该物的金钱损害时,差额假说会将这种感情价值计量进去。其次,对于人身伤害的计量,损害是按照侵权行为前后财产利益的差额得出的,但是对于不发生侵权行为的受害人利益如何计量呢?对此,该说容易遭致伦理上的质疑。此外,还有些学者提出的差额假说:否认物或人身破坏的独立性、重要性;没有考虑损益相抵的适用,可能导致其不当获益;否认物的自身毁损的意义。②

(二)客观说

客观说是一系列学说的集合,是对差额假说的缺陷的修正和改进,包括真实损害说、直接损害说、组织说和损害事实说。(1)真实损害说。该说是由德国民法学者奥特尔曼(Otermann)在《请求损害赔偿时之损益相抵》一文中提出,其针对差额假说在解决实践中存在的损益相抵问题。按照差额假说,损害是侵权行为发生前后受害人财产的差额。若此,则会出现:A殴打B,导致B受伤花去各项费用总计400元,但路人因同情B,向其施舍达到1000元。此时由于B的财产不仅没有减损,反而增加了600元,所以A不承担赔偿责任。为此,奥特尔曼认为损害的发生会伴随物的被剥夺、毁损或身体伤害,其中物的构成部分被剥夺、毁损或身体伤害即为真实损害。真实损害在整体损害(差额假设说下的财产减少差额)中具有独立的地位,应当作为整体损害的一个组成部分予以赔偿。对于真实损害,他还提出应当首先采用恢复原状优于金钱赔偿的方法。③ (2)直接损害说。该说由德国学者纽纳(Neuner)在《利益与财产上损害》一文中提出,其针对差额假说在解决假

---

① 《德国民法典》第249条第1款:负有损害赔偿义务人必须恢复损害发生前的状态。

② 徐银波:《侵权损害赔偿论》,中国法制出版社2014年版,第25~26页。

③ Paul Oertmann, Die Vorteilsaugleichung beim Schadensersatzanspruch im römischen und deutschen bürgerlichen Recht, 1901.

设因果关系上的问题。在差额假说下,若 A 将 B 的汽车损毁,但 B 的汽车于次日将报废,B 并无财产上的减少,A 不承担损害赔偿责任。依纽纳的直接损害观念,因侵权行为造成标的物的毁损灭失即为直接损害,应当以标的物的客观价值(交易价值或购买替代物的市场价值)进行赔偿。但若还存在此直接损害之外的其他损害,则可以采用差额假说来计量超出直接损害的其他损害,即间接损害。由于差额假说衡量的间接损害具有很强的主观性,因此不确定性也就难免。因此,纽纳还提出对受害人的损害赔偿的最低数额为直接损害的客观价值。赞成此说观点的学者还有威尔伯格(Wilburg),他则直接将损害分为法律直接保护对象的客观价值和差额利益赔偿两类。(3)组织说。该说由德国学者拉伦茨(Larenz)在《损害探讨中想象上损害原因之斟酌》与《组织损害观念之必要性》两文中体现出来。该学说是为了解决差额假说在假设因果关系上的问题。[①] 该学说认为,直接损害应当客观估值,在任何情况下均应当予以赔偿,是损害赔偿的最低限值。这里有三种情况:一是当受害人就特定被毁损之物享有的利益小于直接损害的客观估值时,直接损害的客观估值是受害人获得赔偿的最低限值;二是当依据差额假说计量出来的财产差额大于直接损害的客观价值时,财产差额即为受害人获得赔偿的数额;三是若小于直接损害的客观价值,则以直接损害的客观价值为获赔的最低限值。总之,遵行有利于受害人的最大赔偿原则。(4)损害事实说。该说由日本法学学者平井宜雄提出。他认为应当将作为损害赔偿构成要件的损害与损害的金钱评价作区分。在损害事实说下,受害人只需证明自己遭受损害的事实,对于损害的金钱评价则是法官的裁量工作。因此,他认为差额假说是损害的金钱评价,而非对损害本身的认知。[②] 针对差额假说在人身损害赔偿中的弊端(同命不同价),日本其他学者认为在人身损害中应当总体把握,人身的损伤事实是损害赔偿的构成要件,对于赔偿的财产和精神损害的总体则是对人身损伤的金钱评价。另外还提出不能采用个别化(如个人收入)计算逸失利益,而应当采取定额化的赔偿。

---

① Larenz, *Die Berücksichtingung hypothetischer Schadensursachen bei der Schadensermittlung.* NIW. 1950.

② [日]平井宜雄:《损害赔偿法的理论》,东京大学出版社 1971 年版,第 78~82 页。转引自徐银波:《侵权损害赔偿论》,中国法制出版社 2014 年版,第 30 页。

(三)规范说

该说的产生是为解决差额假说和客观说在面临无形权益受到损害时难以保护的尴尬问题。依据差额假说,受害人无财产上的差额损害则视为无损害;依据客观说,受害人无人身和财产的毁损时则视为无损害。在此二说下,受害人的损害均难以保护。规范损害说包括两种观点:[①](1)法律地位保护说。该观点由施泰因多夫(Steindorff)提出,他认为损害赔偿责任的成立,并不以现实的损害、价值的减少为前提,而应以受侵害的权益受法律保护为前提。只要加害人已经侵害受害人的法律地位,不论是侵害受害人的权利或法益,都要承担损害赔偿责任。(2)规范评价说。日本潮见佳南认为损害是规范概念而非事实概念,对受害人损害的认定需由损害赔偿制度具体认定。[②]

(四)小结

从前述各损害学说的介绍来看,客观说是对差额假说的修正,而规范说又是对差额说与客观说的修正。其中客观说对差额说的修正是在肯定差额说对损害金钱评价方法的前提下,对在其出现异化的时候(主要为有侵害而无差额损害的情况),主张客观损害是具有独立性地位的,应当依据客观价值予以估价赔偿。对此,客观说中的组织说体现得更加全面。从总体上看,差额假说和客观说更多地在于为立法者和裁判者提供参考。而规范说则更加强调损害赔偿制度的规范功能,体现的是已有制度对损害的判定。但是不论差额假说也好,抑或客观说也好,其最优发挥功效的归属应当是上升至规范说中,以法律规范的形式将损害的金钱评价和损害作为责任构成要件。鉴此可得损害至少有两层意思:一是指法律规定的,作为侵权责任构成要件之一的要件;二是指经过法律评价的侵权人对受害人造成的不利益。

二、核损害的内涵

在对有关核损害赔偿的国际公约和国家国内立法对核损害内涵的界定进行考察后发现,只有国际公约对核损害内涵进行了界定,国家国内立法只

---

① 徐银波:《侵权损害赔偿论》,中国法制出版社2014年版,第33~34页。

② [日]潮见佳南:《债权各论Ⅱ·不法行为法》,信山社2005年版,第222页。转引自徐银波:《侵权损害赔偿论》,中国法制出版社2014年版,第34页。

是采取列举的方式将核损害的外延释明。在相关的国际公约中，基本采用了既给出核损害的内涵，又给出核损害的外延方式。但内涵是事物的特有属性的反映，外延是事物所组成的那个类。① 因此，对核损害外延的讨论应当属于下文"核损害范围"的范畴。需要说明的是，虽然损害具有两层含义，但此处主要选用其第二层意思对核损害的内涵进行界定。按照这种逻辑，核损害可以定义为：经法律评价的核侵权人对受害人造成的不利益。

从表5、表6可知，其实核损害可以简单归纳为核事件造成的损失。具体分析可知，核损害要么是因为核设施发生核事件引起的，要么是因为核物质或核材料发生核事件引起的。由于我国采用《国际核和辐射事件分级表》中核事故的规定，将只因达到4级及以上的核事故造成的损害才纳入《侵权责任法》中救济。因此，就我国而言，核损害应当是指因核设施营运人的核设施、核材料或者放射性废物发生核事故造成的不利益。

表5　相关国际公约对核损害内涵的界定

公约名称	核损害的内涵	条款
1960年《巴黎公约》	由该装置中的核燃料、防放射性产物或废物引起的核事件造成的，或者是由来自该核装置的核物质引起的核事件造成的	第3条
1963年《维也纳公约》	由于来自、产生于一个核装置或运往一个核装置的核材料中的或属于核材料的放射性性质或放射性性质同毒性、爆炸性或其他危险性性质结合而引起或造成的损失或破坏；其他电离辐射造成的损失或破坏	第1条第12项
1997年《维也纳公约议定书》	由于或起因于核装置内任何辐射源发射的电离辐射，或核装置中的核燃料或放射性产物或废物发生的电离辐射，或来自或源于送往核装置的核材料所造成的，不论是由此类物质的放射性还是由此类物质的放射性质同毒性、爆炸性或其他危险性质的结合所造成的	第2条第2项
1997年《核损害补充赔偿公约》	由于或起因于核装置内任何辐射源发射的电离辐射，或核装置中的核燃料或放射性产物或废物发生的电离辐射，或来自或源于送往核装置的核材料所造成的，不论是由此类物质的放射性还是由此类物质的放射性质同毒性、爆炸性或其他危险性质的结合所造成的	第1条第f项

资料来源：本表数据根据相关国际公约进行整理所得。

---

① 参见百度百科：https://baike.so.com/doc/6475026-6688726.html，最后访问日期：2018年9月3日。

表 6　相关国际公约对核损害内涵的界定

国别	法律名称	核损害的内涵
美国	《普莱斯—安德森法案》	由于源材料、特殊核材料、核产品材料的放射性、毒性、爆炸性或者其他危险性等性质引起的身体伤害、生病、疾病、死亡、财产灭失或损害
加拿大	《核责任法》	因核装置内任何辐射源（核燃料、放射性产物或废物）发射的电离辐射，或来自或源于或送往核装置的核材料造成的，或者由核物质的放射性或放射性同毒性、爆炸性或其他危险性质的结合造成的损害
日本	《核损害赔偿法》	由核燃料裂变过程、核燃料辐射、核燃料毒性等作用而引起的任何损害
韩国	《核损害赔偿法》	因核燃料裂变过程或被核燃料污染的其他材料的辐射或这类材料的毒性所引起的
乌克兰	《核损害民事责任及其财政安全法》	因核设施的核材料或运入运出核设施的核材料的危险性能所引起的
印度	《核损害民事责任法》	因核装置内任何辐射源（核燃料、放射性产物或废物）发射的电离辐射，或来自或源于或送往核装置的核材料造成的，或者由核物质的放射性或放射性同毒性、爆炸性或其他危险性质的结合造成的损害

资料来源：本表数据根据相关国家国内法进行整理所得。

第三节　核损害的特征——基于风险社会视角

一、风险社会的警示：科学的不确定性

风险社会及其理论最早由德国人类学家、社会学家乌尔里希·贝克（Ulrich Beck）在《风险社会》一书中提出，并在其《世界风险社会》《反思现代化》《自由与资本主义》《风险社会的再思考》等著作中予以完善。他认为，风险是指完全逃脱人类感知能力的放射性、空气、水和食物中的毒素和污染物，以及相伴随的短期和长期的对植物、动物和人的影响。① 然而，风险社会则是对现代性反思的结果。他将现代性社会分为工业社会和风险社会两个

① ［德］乌尔里希·贝克：《风险社会》，何博闻译，译林出版社 2004 年版，第 2 页。

阶段,在前一个阶段由于“进步乐观主义”的存在[①]而否认一切风险,在后一阶段由于现代性正从古典工业社会的轮廓中脱颖而出,正在形成一种崭新的形式——风险社会。[②] 从而区分了阶级社会与风险社会的差异,即阶级社会的推动力可概括为“我饿!”风险社会的驱动力则为“我怕!”[③]之所以会出现“我怕”的局面,是因为在风险社会中,其中心论题是各种后果都是现代化、技术化和经济化进程的极端化不断加剧所造成的后果,这些后果无可置疑地让那些通过制度使副作用变得可以预测的做法受到挑战,并使它成了问题。[④] 因此,贝克和吉登斯(Anthony Giddens)认为风险社会是人类“自作自受”的结果,风险主要是“人为风险”和“制度化风险”。[⑤] 概言之,风险社会的风险是“被制造出来的风险”。[⑥]

从风险社会的中心论题不难看出,尽管作为人类社会现代化、技术化表现形式的科学技术发展促进人类进入了现代性社会,但同时因科学技术发展所产生副作用的不确定性使人类桎梏于自身设计的枷锁中。现代工业的发展,带来财富与福利增加的同时,也造成大规模的灾难,使我们处在事故共和国之中。[⑦] 正如吉登斯所言,我们今天生活在一个人为不确定的世界,[⑧]风险的生成和分配方式替代了财富生成方式。[⑨] 对于如何规避和应对风险,贝克和吉登斯倾向于在制度上用改革和改良的方法对风险进行有效控制,建立起一套既能增加对风险的预警机制,又能对社会风险进行有效控制的制度和规范。[⑩] 然而,从传统的科学理性来讲,可以对科学技术所带来的风

---

① [德]乌尔里希·贝克、约翰内斯·威尔姆斯:《自由与资本主义》,路国林译,浙江人民出版社2001年版,第160页。

② [德]乌尔里希·贝克:《风险社会》,何博闻译,译林出版社2004年版,第2页。

③ [德]乌尔里希·贝克:《世界主义的观点——战争即和平》,杨祖群译,华东师范大学出版社2008年版,第69页。

④ [德]乌尔里希·贝克、约翰内斯·威尔姆斯:《自由与资本主义》,路国林译,浙江人民出版社2001年版,第125页。

⑤ 杨雪冬等:《风险社会与秩序重建》,社会科学文献出版社2006年版,第27~29页。

⑥ [英]安东尼·吉登斯:《失控的世界》,周红云译,江西人民出版社2001年版,第20页。

⑦ [美]约翰·法比安·维特:《事故共和国:残疾的工人、贫穷的寡妇与美国法的重构》,田雷译,上海三联书店2008年版,第13页。

⑧ [英]安东尼·吉登斯:《超越左与右》,李惠斌、杨雪冬译,社会科学文献出版社2000年版,第82页。

⑨ 王小钢:《贝克的风险社会理论——全球结构中环境法的困境和景象》,载邓正来主编:《法律与中国》(第6卷),中国政法大学出版社2007年版,第22页。

⑩ 李惠斌:《全球化与公民社会》,广西师范大学出版社2003年版,第296页。

险实现进行数学建模并计算出发生的概率。但是随之而来的问题将是:变量项目如何选取,定量参照值设为多少,可信度有多高等。另外,还存在科学理性与社会理性的分裂。[①] 对于科学理性而言,专家可以通过定量、定性等客观工具来得出风险的大小。然而对以公众为主体的社会理性而言,他们更多地凭借风险感知、可接受度、社会常识和经验来进行判断。此二理性往往因利益代表不同,得出的结论失之千里。尤其在面临巨大灾害面前,以专家为代表的科学理性不再被信任。因此可以说人类很难走出的一个规律就是:科学越发展,未知世界越扩大。但是究其关键还在于:科学的不确定性导致的科学知识欠缺。

核能作为高效能源,有利于解决能源紧缺问题,为此在国家层面上,倡导发展核能事业具有一定的战略意义。因此,包括我国在内的很多国家出台了若干政策大力推行核能事业,尤其是在核能发电领域。核能事业的发展依赖于先进的核能开发技术,但是不论多么先进的核技术都难以解决和克服产生核风险的不确定性,实现百分之百的“零风险”。从而出现了贝克等人提出的人为化的、制度化的风险。在面临能源战略需要与核科技不确定性的矛盾体时,对风险进行控制则成为首要任务。站在国家角度,则以出台各种风险规制法律法规为主。但无论怎样,如果科学技术产生风险的不确定性不解决,就难以保证绝对的核安全。然而,客观上这种不确定性无法解决,只能降低风险实现的可能性。因此,没有绝对核安全之说并非对科技发展的不自信,而是科技发展本身就无法摆脱产生风险可能性的“诅咒”。但是这种“我怕”又是风险社会的驱动力,它会促使科技的再发展、再进步。核能领域的核风险主要是指发生核事故风险,核事故是核风险的实现形态,而核事故的结果形态则是核损害。因此,可以说核风险的结果形态即是核损害。在风险社会的警示下,科学技术的不确定性造就了核损害与一般的侵权损害的巨大差异。

二、核损害的具体特征

在风险社会背景下,核损害与一般侵权损害最大的不同就在于,核损

---

① 陈海嵩:《风险社会中的公共决策困境——以风险认知为视角》,载《社会科学管理与评论》2010 年第 1 期。

害具有或然性、潜伏性、持续性和后果的巨额性，而一般侵权损害则具有确定性、可预期性、可控制性和后果的有限性。也就是因为核损害的这些特征，铸就了核损害赔偿责任制度与一般侵权损害赔偿责任制度天然的差异。

（一）核损害的或然性

1. 核损害的发生与否不确定。核损害缘于核事故的发生，然而核事故的发生又是多因素的结果，其受核能科技、自然灾害和其他因素的影响。首先，在风险社会下，核能科技产生核风险的不确定性本身无法摆脱和解决，因此，尽管某一项核能技术在当时可能已经处于世界最先进水平，但仍不能保证绝对的核安全。核能科技的不确定性并非必然会引起核风险的发生，即核事故的发生难以预见，进而难以确定核损害是否会产生。其次，核能科技自带的核风险本身是客观存在的，但是否发生可能还受其他因素的影响，如地震、海啸、飓风等自然灾害的影响。例如 2011 年日本福岛核事故就是以地震和海啸为诱因导致的。

然而，在一般侵权损害中，损害的发生是可以预见的。加害人为与不为某行为可以决定损害是否发生，因此，加害人可以通过控制自己的行为来预防，甚至阻止损害的发生。

2. 核损害涉及的地域范围和受害人员数量不确定。首先，关于核损害的地域范围。核侵权行为主要表现为核辐射、核爆炸。然而核爆炸之后，随之产生的也是核辐射。对于核辐射而言，其往往会借助环境要素载体而引发对人身和财产的损害。与此同时，环境当然也被污染了。然而，环境要素在空间上又呈现无限性，从而导致核损害在地域空间范围上并不确定，如大气核污染。由于大气环境因子受气候、风向等自然条件的影响，污染物质能够进行长距离的传输，是一种典型的跨界环境污染问题。[①] 在一定天气情况下，可能呈现相对稳定状态，此时核辐射会在某一固定区域范围内造成核损害；但也有可能出现天气变化而引起大气流动，致使核辐射发生跨界（包括跨国界）核损害。同样，对于水域核污染或其他环境要素的污染也会有类似的情况。因此，有学者认为核侵权即是核污染侵权。另外，随着时间的推移这种依托环境要素的核损害在地域范围上是难以确定的，甚至可以大胆地

---

① 陈建：《统一标准是跨省重点区域大气污染治理的出路——基于邻避扩张的视角》，载《江苏大学学报》（社会科学版）2017 年第 2 期。

认为是无法确定的。其次,关于核损害涉及的受害人数量。在一次核事故后,遭受核损害的人数随着时间的推移呈现上升的趋势,而且浮动空间相当大。由于核事故发生后,核损害并非同时表现出来,进而受害人的出现也并非完全同步,可能刚开始只有几个人,但是随着时间的推移,核损害的不断显现,受害人的数量也会逐步增多。再加之核损害所涉及地域范围的不确定,实质上核损害受害人的数量也是不确定的,①具有很强的公共性特征。

由于核损害的或然性特征,其涉及不特定的受害人群体,故而又符合有些学者提出的大规模侵权的表征。② 然而,在一般侵权损害中,侵权人针对特定的人或物实施侵权行为,其在侵害对象上具有特定性。

(二)核损害具有潜伏性和持续性

由于核辐射通过射线造成对周围环境的损害,无色无味,不易察觉,加之受害人个体的差异和受核辐射程度的不同,在核事故发生后,一部分核损害会即刻显现出来,一部分核损害则不会,因而呈现出潜伏性,在将来的某个时间点则会显现出来。对于后一种情况,其实受害人一直处于加害人的侵害状态。尽管在形式上核事故发生后,核损害行为已经停止,但实质上作为核侵权的核辐射行为并未就此停止,而是呈现出持续性的特征。针对此特征,各国制定了较长诉讼时效来保护受害人的权益,如美国仅在非常核事故情况下规定了主观诉讼时效为3年,且无客观时效限制;德国规定的主观时效为3年,客观时效为30年;英国客观时效一般情况下为10年,特殊情况是30年,且无主观时效限制;韩国、罗马尼亚规定主观时效为3年,对生命丧失和人身伤害的客观时效为30年,其他损害为10年。但是,进一步思考,如果核损害行为的持续性特征成立,那么客观诉讼时效设立的合理性就有待考察。就我国时效制度来看,客观诉讼时效为20年,自权利受到损害之日起计算。这种时效的起算点符合一般侵权,但不符合核侵权。一般侵权情形中,侵权行为停止,损害会即刻显现,受害人会即刻知道或应当知道权利受到损害,设置20年的客观时效之义在于保护争取权利的人,而不保护躺在权

① 需要说明的是,这里所言受害人是客观意义上的受害人,而并非局限于提起损害赔偿请求的受害人,前者在数量上具有不确定性,但后者具有确定性。

② [德]克雷斯蒂安·冯·巴尔:《大规模侵权损害责任法的改革》,贺栩栩译,中国法制出版社2010年版,第1页;另参见张新宝、葛维宝主编:《大规模侵权法律对策研究》,法律出版社2011年版,第109页。

利上睡觉的人。然而，在核损害中，受害人一直处于遭受侵害的持续状态中，但由于损害的潜伏性特征而未显现，受害人也就无从察觉损害的存在。如果沿用一般侵权中的20年的客观时效，则有放任核损害的嫌疑。但客观时效到底设置为多久呢？本书认为，核侵权案件中只设置主观时效为宜，而不应当设置客观时效。

（三）核损害后果的巨额性

尽管核事故发生的概率很小，据专家估计，一个常年运转的核反应堆的年事故率为十万分之一到十亿分之一之间，①但是一旦发生则损失巨大。例如日本福岛核泄漏事故，截至2016年年底，日本政府估计此次核事故造成的损失约为22万亿日元（约合1986亿美元），接近此前估计的2倍。② 然而东京电力公司的总资产仅为12,277.6亿日元，③造成东京电力公司入不敷出濒临破产。然而，对于一般侵权损害结果而言，很少会出现如此巨大的损失。

第四节　可救济核损害的范围

核损害范围的确定是核损害赔偿责任实现的前提，该范围确定之目的在于锁定可救济的核损害的范围。因为在一次核事故发生后，基于不同的判断路径下可能产生若干种核损害，但是真正能够且应当获得救济的损害不能被无限制地放大。例如，A核电站发生核事故后，B受到核辐射侵害而住院，住院期间因B体质虚弱而导致其高血压复发并发生脑溢血需要转院手术，前后共花费20万元。其女C在美国留学得知消息后当场晕倒并住院，共花费1000元。在这个例子中，A造成的核事故导致了B和C住院，都具有一定的因果关系，那么A是否应当对B和C的住院费都予以赔偿？以及A对B的哪些费用需要承担赔偿责任？对此，如何将过于“遥远”的损害

① Jarvis, G. M., “Financial Responsibility for Nuclear Damage”, *Chitty's Law Journal*, Vol. 13, Issue 10, October-Novemebr 1965, p. 286.

② 郭浩：《福岛核事故6周年：日本对核电失去信心了吗？》，載网易科技：http://tech.163.com/17/0318/10/CFQ7LEM600097U81.html，最后访问日期：2018年9月1日。

③ 参见日本东京电力公司官网：http://www.tepco.co.jp/about/corporateinfo/holdings/index-j.html，最后访问日期：2018年9月1日。

排除出去,确定哪些损害是可救济的损害。[①] 这就涉及:一是可救济损害的对象范围,即哪些受害者属于可救济的主体范围,其解决受害者适格问题;二是狭义的可救济损害的范围,即适格受害主体的哪些损害可以得到救济。前者的实质是判定责任是否成立;后者的实质是判定责任的范围大小。但在不同的判断路径下,结果具有差异性。因此,在讨论核损害的范围前,应当首先确定核损害范围的判断路径,而这个判断路径的导向应当以可救济性为指导,即确定的是可救济核损害范围的判断路径。而且,核损害范围确定的判断路径可以参考一般侵权损害范围确定的判断路径。然后,在此判断路径下,结合国际公约、国家国内立法对核损害范围的规定情况,综合考量我国核立法中核损害范围将如何确定。在此,本书需要强调一点,此处所言可救济核损害的范围其实就是核损害的赔偿范围。

一、可救济核损害范围判断路径的思路

在侵权责任里面,损害的判定本身就是一个非常棘手的问题,但又是立法者无法回避的问题。损害范围的确定反映了法律对利益(权利)主体和主体利益(权利)保护的态度。尽管核侵权损害与其他一般侵权损害存在很大差别(下文将重点阐述),但核损害范围的判断路径仍然可以借鉴一般侵权损害范围来塑造其判断路径。《民法总则》第 120 条规定,民事权益受到侵害的,被侵权人有权请求侵权人承担侵权责任。《侵权责任法》第 2 条规定,侵害民事权益,应当依照本法承担侵权责任,并给出了侵权责任的构成要件。另外对于人身伤害和财产损害的损失计算也给予了明确的规定。但按照我国法律规定,在司法实践中会产生类似于法国以因果关系为重心的不区分保护对象模式的效果,[②]即出现非常多的“受害人”或者非常“遥远”的损害均符合侵权责任构成要件的情况。反思我国的立法后会发现,出现上述情况的关键在于:损害范围没有区分适格受害人的范围和对适格受害人造成损害的范围。因此,本书认为需要转换思路,将损害范围的判定分成两

---

① [德]克雷斯蒂安·冯·巴尔:《欧洲比较侵权行为法》(下卷),焦美华译,法律出版社 2004 年版,第 1 页。

② 《法国民法典》第 1382 条规定:“人的任何行为给他人造成损害时,因其过错而致损害发生之人应当负损害赔偿责任。”该规定与我国《侵权责任法》的规定会产生同样的效果,即符合侵权责任构成要件的受害人非常多,从而给侵权人造成负担。

支:一支是通过责任成立来判定适格受害人的范围;另一支是通过责任范围来判定适格受害人的具体损害范围及大小。

为了更清晰地理解这种思路,本书认为有必要举例进行说明,因为毕竟在学界已经出现了众多意思相近但表达不同的可能产生误解的词汇,如直接损害和间接损害、直接损失和间接损失、①直接损害人和间接损害人、纯经济损失、积极财产损害和消极损害。案例如下:因A核电站发生核泄漏事故,导致附近的渔民养殖户B受到人身伤害而住院治疗,由于其养殖的一千尾甲鱼苗也因核辐射全部死亡,无法向C酒店履行原签订的甲鱼供销合同,于是C要求B承担违约金,B也因巨大亏损受到巨大打击而得了精神病,在某县精神病医院康复治疗。C因举办大型宴会急需甲鱼,为此向外地甲鱼经销商D处高价购买了少量甲鱼,但由于甲鱼数量有限,导致C对E公司的宴席订餐爽约,从而支付了对方双倍定金。由于爽约导致C在当地餐饮界的名声扫地,其业绩也不如以前,最后终于关门大吉。在该案中,A的行为导致了B的人身和财产损害,而C又因B遭受核损害产生了:高价购买甲鱼而多支付的费用;C对E的违约定金双倍返还;以及之后的利润减少和破产。按照新的损害范围判定思路,一方面,要判定B和C是否为本案的适格受害人;另一方面,如果B或C是适格受害人,那么其遭受的哪些损害应当获得救济,哪些损害不能获得救济。从判定思路来看,损害范围的判定还需要分先后顺序,即先判定适格受害人,再判定适格受害人的损害(详见图2)。倘若秩序颠倒,先判定损害,后判定适格受害人的话,则又会陷入传统损害判定的思维逻辑。

从图2的思维导图清晰可知:一个侵权行为可能产生多个受害人;前一受害人与后一受害人之间,也可能因前一受害人的损害而导致后一受害人产生新的损害,本书暂且称为"连环损害";在不同的受害人下可能产生直接损害,也有可能产生间接损害;基于对损害的金钱评价,直接损害则产生直接损失,间接损害则产生间接损失;在特定的情况下,受害人还可能因直接损害和间接损害造成第二次损害,从而产生第二次损失。由于立法中并未出现过直接受害人、间接受害人、直接损害、间接损害、第二次损害,因此对于这些术语的使用大多存在于理论研究和司法实务中。为了理解上的一

① 张民安:《法国现代侵权责任法研究》,法律出版社2003年版,第125~130页。

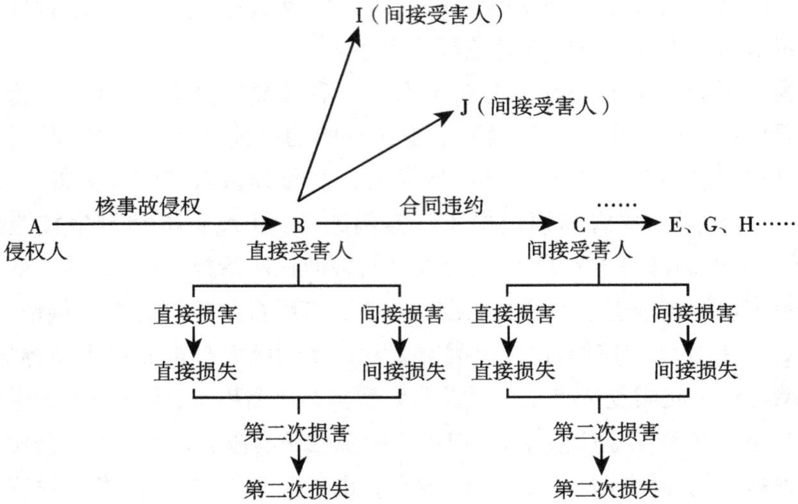

图 2　损害范围思维导图

致,本书对于这些概念的使用尽量采用学界或实务界普适性的定义。依据与侵权行为远近程度,可以将受害人区分为直接受害人和间接受害人。直接受害人是指因侵权行为直接作用而受到损害的人,强调侵权行为的直接作用性。间接受害人是指因直接受害人的损害而遭受损害的人,与原侵权行为没有直接关联性。如上述案例中,A 核电站的侵权行为直接作用于 B,则 B 为直接受害人。C 遭受到的损害则是因为 B 的损害而产生的,而非 A 直接作用产生,具有间接性,则 C 为间接受害人。B 对 C 的损害可能是基于违约,也可能是基于侵权,也有可能是其他性质的行为。在直接受害人后,不论产生多少受害人或者连环损害的环数有多少,在直接受害人后遭受损害的受害人都是间接受害人。直接受害人和间接受害人遭受的损害,既可能有直接损害,也可能有间接损害。因此,要避免以受害人地位来确定损害性质的误解,即只有直接受害人的损害才是直接损害,间接受害人的损害就是间接损害。总体来说,直接损害和间接损害是基于受害人财产的增减来做判断的。直接损害是指行为人造成的受害人固有财产减少的损害,包括侵权行为等直接作用于受害人而造成的财产损害,也包括因受害人为了减少和降低损害而支出的自救费用。间接损害是指行为人造成受害人固有财产以外的可得利益丧失的损害,即在无该侵权等行为时财产本应当增加而未增加的损害。直接损失和间接损失则是基于前述损害客观说(日本平井宜雄的损害事实说)而来的,损害反映的是一种事实,损失则反映的是对损害事实的金钱评价。而我国《侵权责任法》、最高人民法院《关于审理人身损害赔偿案件适用法律若干问题的解释》基本都是对损害的结果金钱评价的指引,同时覆盖了对狭义损害赔偿范围的规定。“第二次损害”一词是借鉴了徐银波博士对损害的归类成果。[①] 本书将第二次损害定义为,受害人因遭受直接损害和间接损害后产生的不同于原来损害的新的损害。

依据此思路,回归到上述核电站侵权案中,B是直接受害人,其住院医疗费、误工费等支出、精神损害、一千尾甲鱼死亡的成本即为直接损害,其甲鱼的预期市场增值收益即为间接损害,其精神病住院治疗的费用等开支导致的财产减少即为第二次损害;C是间接受害人,其因B高价购买甲鱼的额外支出以及双倍返还定金即为直接损害,因声誉降低产生的利润减少和破产即为间接损害。通过这种思维方式解决了立法中对损害的模糊规定,有利于清晰地掌握在一个侵权行为下,可能的可救济受害人范围和狭义的损害范围。然后在此基础上对可能性进行必然性判断,确定可救济受害人的范围和狭义损害的范围。因此,需要借助一定的判断路径才能实现。对于判断路径的功能,在个案中既具有证成的功能,也具有证否的功能。对于受害人而言,更多的是利用其证成功能,然而对于侵权人而言,更多的是利用其证否功能。

二、可救济核损害范围的判断路径

在法律上探讨判断路径,最好的方法莫过于设置标准,如果符合既定标准,则被框进去,反之则将其排除。这些标准的设定目的在于回答何为可救济性,即法律上是否应当给予保护。

(一)适格核受害人范围的判断路径

在一起核事故后,可能会出现若干的直接受害人和间接受害人,是不是这些受害人都应当或最终都能够成为法律上被救济的对象呢?对于适格核受害人范围的确定,就是在可能的受害人范围中寻找享有核损害赔偿请求权的原告。对此,可以借鉴我国《侵权责任法》关于责任成立的要件标准来判断适格受害人的范围。之所以可以进行借鉴,是因为在本质上核侵权属

---

① 徐银波:《侵权损害赔偿论》,中国法制出版社2014年版,第72页。

侵权的范畴。核事故侵权责任不论置于高度危险责任还是置于环境污染责任中,其责任构成均采用三要件说,即存在侵权行为、存在损害、侵权行为与损害之间存在因果关系。由于核能开发利用过程具有很强的技术性、秘密性特征,在核侵权案件中,受害人几乎不具备收集和获取侵权人主观过错的能力。在举证能力的分配上,如果严格按照四要件说,那么受害人几乎无胜诉的可能,《侵权责任法》则会成为核侵权人逃避责任的帮凶。故而三要件说具有可行性。当某一受害人能够证得该三要件,则是当然的受害人。

1. 存在核侵权行为。一般地,侵权行为是指造成或可能造成受害人损害的行为。但具体到核侵权中,具体指向哪个或哪些行为呢?有学者认为核侵权行为是核营运行为。[①] 在此,本书认为不妥。不论将核侵权责任置于高度危险责任,还是置于环境污染责任中,侵权责任的承担不必然要求侵权行为具有违法性,这与核侵权行为即是核营运行为的说法恰好契合。因为在我国核营运行为是一种许可行为,即合规行为。但是,如果将核营运行为作为核侵权行为的话,会出现核侵权行为是合规行为的谬论。既然是合规的,那么法院则不能作出停止侵害的裁判。因为按该学者对侵权行为的认识可以推导出停止侵害就等于停止核营运行为的结论,但这并非国家立法本愿。另外,因为核侵权也不同于一般的环境污染侵权,在一般的环境污染案件中,侵权人如果持有排放许可证,那么其可以在许可的范围内排放污染物。但是对于核辐射或者放射性物质的排放,没有哪部法律是允许其排放的,持零容忍态度。因此,结合对前述核设施、核损害、核事故以及核材料、核物质的定义,核侵权行为应当予以具体化,而不能泛泛地认为就是核营运行为。因为核营运行为是一个集企业管理、核设施运营等多种行为于一体的集合行为。从前文核损害的内涵来看,核设施营运人的侵权行为,要么是核辐射行为,要么是核爆炸行为。后者除了核爆炸时对受害人的直接创伤外,核爆炸后的侵害也表现为核辐射。我国核安全监管制度相对完善,对于每一核设施营运人的核安全记录、统计和公开制度都很健全。而且在发生四级以上核事故时,政府会介入。因此,对于核受害人而言,证明核侵权行为其实并不难,甚至可以说都无须证明。

2. 存在核损害事实或发生可能性很大的核损害。在此仅仅指的是事实

---

① 蔡先凤:《核损害民事责任研究》,中国原子能出版社2005年版,第125页。

意义上的损害,而非损害的金钱评价。首先,核受害人需以享有损害背后的民事权益为前提。对民事权益的理解,本书认为,不应当局限地理解为权利之利益,而应当作广义解释,既包括法律明确规定的权利及法益,还包括因法律滞后还没有上升为权利或因客观不能上升为权利,但应受法律保护的利益(如胎儿的法益)。在核侵权案件中,如果“受害人”所受损害非以民事权益为基础,那么尽管其存在因核侵权导致核损害的事实,他也不是适格的核受害人。例如,A 因 B 核电站发生核事故导致其偷种的 500 株即将收获的罂粟损毁,尽管有损毁事实,但该损害无民事权益基础,A 不是适格核受害人。其次,损害事实既定或损害很可能发生。对于臆想的损害由于并未发生而不能作为损害事实予以认定,因为这超出了侵权人甚至法律所能预见的范围。但需要区别臆想的核损害和发生可能性很大的核损害。对于因核侵权行为致使某个损害达到了很可能发生的程度时,这种可预见的损害应当作为责任成立的要件。另外,从法律的功能看,其具有引导和预防功能,如果刻板地要求必须有既定的损害事实而忽视了发生可能性很大的损害,则很可能导致当事人积极促成损害的实现,或者消极防止损害的发生。

3. 核侵权行为与核损害之间存在因果关系。在综合分析核侵权的三要件后我们不难发现,其实责任构成要件即是考察因果关系中,侵权行为作为因行为所触及到的受害人范围和损害范围结果。与其说是确定该两个范围,不如说是限制该两个范围(此部分讨论受害人的范围)。学术界提出了许多因果关系理论,如优势证据说、条件说、原因说、客观归属理论、流行病学说、疫学因果关系说、盖然性因果关系说、相当因果关系说等。基于核损害的特殊性,我国立法在因果关系的选择上应作有利于受害人的调适,即采用因果关系推定的盖然性因果关系说,将因果关系的举证分配给了侵权人。[①] 另外,在司法实践中,受害人仅对因果关系的成立提供初步举证即可。

本书认为,现有因果关系理论具有一定的合理性,没有必要再新增其他因果关系理论了。尽管上述学说在确定直接受害人范围时确有优势,但在确定间接受害人范围时,则存在困难,容易导致将间接受害人也纳入直接受

① 在最高人民法院《关于民事诉讼证据的若干规定》(法释〔2001〕33 号)中规定:高度危险作业致人损害的侵权诉讼,由加害人就受害人故意造成损害的事实承担举证责任;因环境污染引起的损害赔偿诉讼,由加害人就法律规定的免责事由及其行为与损害结果之间不存在因果关系承担举证责任。

害人的范围中。因此,需要对盖然性因果关系理论作进一步的补充。(1)遭受损害的原因行为是否具有同质性。当造成不同损害的侵权行为性质相同,即都是因为核辐射而遭受损害时,后一受害人应为适格受害人。具体案例表现为:直接核受害人因遭受核辐射后,其自身携带的具有核辐射性的物质传递给了后一受害人的情况。此时,直接受害人并没有折断核辐射行为发生侵权的作用,因此后一受害人是适格的间接受害人,其有权请求核电站承担侵权责任。如果造成损害的侵权行为性质不同,尽管后一受害人遭受的损害与直接受害人遭受的损害有关,后一受害人仍不能成为适格的间接受害人。例如,直接受害人因遭受核辐射而截去脚肢,当其醒来后发现脚肢没有了而脾气暴躁,将前来给其换药的某护士打成脑震荡。本案例中,尽管某护士所受损害是基于直接受害人的殴打行为,但殴打行为与核电站的核辐射行为不同,故而该护士不是间接受害人。但该护士可以作为该殴打者的直接受害人要求其承担侵权责任。(2)直接受害人与间接受害人是否已存有其他法律关系。第一种,双方既存身份关系的情况,后一受害人为适格的间接受害人。如直接受害人的父母为其支付的医药费等,该父母是适格的间接受害人。但对于具有身份关系的人产生的超出一般预见性的损害时,则不能成为适格的间接受害人,如父母得知消息后晕倒等住院产生的损害。第二种,双方既存合同关系的情况,后一受害人不是适格的间接受害人。首先,合同法律关系具有相对性和封闭性特征,核侵权人的侵权行为仅将这种稳定的合同关系状态打破了,并未替代直接受害人。后一受害人只能作为合同当事人主张对直接受害人的违约责任,而不能主张对核侵权人的侵权责任。其次,按照生活常识,核侵权人无法合理预见直接受害人的其他法律关系。因此,法律不能对其课以无法预见的义务。况且后一受害人可以主张违约责任来维权,并非权利救济的完结。

(二)狭义的核损害范围的判断路径

在确定适格受害人后,则需要判断该受害人的哪些损害可救济,即具体对可救济的直接损害范围、间接损害范围和第二次损害范围的判断。其实对于直接损害范围和间接损害范围的判定,本书认为完全可以沿用适格核受害人范围的判断路径,即以责任构成要件标准来判定。但是在受害人确定的情况下,存在侵权行为要件和损害事实要件判断标准在判定狭义核损害范围时已无必要。因此,可以通过对盖然性因果关系的评价来判定狭义核损害的范围。但这又会出现另一个问题，即在出于对受害人保护而形成的宽松的盖然性因果关系标准下，可能会导致“遥远”的但又不应当由核侵权人承担责任的核损害出现。因此，需要采用其他补充性标准来限定这些“遥远”的核损害，以达到侵权人与受害人二者之间的利益平衡：(1)预见可能性标准。预见可能性由日本学者清水兼男提出，他是站在一般人类的认知水平上来评价侵权人预见其侵权行为可能造成损害的范围。(2)可容忍性标准。这种可容忍性也是以一般人类可以接受的容忍程度来限定受害人的损害范围。对于预见可能性和可容忍性的使用更多适用于司法实务中，由法官结合具体案情来自由裁量和心证。因此这两个标准具有很强的主观色彩，可能存在同案不同判的情况。(3)确定性标准。这里说确定性并非损害事实的确定，而是就特定损害而言能够得以金钱评价。例如因核辐射而导致住院，错过了现场观看足球世界杯。这种观看利益反射出来的是精神上的享受，难以用金钱衡量，因此不能纳入损害范围。(4)有无第三人的行为介入标准。在有第三人介入的情况下，相当于受害人遭受了另一个侵权，原侵权行为的效力已经被新的侵权行为终止了。此时，新的损害则不能由原侵权人承担。但是在无第三人行为介入，而是由受害人自身的行为导致的情况，此时则需要结合预见可能性标准和可容忍性标准来共同判定。如遭受核辐射的受害人本可以治愈，但因承受不了治疗痛苦而选择轻生。对于轻生死亡损害在一般人看来是无法预见和容忍的，因此侵权人不承担该死亡引起的损害。

三、可救济核损害范围的国外考察与国内确定

(一)可救济核损害范围的国外考察

从相关国际公约和国家国内法来看，可救济核损害范围是对狭义的损害范围进行一一列举的，并未对核损害的适格受害人范围进行列举。这是因为，损害本身就是适格受害人和狭义损害的连接点，在存在损害连接点时，必然会指向特定受害人。然后，在具体的损害赔偿实践中，再通过可救济核损害范围的判断路径对其受害人的适格性和狭义的损害范围进行判断。而且，对于立法而言，在未进行可救济性的实质性判断前，采用列举狭义核损害范围的方式已经是最优的方式了。

1. 相关国际公约对可救济核损害范围的规定(详见表7)。综合起来，相

关国际公约对可救济核损害的范围确定为三类：一是人身伤亡损害；二是财产损害；三是环境损害。首先，对于排除部分损害的原因，如核装置本身的损害，本书认为至少有两个：第一，诸如核装置本身，核设施营运人已经对其进行投保，无须再纳入核损害范围内，从而防止重复投保。第二，核装置本身具有较大价值，如果将其损害纳入核损害范围中，在责任限额制度下，必然会稀释其他损害的获赔比例。其次，尽管环境损害被纳入核损害的范围中，体现了对环境保护的重视，但是从损害反映的具体损失名录来看，并未将环境价值本身的损害纳入其中，如环境的功能价值，恢复期间的环境期间损失，永久性功能损失等。另外，对于恢复措施和预防措施产生的费用若要纳入核损害的范围需有硬性条件，只有经主管部门批准的合理措施产生的费用才能纳入损害范围内；反之则排除。

表 7　相关国际公约对可救济核损害范围的规定

公约名称	核损害范围概括	条款
1960 年《巴黎公约》	任何人身损害或死亡；任何财产破坏或损失（除核装置本身，在核装置现场使用的或拟使用的同该装置有关的任何财产；除在发生核事件时装有核物质的运输工具）	第 3 条
1963 年《维也纳公约》	丧失生命；任何人身损害或财产的损失或破坏	第 1 条第 11 项
1997 年《维也纳公约议定书》	生命丧失或人身伤害；财产损失或损害；前述损失或损害引起的经济损失；环境恢复措施费；因环境的明显损害引起的收入损失；预防措施费用及因此措施引起的进一步损失或损害；环境损害造成的损失以外的其他经济损失	第 2 条第 2 项
1997 年《核损害补充赔偿公约》	生命丧失或人身伤害；财产损失或损害；前述损失或损害引起的经济损失；环境恢复措施费；因环境的明显损害引起的收入损失；预防措施费用及因此措施引起的进一步损失或损害；环境损害造成的损失以外的其他经济损失	第 1 条第 f 项
2004 年《巴黎公约议定书》	增加：因人身伤亡或财产引起的经济损失；环境恢复措施费；环境损害产生的其他损失；预防措施费	第 3 条

资料来源：本表数据根据相关国际公约进行整理所得。

2. 相关国家国内法对可救济核损害范围的规定（详见表 8）。相关国际公约之间对可救济核损害范围的规定差异性很小，甚至可以说是趋同的。但是相关国际国内法的规定就存在较大差异，这些差异主要在于：首先，对于环境损害，西班牙规定不包括纯粹的生态损害，英国也规定不包括无归属的环境损害，其实不难理解，就是不承认环境本身的价值，与上述国际公约的情况相同。反过来说，其意思等同于瑞士的说法，即如果可以体现于单个受害人损害时的环境损害是可以纳入核损害范围的。这本质上体现的还是对人的损害。其次，对于预防措施费，英国将其排除在核损害范围之外。英国的这个规定为本书提出了一个疑问。实践中预防措施的实施者，有可能是受害人本人，也有可能是政府。由于实施主体的不同，预防措施产生的费用是笼统地纳入或不纳入核损害的范围呢？抑或以实施主体的不同而有所区分？（下文将论证）最后，各国核损害范围的规定总体上是较为原则性的，具体的施行还需要借助该国其他法律和法官素养以可救济损害范围的判断路径来进行确定。由于各国的立法差异，法官素养差异，最终的结果也会有所不同。

表 8　相关国家国内法对可救济核损害范围的规定

国别	法律名称	核损害范围概括
美国	《普莱斯—安德森法案》	同 1997 年《核损害补充赔偿公约》中核损害的范围
法国	《核责任法》	除一般的人身和财产损害外，还包括核材料运输工具的损害、公众疏散费、因污染造成的生产损失和清污费、邻近企业中断经营的收入损失，但不包括核装置本身和现场财产损害
西班牙	《核能法》	生命丧失、人身伤害或财产损害，不包括纯粹的生态损害
瑞士	《核责任法》	除一般的人身和财产损害外，还包括预防措施费、可体现于单个受害人损害时的环境损害
英国	《能源法》	限于人身伤害和财产损害，不包括：无归属的环境损害和纯经济损失；预防措施费；核设施本身及与其有关的现场财产损害
加拿大	《核责任法》	同 1997 年《核损害补充赔偿公约》中核损害的范围
匈牙利	《原子能法》	生命丧失、人身伤害、财产损害、环境修复费、预防措施费
罗马尼亚	《核损害民事责任法》	同 1997 年《核损害补充赔偿公约》中核损害的范围
日本	《核损害赔偿法》	同 1997 年《核损害补充赔偿公约》中核损害的范围
韩国	《核损害赔偿法》	生命丧失、人身伤害、财产损害、环境恢复措施费、预防措施费
印度	《核损害民事责任法》	同 1997 年《核损害补充赔偿公约》中核损害的范围

资料来源：本表数据根据相关国家国内法进行整理所得。

(二)可救济核损害范围的国内确定

我国没有专门的核损害赔偿立法,对于核损害范围的规定也只有在国务院《关于核事故损害赔偿责任问题的批复》(2007 年)中原则性地规定了三种损害类型,包括人身伤亡、财产损失或者环境损害。因此,三种损害类型的具体化还需要借助其他法规或规范性文件的指引。对于人身伤亡损害范围的具体化,可根据最高人民法院《关于审理人身损害赔偿案件适用法律若干问题的解释》(法释〔2003〕20 号)第 17 条、第 18 条的规定。对于财产损失可以依照《侵权责任法》第 19 条、第 20 条的规定。对于环境损害可以依照中共中央办公厅、国务院办公厅 2017 年 8 月 29 日通过的《生态环境损害赔偿制度改革方案》关于赔偿范围的规定。然而,由于个案的特殊性,因此,还需再依据前文的可救济核损害范围的判断路径予以最终确定,特别是对于间接损害和第二次损害。

上文提到的对于预防措施费是否纳入核损害范围的问题,本书认为应当区分情况。在一次核事故里,采取预防措施试图防止核损害程度扩大的人可能是政府、核设施营运人、受害人本人,也有可能是第三人。(1)对于政府采取的预防措施也会存在两种情况,一种是具有行政职能性质的预防措施,另一种是非行政职能性质的预防措施。在前一种情形下,政府实施预防措施本身就是履行行政职责范围内的保护义务的行为,而且该义务履行的对象具有不确定性,即针对不特定的公众。由于政府采取行政职能性质的预防措施不具有,也不体现市场竞争关系,采取措施的合理性评判标准也由其自身掌握,再加之政府受舆论的影响,导致在实践中往往出现"为达目标不惜一切代价""只要有一分的希望,就要付出百倍的努力"的情形。如果将该性质的预防措施费也纳入可救济的核损害范围的话,必然会增加核设施营运人的负担,稀释其他核受害人的获赔比例。另外,如果由核设施营运人负担的话,还会出现政府用纳税人的钱履行保护不特定对象的公共服务的费用,由另一特定纳税人支出的谬论。因此,此类预防措施产生的费用不应当纳入可救济的核损害范围。在后一种情形下,政府采取预防措施的边界已经超出了其行政职能范围,依法该政府可以不采取该预防措施。例如,核设施营运人为了减少渔业养殖户的损失,雇用工人和卡车将水产品打捞、装车运至安全区域,但由于时间紧迫,一时间难以雇用大量的人员和卡车,此时政府帮助其雇用人员和卡车产生的预防措施费则应当由核设施营运人承担。其实,对于如何确定政府行政职能性质与非行政职能性质的预防措施的边界又是非常难以界定的。对此,本书认为,可以采取就重避轻的原则即人身权益大于财产权益的原则,针对人身损害的预防措施费用不纳入可救济核损害的范围,而针对财产损害的预防措施费用则纳入,类似于代履行。依此,在前例中如果是为了紧急需要转移人员而政府雇用汽车的费用则不纳入可救济核损害的范围。(2)预防措施由核设施营运人作出时,虽然其采取预防措施的形式意义在于减少受害人的损失,但实质意义上是在减轻其自身承担赔偿的负担。这在利益关系上已经达到了衡平的目的,不能将产生的费用纳入可救济核损害范围。(3)预防措施由受害人本人或第三人作出的情形,本书认为应当坚持鼓励采取预防措施的原则,其预防措施产生的费用应当纳入可救济核损害范围。法律具有预防和指引功能,受害人本人或第三人采取预防措施保护受害人的同时,实际上还减轻了侵权人最终承担损害的负担,应当予以鼓励。

但是,预防措施的行使需要有度,即是否合理。因此,有必要对该预防措施进行合理性评价,否则会出现大量冗费,稀释对受害人的获赔比例。从相关国际公约的规定来看,预防措施的行使需要经主管部门批准,进行合理性评价后,该预防措施产生的费用才可纳入可救济的核损害范围。由此可知,其采取的是严格的事前批准。但该做法与核事故救济的紧迫性相违背,在突如其来的核事故面前,很多情况下预防措施的行使是来不及向有关部门报告并获批准的,不具有可行性。因此,采用事后严格评价具有可行性和合理性。当实施预防措施的人要求对其产生的费用进行索赔时,则可对其合理性进行评价。有了这个事后评价程序,也可以防止预防措施的实施人滥用预防措施。

综上所述,结合国外关于核损害范围的规定和我国相关立法的指引,我国可救济核损害的范围可以确定为如下(详见表9):

表9 可救济核损害的范围

<table>
<tr><th>核损害的类型</th><th colspan="2">可救济核损害的范围1</th><th>可救济核损害的范围2</th></tr>
<tr><td rowspan="3">人身损害</td><td>因伤就医</td><td>医疗费、误工费、护理费、交通费、住宿费、住院伙食补助费、必要的营养费、受害人的精神抚慰金</td><td rowspan="5">经有关部门认可的预防措施产生的费用及因此措施引起的进一步损失或损害</td></tr>
<tr><td>因伤致残</td><td>就医支出及误工费、残疾赔偿金、残疾辅助器具费、被扶养人生活费，以及因康复护理、继续治疗实际发生的必要的康复费、护理费、后续治疗费、受害人的精神抚慰金</td></tr>
<tr><td>因伤致死</td><td>就医支出及误工费、赔偿丧葬费、被扶养人生活费、死亡补偿费以及受害人亲属办理丧葬事宜支出的交通费、住宿费和误工损失、近亲属的精神抚慰金</td></tr>
<tr><td>财产损害</td><td colspan="2">合法财产损失</td></tr>
<tr><td>环境损害</td><td colspan="2">清除污染的费用、生态环境修复费用、生态环境修复期间服务功能的损失、生态环境功能永久性损害造成的损失以及生态环境损害赔偿调查、鉴定评估等合理费用</td></tr>
</table>

第二章　核损害赔偿责任的界分

本书研究的基础之一，是核损害赔偿责任区别于一般侵权损害赔偿责任。试想，如若一般侵权损害赔偿责任制度都能全部解决核损害赔偿问题，则无必要再来架构核损害赔偿责任制度。从有关核损害的国际公约和国家国内立法来看，核损害赔偿责任是一种综合性的责任体。因此，如果试图架构核损害赔偿责任制度，那么前提是应当对该综合责任体进行正确解构。

第一节　核损害赔偿责任制度的困境

一、原子能基本法、核责任法阙如与立法的紧迫性之间的矛盾

我国核损害赔偿责任制度的内容散见于不同层级的文本中，主要有：《民法总则》、《侵权责任法》、《放射性污染防治法》、《产品质量法》、《核安全法》、国务院《关于处理第三方核责任问题给核工业部、国家核安全局、国务院核电领导小组的批复》(1986 年)和国务院《关于核事故损害赔偿责任问题的批复》(2007 年)。但从立法论角度来讲，除《核安全法》之外，其他法律文本均非针对核能领域而制定的法律，因此不能体现核损害赔偿的特殊性，如唯一责任、责任限制、国家干预等。而且在适用规范时，往往也只

能通过法律解释来适用。《核安全法》也仅在第89条、第90条对核损害赔偿责任作了原则性的规定,操作性不强。另外,尽管国务院两个《批复》规定的针对性较强,但还未达至行政法规的位阶。严格意义上论,两个《批复》不能在司法中予以适用。因此,可以说我国核损害赔偿责任制度体系还仅是雏形而已。我国是成文法的国家,作为引领核能领域的《原子能基本法》在几经周折后仍未出台,使我国核电发展呈现"裸奔"态势。综观《国家核电发展专题规划(2005~2020年)》《核电中长期发展规划(2011~2020年)》及《能源发展战略行动计划(2014~2020年)》《能源发展"十三五"规划》政策和核电发展现状,《原子能基本法》的制定迫在眉睫。相应地,由于该法的阙如,导致核损害赔偿责任制度缺乏原子能基本法的引领,相关的核责任法也存在空白。

二、司法救济与多元化救济之间的矛盾

核损害通常以环境为介质,通过核辐射等形式造成损害。其部分特征表现为:隐蔽性(潜伏性)、快速性和灾难性。在突如其来的核损害面前,如果不对核受害人进行及时的救济,很可能会造成更大的灾难。但从现行的立法和政策来看,将核损害赔偿责任定性为纯粹的民事侵权损害赔偿责任。从而在规范指引上,更倾向于将核受害人引向司法救济的途径,缺乏多元化的救济机制。尤其是国务院的两个《批复》,其规范架构完全是在铺设一种司法救济程序。然而司法救济的被动性、滞后性在应对核损害的隐蔽性(潜伏性)、快速性和灾难性时,显得毫无力气。这必然不利于对核受害人进行及时、充分且有效的赔偿。

三、重事后赔偿与赔偿的阶段化、应急性特征之间的矛盾

前文分析得知现有的核损害赔偿救济途径具有单恋司法救济之嫌。因此在此理念的贯穿下,我国出现重事后赔偿而轻事中赔偿的核损害赔偿责任制度就显得不足为奇了。我国目前已经建立了与国际接轨的核应急组织体系,然而整个核应急组织体系偏重于核安全层面的应急,[①]忽略了核损害

① 杨尊毅、王国军:《建立我国核损害赔偿制度探讨——福岛核事故损害赔偿的启示》,载《保险研究》2013年第9期。

赔偿具有阶段化、应急性的特征(包括事故预警阶段、事故阶段和事故后阶段)。我国《突发事件应对法》《 突发环境事件应急管理办法 》《核电厂核事故应急管理条例》也均未涉及阶段化、应急性的核损害赔偿规定。

四、赔偿限额过低且固定与充分合理赔偿目标追求之间的矛盾

核损害赔偿适用责任限制的原因,简言之可归纳为行业保护。从环保的角度来看,核能开发是绿色时代的产物,在安全保障的前提下,其利用过程不会造成环境污染,具有正外部性,社会应当给予相应的容忍。如果从逆向来思考,极力规制核风险的最有效方法就是停止开发使用核能。但这也可能因核风险的规制而引发其他风险,如大量的煤炭发电导致大气污染,水电开发影响生态平衡和生物多样性等。这也证实了美国弗兰克 · B. 克罗斯(Frank B. Cross)认为的那样,在面对风险问题时没有免费的午餐,减少任何特定风险的努力又可能会带来新的风险。① 在科学不确定性的现实里,如果适用无限责任,会给核营运人带来"企业责任忧虑",②最终导致核工业萎缩。也有不少学者认为,责任限制是对无过错规则的平衡或对冲。③ 国务院 2007 年《关于核事故损害赔偿责任问题的批复》规定,不同运营人承担的限额为 3 亿元或 1 亿元。④ 从该限额可以发现的问题有:(1)限额过低。跟《巴黎公约》体系⑤的 7 亿欧元,《维也纳公约》体系⑥的 3 亿特别提款权,《核损害补充赔偿公约》体系⑦的 3 亿特别提款权相比,我国制定的限额明显过低。(2)限额缺乏动态管理,导致长期固定,不合时宜。从 2007 年至今约 10 年之久,仍保留固定的限额明显不符合当今的经济水平。总之,在科学不确定

---

① Frank B. Cross, "Paradoxical Perils of the Precautionary Principle", *Washington and Lee Law Review*, 1996, p. 924.

② 李雅云:《核损害责任法律制度研究》,载《环球法律评论》2002 年第 3 期。

③ 蔡先凤:《核损害民事责任研究》,中国原子能出版社 2005 年版,第 159 页。

④ 参见国务院《关于核事故损害赔偿责任问题的批复》(2007 年)规定:"核电站的营运者和乏燃料贮存、运输、后处理的营运者,对一次核事故所造成的核事故损害的最高赔偿额为 3 亿元人民币;其他营运者对一次核事故所造成的核事故损害的最高赔偿额为 1 亿元人民币。核事故损害的应赔总额超过规定的最高赔偿额的,国家提供最高限额为 8 亿元人民币的财政补偿。"

⑤ 《巴黎公约》体系包括的法律文件有:《关于核能领域中第三方责任的公约》(1960 年)及其议定书、《布鲁塞尔补充公约》(1963 年)及其议定书。

⑥ 《维也纳公约》体系包括的法律文件有:《关于核损害民事责任的维也纳公约》(1963 年)及其议定书。

⑦ 《核损害补充赔偿公约》体系包括的法律文件为:《核损害补充赔偿公约》(1998 年)。

性的前提下,为衡量核营运人与受害人的利益关系,应当对限额进行适时调整。

五、风险分担机制狭窄与风险分担机制的多样化之间的矛盾

科学的不确定性导致风险发生和结果的不确定,这使具有矫正正义功能的风险分担机制具有其合理性和必要性。该机制体现了风险群体(也就是共同接触或者面临风险的人)内成员的互助性。① 风险分担机制建设可以通过两条路径来进行:(1)依据分担主体。从国务院两个《批复》可知,我国的风险分担主体有核设施营运人和国家。由于实行责任限制原则,其实受害人还承受了相当程度的风险后果。我国架构的这种主体分担机制:第一,实行唯一责任必将豁免供应商的责任,这不仅造成供应商与营运人权利义务的绝对失衡,有违公平公正,②而且减少了供应商设计制造安全核设施的动机。③ 第二,核能开发正外部性的受益人(如核电用户等)没有参与分担核风险。第三,我国至今未加入任一核损害赔偿的国际公约,导致风险分担局限于国内主体,日本福岛核泄漏就是一个警钟。(2)依据分担方式。我国风险分担方式仅仅表现为商业保险和国家财政补偿。从核设施营运人的角度看,在重大自然灾害条件下,核第三者责任保险的失效将给营运人予以重创(后文将详述)。从国家角度看,以"一出事就财政拨款"的办法未免有失偏颇。总之,分担主体和方式的狭窄难以体现风险群体成员的高度互助性,直接影响赔偿限额的制定,这也是为什么我国制定的限额往往比国际标准低的原因,但这最终影响核受害人可获得救济程度。

六、短期诉讼时效与核损害高潜伏性、持续性之间的矛盾

核辐射通过射线造成周围环境的损害,无色无味,不易察觉,具有非常高的潜伏性。据驻乌克兰记者报道,国际文传电讯社公布一组数据显示,至2003年乌克兰共有250万人因切尔诺贝利核事故而身患各种疾病,其中包

---

① [英]珍妮·斯蒂尔:《风险与法律理论》,韩永强译,中国政法大学出版社2012年版,第40页。

② 黄锡生、关慧:《供应商核损害赔偿责任豁免的反思与重构》,载《重庆大学学报》(社会科学版)2012年第2期。

③ Sidhant Chandalia, "International and Indian Civil Liability Regime for Nuclear Damage-Operator's Liability V. Supplier's Liability", *Kathmandu School of Law Review*, 2013(2), p. 91.

括47万儿童。[①] 同时,该事故还涉及代际影响,他们的孩子、孩子的孩子都因核辐射受到了太多的伤害,至今仍给乌克兰及周边国家的民众带来包括精神恐慌在内的各种影响。[②] 消除切尔诺贝利核事故后患成为俄罗斯、乌克兰和白俄罗斯政府每年的巨大财政负担,而这种负担将是这些国家永远无法还清的债务。[③] 据专家估计,完全消除这场浩劫的影响最少需要800年。[④] 美国三里岛核事故和日本福岛核事故上演着类似的情况。基于核损害的高潜伏性和保护受害人的角度,较长的诉讼时效具有正当性。国务院《关于处理第三方核责任问题给核工业部、国家核安全局、国务院核电领导小组的批复》(1986年)规定,主观时效为3年,客观时效为10年。如果从解释论角度,将核损害定性为环境污染侵权,那么其主观诉讼时效为3年,客观时效为20年。在科学不确定性的风险社会背景下,时效决定了受害人通过司法途径获取救济的可能性。从主观诉讼时效看,3年从受害人已知或者应知核事故所造成的核损害之日起算,具有一定的合理性,但10年、20年的客观时效完全与科学不确定性带来的实际不相符合,有违正当性与合理性。

第二节　核损害赔偿责任的特殊性

前文已声明,本书所指核损害是指核侵权损害,那么核侵权损害赔偿责任是否就属于侵权损害赔偿责任呢?对于这个问题的回答关系到本书写作的必要性,因此有必要对核损害赔偿责任的特殊性问题予以回应。对此,本书通过采取核损害赔偿责任与侵权损害赔偿责任对比的方式来展现前者的特殊性。

一、核损害赔偿责任的基本特征——非单一责任,而是综合性责任

关于核损害赔偿责任的认识,有学者认为核损害赔偿责任即为核损害

---

① 田晓军:《无法忘却的灾难与警示——切尔诺贝利核事故17周年祭》,载《法制日报》2003年4月26日,第2版。

② 吴俐、王晓娜:《福岛核事故波及效应下的法律救济问题》,载《海大法律评论》2011年第Z1期。

③ 董映璧:《切尔诺贝利仍在哭泣——纪念切尔诺贝利核事故18周年》,载《科技日报》2004年4月26日,第4版。

④ 落志筠:《中国大陆核损害赔偿法律制度的完善》,载《重庆大学学报》(社会科学版)2012年第2期。

民事责任,是指核设施发生核事故造成核损害时,核设施经营人所应承担的赔偿责任。[①] 也有学者认为,核损害赔偿责任即为核损害责任,是指核设施发生核事故造成核损害时,核设施营运人所应承担的赔偿责任。[②] 概观学界对核损害赔偿责任的理解,可作如下归纳:第一,核损害赔偿责任的承担主体是核设施营运人;第二,核损害赔偿责任的条件是核设施发生核事故且造成核损害。但是,对学者的认识,应当结合实际情况慎重待之。

首先,对于核损害赔偿责任的承担主体的把握,本书认为需要对核损害赔偿责任制度进行整体分析后才能准确界定。从有关核损害赔偿责任的国际公约和国家国内立法情况来看,几乎都在规定了核设施营运人唯一责任原则的同时,还规定了在超过核设施营运人的赔偿限额时,由国家承担一定额度的补偿责任,更有些国家规定由核能行业互助基金承担一定额度的赔偿责任,如美国还规定了每次核事故造成的损害超过核设施营运人的赔偿限额时,核反应堆的持证人需缴纳追溯性保费。[③] 另外,在《核损害补充赔偿公约》中,如果超过限额时,缔约国公共基金则承担一定额度的赔偿责任。就此看来,核损害赔偿责任的承担主体并非仅仅指向核设施营运人,还包括了其他主体,如互助基金、国家或者缔约国基金等主体。因此,可以得出核损害赔偿责任制度整体架构上既包括了核设施营运人的赔偿责任,也包括了其他主体的赔偿责任或补偿责任。核设施营运人承担的赔偿责任是侵权法上的责任,而其他主体承担的赔偿责任或补偿责任非为侵权法上的责任,而是分担责任。是故,前述学者在对核损害赔偿责任主体的认识上存有不妥,他们仅局限在核设施营运人承担侵权法上的责任,而未涵盖其他主体的赔偿责任或补偿责任。有学者也发现了核损害赔偿责任的综合性特征,但又回避了讨论有哪些责任,故而认为核损害赔偿责任是核第三方责任,指的是一旦发生核事故如何赔偿受害者的法律责任。[④]

其次,对于核损害赔偿责任的条件是核设施发生核事故且造成核损害问题,从字面意义上理解可能会得出,核事故并不仅仅发生于核设施上,其

---

① 王蓓:《浅析核损害中的民事责任分配》,载《中国商界》2008 年第 1 期。

② 李雅云:《核损害责任法律制度研究》,载《环球法律评论》2002 年第 3 期;另参见曲云欢等:《中国核损害赔偿制度研究》,载《环境污染与防治》2012 年第 11 期。

③ 傅济熙:《核损害的民事责任与赔偿》,中国原子能出版社 2003 年版,第 56 页。

④ 傅济熙、董保同:《浅谈第三方核责任法律制度》,载《中国核工业》1998 年第 3 期。

他核物质也有可能发生核事故，如核材料、放射性废物等。但根据核设施、核事故及核损害的定义来看，那些核物质发生核事故及其损害均与核设施具有关联性，要么处于核装置内，要么处于运出或运入核装置，要么贮存于仓库，然而这些均包含在核设施的范畴内。

综上所述，笔者认为，核损害赔偿责任是一种综合性责任体，指核设施发生核事故造成核损害时，核设施营运人以及其他主体所应承担的赔偿责任或者补偿责任。

二、核损害赔偿责任的根本性特征——重责任分担

核风险是由于核能技术天然的不确定性而产生的难以规避的风险，可以毫不夸张地说只要有核能技术的运用，就存在核风险。因此，试图摆脱此"魔咒"，唯有放弃核能技术的利用，放弃发展核能事业。但这是一种消极的对待方法，不可否认的是现代社会要想取得进步，维持一定的风险将成为必要，一定风险的存在反而能有效促进社会的进步和发展。核能领域也不例外，核能作为高效能源，在解决能源危机问题上占据举足轻重的作用，维持一定的核风险反而能够推动核能科技的不断改进和创新，从而降低核风险实现的可能性。需要强调的是，本书所指的核风险是核能科技天然的不确定性产生的那部分风险，而并非指核设施营运人可控制的那部分风险。美国学者彼得·休伯（Peter Huber）以风险是否可以受个人控制将风险分为公共风险和私人风险。公共风险是指那些集中或者批量生产、广为流通，且绝大部分都是处在单个风险承受者理解和控制之外、威胁到人类的健康和安全的风险。① 私人风险是指那些分散制造的，地方化的，可受个人控制，或者是来自本性的风险。② 相比较公共风险与私人风险，前者除了不受个人控制的特征外，还包括其他特征：③第一，没有过错的公共风险。在私人风险领域里，风险如果实现，即导致事故的发生，一般会存在风险持有人主观上的故意或者过失。对于公共风险而言，从风险到事故的发生，风险持有人并不必然存有过错，可能是基于风险本身的特性而必然会发生事故（如科技"短

① 傅蔚冈：《对公共风险的政府规制——阐释与评述》，载《环球法律评论》2012年第2期。

② Huber, Peter, "Safety and The Second Best: The Hazards of Public Risk Management in the Courts", *Columbia Law Review*, Vol. 85, Issue 2, March 1985, p. 927.

③ 傅蔚冈：《对公共风险的政府规制——阐释与评述》，载《环球法律评论》2012年第2期。

板”),或者由于其他诱因(地震、海啸等重大自然灾害)而发生事故。但是从总体上看,这种公共风险发生与否的概率并不以风险持有人的意志为转移,不确定性表现得非常突出。第二,公共风险具有两面性。马克思主义哲学认为,任何事物都具有两面性,应当一分为二地看待事物。尽管公共风险的发生可能造成特定受害人的损害,但从整个社会来看,正是由于公共风险的存在才使私人风险得以减少。对风险规制最有效的方法即为禁止造成该风险的行为,但是禁止该行为可能又会引发其他风险的存在,如禁止核电开发,为满足用电需求,则需要加大煤电开发,从而造成更加严重的大气污染问题。正如前文提到的美国弗兰克·B. 克罗斯的观点,减少任何特定的风险的努力有可能会带来新的风险。[①] 就本书来看,核能的开发利用过程中,尽管存在核风险,但核能作为高效能源,对其开发利用可以节约燃煤的消耗,防止因燃煤而导致的大气污染和温室效应,如核能发电。[②]

就核风险而言,其产生于核能科技的不确定性。首先,尽管它是人为的风险,但它不像私人风险那样可以受个人的控制。如前文所言,核风险是核能开发利用过程中难以回避,无法杜绝的风险,但可以通过规制的方法和科技的改进而控制和降低其风险发生率。其次,核风险的实现,即核事故的发生,可能是基于核能科技本身的问题,也有可能是因为核风险持有人的过错问题,也有可能是因为其他如地震、海啸等自然诱因,更有可能是多因素共同作用的结果。总的来说,核风险无过错之说。最后,由于核风险也具有正外部性,维持一定的核风险既有利于推进核能技术的改进,又有利于环境保护。另外,从公共风险可能造成的威胁范围来看,其涉及很强的公共性,这与核风险造成核损害的特征也不谋而合。综上所述,基于核能科技不确定性而产生的核风险具有公共性的特征,核风险即为公共风险。

如上文所言,维持一定的公共风险对整个社会而言并非无益,但风险的

---

① Huber, Peter, “Safety and The Second Best: The Hazards of Public Risk Management in the Courts”, *Columbia Law Review*, Vol. 85, Issue 2, March 1985, p.924.

② 在核能发电方面,2018 年 1 ~6 月全国累计发电量为 31,945.3 亿千瓦时,商运核电机组累计发电量为 1299.94 亿千瓦时,约占全国累计发电量的 4.07%。与燃煤发电相比,核能发电相当于减少燃烧标准煤 4016.80 万吨,减少排放二氧化碳 10,524.02 万吨,减少排放二氧化硫 34.14 万吨,减少排放氮氧化物 29.72 万吨。参见核电评估部:《2018 年 1 ~6 月全国核电运行情况》,载中国核能行业协会网:http://www.china-nea.cn/html/2018-07/40654.html,最后访问日期:2018 年 9 月 8 日。

实现往往造成巨大的损失。如果从决策意义上来理解风险,为了避免风险实现而造成巨大损失,作为风险的持有人或者国家政策完全可以选择摒弃可能产生该公共风险的事业,从源头上消灭风险。可是这种选择结果对整个社会而言又是无益的。因此,既然容许公共风险的存在,那么在风险实现后单一地仅对风险持有人追究责任则存在不妥,但是如果仅让一部分受害者承担这种不幸也存在不妥。由此看来,对于公共风险实现后的责任承担并不侧重于对风险持有人的可责难性,而在于如何在不同主体之间合理分配这个公共风险,从而实现矫正正义。需要指出的是,这里强调维持一定公共风险存在益处,是因为公共风险发生的概率非常小,在此风险不发生时对整个社会而言更为有利。依葫芦画瓢,核风险作为公共风险的一种类型,在核风险实现时,应当更加侧重于如何对风险的合理分配,而不在于强调风险持有人"自吞苦果"。更何况,在发生核事故后,核损害产生的巨额索赔往往使核设施营运人倍感压力,甚至濒临破产。例如日本福岛核泄漏事故中,如果没有日本政府的支持,东京电力公司只能宣布破产。其结果既打击了核事业的信心,也不利于保护受害人的权益。因此,可以说风险的合理分配在核损害赔偿责任中体现得淋漓尽致。在这种风险分配模态下形成的责任分配形式将呈现出多主体对受害人承担赔偿责任,其体现的是对核风险成本的共担。综合来看,这种分担责任已经完全突破了侵权法中个人责任的界限。

然而,侵权损害赔偿责任中,无论是一般侵权损害赔偿责任还是其他特殊侵权损害赔偿责任,均未突破个人责任的界限。虽然核损害责任在形式上与高度危险责任和环境污染责任具有一致性,但这两种责任形式是依托于整个侵权责任法而架构起来的,其难逃个人责任的束缚。因此,简单地认为核损害赔偿责任制度属于侵权损害赔偿责任制度的判断存在欠妥之处,该观点欠缺对核风险公共性的考察。个人责任在有些著作中称为自己责任,是指个人只对自己的行为负责,而对他人的行为绝不负责。[①] 侵权损害赔偿责任之所以采用个人责任原则,是因为:第一,侵权法作为私法,其制度设计的初衷就已固化了只能解决私人对私人利益的那部分侵害。但是,私人利益只能对应于人的个体属性,对于因个人社会属性而产生的公共利益

① 梁慧星:《民法总论》,法律出版社2001年版,第38页。

造成损害时,侵权法则难以解决。在个人责任制下,只要满足侵权责任的构成要件,加害人就要承担责任,而且不会考虑加害人是否有能力承担赔偿责任。对于其他主体,如果不满足责任构成要件,自然不用承担责任。第二,侵权法解决的是私人风险,而非公共风险。在私人风险领域,站在侵权人的角度,其既是风险持有人,同时还是风险的绝对控制者,风险的实现与否完全受制于侵权人。因此,对侵权人的加害行为具有可责难性,相应的侵权人承担个人责任就顺理成章了。

三、核损害赔偿责任以利益平衡为中心

由于侵权法解决的损害是私人对私人利益的损害,因此侵权赔偿责任强调对受害人的填补功能,因此,在实体法和程序法的构建过程中,基本上是以受害人为中心而建立起来的。在实体法上,对于责任的承担,侵权法的关键在于选择何种归责原则。纵观归责原则的发展过程,其从原来的过错责任归责原则,发展为现在的过错责任与过错推定责任和无过错责任归责并行的局面。而且在对受害人损害的填补时,强调完全赔偿。在程序法上,不告不理原则有利于督促受害人启动诉讼程序来维护自己的权益。而且在诉讼过程中为受害人提供了更加有利于实现其权益的制度,如举证责任倒置、先予执行、诉讼保全、代表人制度等。

然而,核损害赔偿责任制度并不像侵权损害赔偿责任制度那样,可以单纯地以受害人为中心。核损害赔偿责任的发生是基于核风险的实现而导致的,其侧重于风险分配,而淡化了对核侵害人的责任追究。如果将核损害赔偿责任比作一块大蛋糕的话,那么该责任制度的中心就在于如何将这块蛋糕公平地分配给适格的人。而受害人最后获得赔偿也只是责任分配的结果而已。综合起来,核损害赔偿责任之所以与一般侵权损害赔偿责任在制度中心方面有如此大的差别,关键在于前者源于公共风险(核风险)的实现,而后者源于私人风险的实现。这导致在责任主体的数量上,前者必然多于后者。因此核损害赔偿责任制度的中心需要侧重于如何公平地分配这些责任。在法律层面上谈责任则必然涉及利益问题,因此最终还是回归到了如何在这些责任主体之间实现利益的平衡。

四、核损害赔偿责任制度运行条件存在特殊性

对于一般侵权损害赔偿责任而言,制度的运行必须满足损害的确定性、

有限性、可计量性、可预期性、可控制性和损害的私人性等条件。[①] 然而，核损害赔偿责任制度的运行条件完全颠覆了侵权损害赔偿责任的制度运行条件，呈现出两种损害赔偿责任制度渐行渐远的趋势。

第一，核损害赔偿责任中的核损害具有不确定性。这种不确定性完全可以归结于核损害的或然性特征。首先，核损害的发生与否受制于核能科技自带的风险和其他诱因，其不同于私人风险，加害人可以通过积极作为或消极不作为来绝对控制风险的实现与否。其次，由于核辐射可以借助环境要素导致核损害的地域范围无法确定，同时在一次核事故后，遭受核损害的人数随着时间的推移呈现上升的趋势，而且浮动空间相当大。再加上核损害地域范围的无法确定，实质上想要真正确定核损害的受害人是很困难的。在核损害这些不确定特征下，核损害的受害主体、客体、数量，甚至因果关系等因素的确定本身就存在客观不能。

第二，核损害赔偿责任中的核损害具有无限性。由于核损害本身的不确定性，加上核损害具有潜伏性和持续性特征，这导致在每个时间点计算出来的核损害都是不同的，呈现出动态趋势。例如在日本福岛核泄漏事故中，2011 年 12 月日本政府公布消息称造成损失 5.8 万亿日元，2014 年 3 月日本放送协会（NHK）根据最新数据统计称损失已经超过 11.16 万亿日元，2016 年年底，日本政府估计此次核事故造成的损失约为 22 万亿日元。对此可以大胆猜测，在之后任何一个时间点的损失统计都将存有差异，损害的无限性体现得非常明显。

第三，核损害赔偿责任中核损害具有不可计量性。需要说明的是，这里说损害不可计量是指一起核事故导致的整体损害不可计量，而非对某个个体造成的损害不可计量。在某个时间点，某个个体的损害是可以被计量的。但是就整体核损害而言，只要核损害存在不确定性以及无限性，那么则无计量可言，因为任何时间点计算出来的损害都会被之后时间点计算出来的损害推翻。

第四，核损害赔偿责任中核损害具有不可预期性。首先，作为核设施营运人，其对损害的不可预期源于核能科技的不确定性，核能科技不论怎样先进也只能体现当时人类的认知水平，对于当时既存的但未被人类认知的风

---

① 刘水林：《风险社会大规模损害责任法的范式重构——从侵权赔偿到成本分担》，载《法学研究》2014 年第 3 期。

险仍然存在。因此,在一起核事故发生前,不论核设施营运人多么理性,他也无法预期其行为可能造成核损害的规模。在核事故发生后,同样如此。其次,作为可能的受害人,由于信息不对称必然存在,因此其能了解和掌握的有关核设施营运人方面的信息非常少,要求这类主体对核损害进行预期几乎就是天方夜谭。退一万步讲,即便这些受害人知晓这些信息也是无济于事,因为这些信息蕴含了很强的科技性,普通公众对信息的领会存在客观不能。

第五,核损害赔偿责任中的核损害具有公共性。首先,在空间范围上,一次核事故后,核损害的空间范围不受地域限制,可能跨流域,可能跨省,还可能跨国界。其次,在受害人范围上,核损害不局限于特定的主体,而是针对不特定的多数人。最后,在损害范围上,除可能造成人身或财产损害外,还可能造成环境损害。

第三节　核损害赔偿责任的三元划分

一、核损害赔偿责任的三元划分结果:营运人责任、社会责任和国家补偿责任

在对有关核损害赔偿责任的国际公约和国家国内法文本进行分析后,我们不难发现,核损害赔偿责任不仅包括核设施营运人的损害赔偿责任,还包括其他主体的损害赔偿责任或补偿责任。难道这都是巧合?其实对此现状的解答并不难,综合起来可以归结为两点:其一,由于核风险是公共风险,公共风险的公共承担具有正当性,而将核风险实现导致的核事故损害完全由核设施营运人独自承担难有正当性可言;其二,核损害赔偿责任制度侧重于责任的分担,具有很强的公共性,其已经超越了核侵权损害赔偿责任私法的界限。因此,试图分析核损害赔偿责任的路径就不能再单一地遵循核侵权损害赔偿责任的路径了。然而,将其进行类型化分析不失为好办法。

依据不同的标准划分的结果则不同。如依据核损害是否为直接损害,可以划分为直接核损害赔偿责任和间接核损害赔偿责任。本书认为,核损害赔偿责任根本性的特征在于强调责任分担,即在不同责任主体之间分配核责任。因此,本书依据核损害赔偿责任的承担主体是否为核侵权行为实施人,将其划分为核损害赔偿营运人责任、核损害赔偿社会责任和核损害赔

偿的国家补偿责任。核损害赔偿营运人责任是指核设施发生核事故造成核损害时,核设施营运人所应承担的赔偿责任。核设施营运人承担赔偿责任根源于其实施了核侵权行为,其实质上承担的是侵权法上的责任。因此,营运人责任又可称之为核侵权损害赔偿责任。核损害赔偿社会责任是指在核设施发生核事故造成核损害时,其他社会主体所应承担的赔偿责任。核损害赔偿中的国家补偿责任指核设施发生核事故造成核损害时,国家所应承担的补偿责任。由于其他社会主体和国家并未实施核侵权行为,其责任承担是基于对公共核风险的分担而产生的,具有很强的公共性色彩,因此这部分社会主体以及国家在侵权法上并无科以侵权责任的可能性。因此,对于后两种责任需要制定新的法律规范予以调整,而非《侵权责任法》所能胜任。有鉴于此,如果从公法和私法的角度来对这三种责任进行定性的话,那么营运人责任即为私法责任,社会责任和国家补偿责任即为公法责任。

二、核损害赔偿责任三元划分的法理基础

将核损害赔偿责任进行三元划分的过程,实质是对核损害赔偿责任进行切割并分配的过程,其总体思路是如何分担责任。但需要明晰的是,核损害赔偿责任侧重于责任的分担,并不是要否认和排除核设施营运人承担侵权法上的责任,而是将核设施营运人承担的营运人责任也作为核损害赔偿责任束中的一元,其本身就是核损害赔偿责任体的一个重要组成部分。按照传统的侵权法思路,损害赔偿责任并无三元之说,唯独表现为侵权人的个人责任。但就核损害赔偿领域而言,随着风险社会的到来,传统的针对解决私人侵犯私益的侵权法思路已经不能适应现代侵权的变化,除个人责任之外的具有公法性质的社会责任和国家补偿责任逐渐渗入,最终形成了三元责任共存的稳定态势。这不得不说这种稳定态势背后必然有其坚实的法理基础。

(一)核损害赔偿责任三元划分的正义基础

正义作为一种法律理念,是法律的最高价值,①是社会制度的首要德性,某些法律、制度,不管它们如何有效率和安排有序,只要它们不正义,就必须

① [德]考夫曼:《法律哲学》,刘幸义等译,法律出版社2004年版,第228页。

加以改造或废除。[①] 对于何为不正义、何为正义，亚里士多德解释道："不正义有二，一为违法，二为不均，而正义则是守法和均等。"[②]他将正义区分为普遍正义和特殊正义，而特殊正义又区分为矫正正义和分配正义。矫正正义提出之初就被运用到司法裁判中，成为人们交往中的是非规则；而分配正义则主要运用于政治学中，衡量以美德分配荣誉或政治职务或金钱是否公正。[③] 但随着矫正正义和分配正义的不断发展，二正义理论逐渐被引用至法学中来并分别成为私法和公法的基本原理。矫正正义被理解为适当调整个人与个人之间的关系，特别是按照那些旨在在合同和民事侵权案件中给予适当的损害赔偿金、恢复被盗或遗失的财产、归还不当得利等法律救济方法来进行的调整。分配正义则确定集体成员应从集体得到什么，从立法上对权利、权力、荣誉和报酬等方面进行分配。[④] 前者在进行矫正时，无须考量人的地位，只追求正义的恢复，体现的是形式正义。而后者在进行分配时需要考量人的地位（如亚里士多德说的美德），对不同的人给予不同的分配，体现的是实质公正。因此，分配正义是矫正正义的前提，矫正正义在分配正义被打破时发挥作用。

相较于分配正义，矫正正义在私法中体现得更加明显，尤其在侵权法中。侵权法凭借其发达的归责原理，以填补受害人的损害为其重要功能，要求侵权人对受害人承担损害赔偿责任，以实现对受害人损害的恢复。这正与矫正正义的路径是完全一致的，即恢复到损害发生之前的状态。侵权法的整个归责过程以及受害人损害恢复过程中，其仅关注侵权人与受害人两造特定主体之间的关系。侵权人仅对受害人的损害承担损害赔偿责任，而不考虑社会整体利益的损害；受害人也仅能针对侵权人提出损害赔偿请求，而不能向其他社会主体和国家要求赔偿损害。在这种绝对封闭的法律关系中，侵权人与受害人之间关系的相对性体现得非常明显。其实，侵权法这种实现矫正正义的路径是完全正确的，因为矫正正义本身解决的就是风险自负问题（损害恢复责任由个人来承担），而这里的风险也仅仅指向的是私人

---

① ［美］约翰·罗尔斯：《正义论》，何怀宏等译，中国社会科学出版社2009年版，第3页。

② ［古希腊］亚里士多德：《尼各马可伦理学》，廖申白译，商务印书馆2003年版，第96页。

③ ［美］塞缪尔·弗莱施哈克尔：《分配正义简史》，吴万伟译，译林出版社2010年版，第17页。

④ ［美］E.博登海默：《法理学——法律哲学与法律方法》，邓正来译，中国政法大学出版社2004年版，第180页。

风险。在风险的控制上，私人风险的持有人完全掌控着风险的实现，风险的实现与否和侵权人的主观过错紧密相关。如果风险实现了，那么我们可以对侵权人施加法律上的谴责。因此，在传统的侵权法中，侵权人承担损害赔偿责任需以过错为前提。

但是，随着风险社会的到来，风险持有人的风险活动并非仅对自己有益，在某种程度上风险活动对局部社会甚至整个社会都是有益的。而且，这部分风险与当时的科技发展紧密联系，风险本身隐含了科学的不确定性。首先，这些都逐渐将这部分看似私人的风险推向了公共风险的地位。因此，在风险实现时对风险持有人就不存在对其主观上予以法律谴责的必要。对于这部分风险的存在，本质上已不再是个人选择的结果，而是社会选择的结果，局部社会或者整个社会都应当予以适当的容忍；进而对于这部分风险造成的损害，局部社会或者整个社会都应当共同分担。在一些情况下，法律不仅仅允许存在对他人构成致害的危险，当然法律要求风险引致人最大限度地避免此种损害的发生，甚至还许可对他人造成较为确定的损害后果或者允许受害人有意识地接受此种侵害。① 在这种情况下，当损害发生后，如果仍然依据传统侵权法矫正正义的路径，按照归责原理来对受害人之损害进行恢复的话，受害人的损害恢复将束手无策。原因很简单，侵权人无过错则无法律上的可责难性。但如果用共同侵权模式将其他社会主体与侵权人捆绑并共同对受害人的损害负责，又不满足共同侵权的要件，如无共同的故意、无意思联络。对此问题，各国侵权法也作了回应，我国也不例外，我国《侵权责任法》在一般侵权责任之外又单列出适用无过错责任的特殊侵权责任类型。尽管如此，由于侵权法依旧沿用矫正正义的路径来试图实现个人对个人损害的恢复，其出发点仍在于如何归责，只是此时对于责任构成要件中无需对侵权人的主观状况进行考察了。其次，私人风险自负是公平的表现，且具有实现的可能性，但公共风险自负则是不公平的表现，且不具有实现的可能性。鉴于此，在风险社会下，针对那些有价值的但又存有公共风险的活动造成的损害，不能再适用矫正正义那套规则来进行处理了，转而需要朝向打破侵权人与受害人关系的相对性，引入其他虽未实施侵权行为或风

① 参见 F. Bydlinski, System und Prinzipien 204 f; Koziol, Haftpflichtrecht I^3 Rz 6/13。转引自［奥地利］海尔姆特·库齐奥：《侵权责任法的基本问题》（第 1 卷），朱岩译，北京大学出版社 2017 年版，第 241 页。

险行为但又从中获益的主体进来,共同承担风险后果。也就是说,实现矫正正义向分配正义的转向。如此一来,赔偿责任变成了一种共担责任。①

核风险是一种典型的公共风险,核事故造成的损害如果按照侵权法矫正正义的路径来实现对受害人的填补的话,对受害人而言可以谈得上是实现了正义(损害得以恢复),但对核风险的持有人而言,则会存在法律强加给他非正义的情况。核事故属于小概率事件,但一旦发生则后果惨重,侵害人是否能够赔得起还是一个问题。因此,损害得以恢复也只是理论上的应然结果而已。另外,既然核风险利益由社会共享,核风险后果则由持有人"独享",那么风险持有人理性的选择将是放弃风险活动,但这样对社会并非有益。然而,采用分配正义的路径则可最大限度地实现核风险持有人和核损害受害人双方的正义。因此,很多学者都认为侵权法正在朝向社会化的方向发展。本书也认为,侵权法的这种发展趋势将更加有利于应对公共风险损害的解决,是实现分配正义的有效方式。核损害赔偿责任划分为营运人责任、社会责任和国家补偿责任,这样划分除了出于对责任承担主体是否实施了核侵权行为的考虑之外,还考虑到:第一,对于营运人责任的承担,可以利用侵权法成熟且发达的归责原理和其他规则来追究核风险持有人(核侵权人/核设施营运人)的责任,而无须再构筑一套新的追责制度。第二,对于社会责任和国家补偿责任的承担,由于侵权法的那套责任归责制度、责任构成机制对其他社会主体和国家并不适用,因此,需要在侵权法之外构筑一套新的社会责任制度和国家补偿机制。这样划分秉承的是不同责任采用不同的责任实现模式,其既有利于明晰责任主体,又有利于责任的追究,这均是分配正义驱动下顺其自然的结果。

(二)核损害赔偿责任三元划分的法经济学分析

法经济学将经济学中的"经济人"、资源稀缺等理论假设、个人主义方法论、成本收益分析、均衡分析、供给需求分析、博弈分析等具体方法引入法学领域,强调规范分析与实证分析、定性分析与定量分析相结合。② 其中成本—收益分析是较为常见的分析方法,它通过对法律规则进行成本和收益分析以及经济效率分析,使我们可以就法律实施的结果得出结论,并对特定

---

① [英]拉罗尔·哈洛:《国家责任——以侵权法为中心展开》,涂永前、马佳昌译,北京大学出版社2009年版,第26页。

② 黄本莲:《事故损害分担研究——侵权法的危机与未来》,法律出版社2014年版,第149页。

的法律安排的社会价值作出评价。[①] 因此,如果我们说正义是对法律价值的抽象概括的话,那么法经济学中的效率则是对正义的具体阐释。经济学对资源配置模式进行评价时,基于资源稀缺性的假设,因此需要对其进行配置。如果这种配置模式产生的成本最低,那么可以认定该配置模式有效率。相应地,法经济学在进行规范分析和实证分析时认为,能够促使交易成本影响最小化的法律则是最适当的法律。[②]

一般情况,侵权法对受害人损害恢复的方式采用个人责任制,通过加害人自吞苦果来予以实现。在对待侵权人风险行为的外部性问题方面,个人责任制不考虑侵权人风险活动的正外部性是否对整个社会(包括受害人)有益,因此风险活动的正外部性并非完全能够通过市场交易予以内部化。而且在现实中这部分正外部性在价值上很难确定,甚至不能确定,但客观上又是存在的。然而反过来,个人责任制能够有效地回避这种不能解决的问题,即只注重侵权人与受害人的相对关系,忽略其他受益主体成为可能的责任承担者。在发生侵权损害赔偿时,侵权人风险活动的成本不被其他风险受益者分担,而风险活动的利益则被其分担。由于风险活动的成本过高,可能导致侵权人入不敷出而破产,或者其他欲进入该行业的主体望而却步。然而这对整个社会福祉的提高无益,反而是有害的。这在法律上称为不正义,在经济学上则是无效率。之所以出现上述问题,是因为侵权法关注问题的焦点在于如何实现侵权人风险活动的负外部性内部化,而对于其正外部性从不予过问。

有鉴于此,核风险活动是一项典型的既具有正外部性又具有负外部性的活动。如果刻板地沿用侵权法上的个人责任制,那么其结果将是核能事业不断萎靡并消失殆尽。因为一旦发生核事故,核侵权人付出的成本太大,而其产生的利益又不能完全被内部化,转化成收益。另外,由于核侵权人入不敷出而导致的受害人无法获得赔偿的情况,容易导致侵权人损害自负转变为受害人损害自负。这两种情况都是不效率的表现。经济学讲求定性和定量分析,对于行为人负外部性的定量分析可以借助于对损害的计量,但是对正外部性的定量分析,主要通过市场价格来予以体现,但对于不能用市场

---

① [美]罗宾·保罗·麦乐怡:《法与经济学》,孙潮译,浙江人民出版社 1999 年版,第 2 页。

② [美]理查德·A. 波斯纳:《法律的经济分析》(上),蒋兆康译,中国大百科全书出版社 1997 年版,第 18 页。

价格体现的那部分正外部性则存在客观计量不能的情况。此时，经济学对侵权损害赔偿责任的分析则出现了阻碍，还需要回到法学上利用具有效率意义上的正义来进行道路指引。上文通过分配正义找到了核损害赔偿责任的道路是责任分担，这在经济学上即为成本分担。核损害赔偿责任的三元划分过程实际上是制度设计过程，其摒弃了传统侵权损害赔偿责任中的个人责任制，转而朝向对责任分担制的肯认。个人责任制和责任分担制最大的区别在于承担损害成本的主体范围上的差异。但针对同样数额的初始损害成本即赔偿额，不管是由一个人承担还是由 10 万个人承担，都体现为“零和游戏”。[①] 在责任分担制下，一方面，核侵权行为人不会因承担损害赔偿成本后而破产，可以消除其“企业忧虑”，而且长远来看核能带来的社会整体利益不会受到损害；另一方面，可以尽可能地将核风险活动的正外部性成本体现出来，由其他社会主体和国家承担相应部分的成本。综合观之，与个人责任制相比较，责任分担制更具有效率。

三、核损害赔偿营运人责任、社会责任和国家补偿责任的功能

在责任分担制下，将核损害赔偿责任划分为营运人责任、社会责任和国家补偿责任，将核损害的成本在核风险持有人（核设施营运人）、其他社会主体和国家之间共同分担。在此需要特别注意的是，责任分担形式是一个宽泛的责任承担形式，而非具体的责任承担形式。它是基于分配正义的结果而非侵权法上矫正正义的结果，但这并不否认在责任分担中包含的可能形成的具体责任不能适用矫正正义的理论。简言之，在分配正义的路径下，给核设施营运人分配的是营运人责任，也即核侵权损害赔偿责任，给其他社会主体分配的是社会责任，给国家分配的是补偿责任。营运人责任实现的逻辑并不避讳使用侵权责任的逻辑（如矫正正义路径），反而在成熟的侵权损害赔偿制度下能够更好地实现该责任。由于侵权法强调个人对个人承担责任（或者私人对私益损害进行赔偿），其系列制度对社会责任和国家补偿责任的实现并无有效指引，而且如果将社会责任和国家补偿责任硬生生地放进核侵权损害赔偿责任制度中，自洽性几乎没有。这就是本书再三提倡的，从整体上看核损害赔偿责任是一种综合性的分担责任，但具体到某一责任

---

① 黄本莲：《事故损害分担研究——侵权法的危机与未来》，法律出版社 2014 年版，第 161 页。

形式时,并不一定都具有责任分担的性质。之所以这么说,是因为营运人责任侧重于私人对私益损害的赔偿,具有很强的私益性;而社会责任和国家补偿责任则不同,其侧重于非侵权行为实施人对私益的赔偿和补偿,具有很强的公益性。在整个核损害赔偿责任体系中,这三种责任类型扮演着不同的角色,有其各自的功能发挥。

(一)核损害赔偿营运人责任的功能

尽管本书将核损害赔偿营运人责任定性为核侵权损害赔偿责任,但是由于营运人责任是依据分配正义的路径而划分出来的责任类型。因此其功能不能完全沿用依据矫正正义路径划分出来的一般侵权损害赔偿责任的功能,两者的功能具有一定的差异。核损害赔偿营运人责任的功能主要表现为:预防功能、有限的损害填补功能和附带的惩罚功能。

1. 预防功能

核损害赔偿营运人责任的预防功能源于个人对损害发生的厌恶心理,通过提前预设核设施营运人及受害人行为的结果来激励他们从事避免或减少核损害的行为。对核设施营运人而言,如果核损害发生则要承担损害赔偿责任,其营运成本的增加则意味着收益的减少。作为市场主体的理性经济人,营利是其最终目标,其减少这些成本最好的办法即是核损害的不发生。而核损害的不发生关键在于对核风险最大限度的控制,控制则意味着损害的提前预防。另外,现代市场主体义务已经不再局限于自保,它还应当担负一定的社会安全责任,尤其是核能行业领域的企业。对核受害人而言,核设施营运人是否能够完全赔偿,以及赔偿是否能够恢复原状等都是未知问题。例如对核辐射引起的人身伤害,经过一系列的治疗、调理之后能否回复到原状态,这在医学上都是不能肯定的。

预防包括损害未发生的预防和损害发生但还在继续的预防。从法经济学的角度看,侵权人和受害人要有实施预防的冲动,其前提需要有产生激励的条件。核损害不像其他一般侵权损害那样,其根源于核风险的或然性导致核损害具有多方面的不确定性存在,而且核损害结果是巨额性的。在采取预防与不预防两种情况下会产生截然不同的结果。就是这种核损害的不确定性和结果的巨额性,成为了核设施营运人和核受害人开展预防核损害的激励条件。例如,某核设施营运人的核反应堆关键部件发生螺丝松动,如果不及时修理则会酿成核事故。假设其采取修理的费用为100元,不予修理造成核事故损失为30亿元。修理费100元的预防成本远小于造成核损害的成本,核设施营运人自然有采取预防措施的动力。而且核损害的预防成本与造成核损害的成本之间进行对比,前者永恒地少于后者。如果没有营运人责任的存在,假设造成的损害由受害人自行承担或者全部由其他社会主体或国家分担,那么核设施营运人采取预防的激励则没有,这反而容易酿成核事故的发生。同样的,在发生核事故时,受害人可以花费10元车费迅速离开,如果不离开则会存在人身伤亡的风险。车费10元的成本与人身伤亡的成本之间对比,后者也是永恒地大于前者的,受害人存有预防损害的激励。其实不难看出,站在受害人角度,不论何种责任制下,受害人采取预防措施的激励是一直存在的。因此,核损害赔偿营运人责任的预防功能主要体现在通过营运人责任的设定来激励核设施营运人采取预防措施,从而降低核事故发生的概率,减少核损害。

2. 有限的损害填补功能

如果按照传统侵权法矫正正义路径下的个人责任来看,基于个人风险自负原则,个人应当全部承担对受害人损害的填补义务,使其恢复至未发生的状态。然而,核损害赔偿责任中的营运人责任不是依据个人风险自负原则而产生的,而是按照分配正义的路径产生的。核风险非为私人风险,而是公共风险,公共风险的公共承担即是核损害赔偿责任的基础。因此营运人责任最终能够填补受害人损害的多少,还取决于营运人责任与社会责任、国家补偿责任各自在核损害中的分摊比例。如《核损害补充赔偿公约》规定核设施营运人承担不少于300百万元提款权的赔偿额。我国规定不同核设施营运人承担的最高赔偿限额为3亿元或1亿元。因此,在这个意义上说,核损害赔偿营运人责任对受害人的损害填补是有限的。其实,从核损害的不确定性、无限性等特征中也能得出这个结论。核损害赔偿营运人责任、社会责任和国家补偿责任分别承担的赔偿额加起来也仅能体现赔偿当时时间节点的核损害赔偿额。

3. 附带的惩罚功能

更准确地说,核损害赔偿营运人责任的附带惩罚功能在核设施营运人对核事故的发生存在主观过错情况下才发挥该功能。此时,核设施营运人的行为在法律上具有可责难性。按照法经济学的权利非自愿流转解决办法,当事人(受害人)被迫就权利的"使用"与他人(侵害人)进行"交易",侵害人的行为导致了受害人的权利被他人强制使用,[①]由侵害人承担赔偿责任是对其自身不法行为产生结果予以惩罚,从而实现社会活动收益和成本之间的平衡。核损害赔偿营运人责任是依据分配正义路径,给核设施营运人分配的责任,在进行责任分配之初并不考虑被分配者的主观因素。因此,核损害赔偿营运人责任的成立并不要求对其主观过错进行考察,而采用严格责任或者无过错责任归责原则。是故,附带惩罚功能并非在任何时候都会发生功能,只有在当核设施营运人主观上有过错时才有功效。而且在核事故的前后都不考察核设施营运人的主观情况,其主观状况都是隐藏着的,附带惩罚功能也只有核设施营运人自身才能感知。

(二)核损害赔偿社会责任的功能

依据分配正义划分出来的各个责任类型之所以能够单独成为一种责任类型而存在,除了支撑该责任的理论基础不同外,还缘于各责任发挥的功能差异。核损害赔偿社会责任的功能包括:分散风险功能和补偿赔偿功能。

1. 分散风险功能

从严格意义上说,核风险作为公共风险,尽管由核设施营运人持有,但并不能说明该核风险的所有人即为核设施营运人。因此,公共风险的公共分担才是合乎逻辑的。核损害赔偿责任制度将核风险分配给核设施营运人、其他社会主体和国家。首先,核设施营运人承担了核风险的营运人责任,其他社会主体则承担了核风险的社会责任,国家则承担了核风险的补偿责任。因此,核损害赔偿社会责任分散风险功能的第一层要义,则在于与核设施营运人和国家一起共同分散核风险。需要强调,这不是替代核设施营运人承担核风险责任,也不是要均分该核风险责任。其次,核损害赔偿社会责任分散风险功能的第二层要义是在其他社会主体内部按照一定的分配依据分散社会责任所包含的那部分核风险(下文将详述)。

2. 补充赔偿功能

补充赔偿功能是指在核设施营运人出于客观原因(如限额)不能实现对受害人的全部赔偿时,社会责任的主体承担分配给他的那部分赔偿责任的功能。这里需要说明:(1)补充赔偿并不等于社会责任承担的赔偿额小于营运人责任或国家补偿责任承担的数额,这只是一种赔偿秩序上的安排。如

① 黄本莲:《事故损害分担研究——侵权法的危机与未来》,法律出版社2014年版,第160页。

上文所言,是将风险分配给最能提供赔偿的一方或者最适宜分散损失的一方。因此,在分配正义的路径下,可能营运人责任承担的赔偿额大,也有可能小,也有可能与社会责任或国家补偿责任承担的数额相同。但这都是偶然的,而非必然的倾向性安排。(2)补充赔偿并不等于营运人责任的地位就高于社会责任。在地位上两者均是核损害赔偿责任束中的一元,都是分散核风险结果的责任形式而已,并无孰轻孰重之别,只有秩序之异。

(三)核损害赔偿责任中国家补偿责任的功能

其实,在划分责任类型时,依据承担责任的主体是否为具体实施核侵权行为人,就已经将核损害赔偿社会责任和国家补偿责任划入了一个梯度,只是由于两类主体承担责任的理论基础(下文相应章节将详述)不同从而不能将两类责任归为一类而已,前者是基于"谁受益,谁分担"理论,后者则是基于国家保证理论。但这并不妨碍二者发挥功能的一致性,即国家补偿责任也同样具有分散风险功能和补充赔偿功能。

四、核损害赔偿营运人责任、社会责任和国家补偿责任之间的关系

在划分核损害赔偿责任时,依据责任承担主体是否为核侵权实施人将其划分为营运人责任、社会责任和国家补偿责任。尽管三者责任彼此并列,但相互之间的并列并不等于彼此决裂,它们仍存在关联性:一是营运人责任是社会责任和国家补偿责任的前提;二是三者责任是层层递进的关系。

(一)营运人责任是社会责任和国家补偿责任的前提

上文已言明,核损害赔偿营运人责任的承担可以沿用侵权法发达的归责体系、责任构成体系等,核损害赔偿营运人责任实质上就是核侵权损害赔偿责任。当受害人追究的核设施营运人在侵权法上成立核损害赔偿营运人责任时,核损害赔偿社会责任和国家补偿责任才有成立的可能。如果张三被狗咬了而向A核电站请求核辐射损害赔偿,这在侵权法上不能成立营运人责任,故而社会责任和国家补偿责任也不存在。当然这是举的一个极端的例子,之所以强调营运人责任是社会责任和国家补偿责任的前提,是因为通过营运人责任的判断可以界定核损害受害人的范围。当核设施营运人的责任已经承担完毕(如超过核设施营运人的责任限额),但仍然存在未赔偿或者未足以赔偿的情况时,该受害人可以向社会责任体系中的其他主体要求赔偿或者向国家申请补偿。然而其他社会主体和国家并未具体实施侵

权，受害人与其他社会主体和国家并无侵权法律关系存在。因此，此时界定受害人适格身份就显得尤为重要。我们可以通过验证该受害人是否与核侵权人存在侵权关系来确定该受害人是否适格。所以，在具体的核损害赔偿案件中，营运人责任可以说是社会责任和国家补偿责任成立的前提。

（二）营运人责任、社会责任和国家补偿责任是层层递进的关系

总结前文可知，核损害赔偿责任中的各种不同类型的责任都是基于分配正义的路径划分出来的，由于是责任的分配或者风险的分配，因此在不同责任主体承担赔偿责任的额度上需要具体化或者确定性。同时，由于核事业具有正外部性，因此在一次核事故中的核损害赔偿数额应当是限定的。在发生核损害赔偿时，核设施营运人作为风险持有人和具体实施核侵权行为者，由其先行承担核损害赔偿责任具有合理性。但是，其履行责任的额度应当以法定责任额为限（下文将详述）。当核损害总额超过其法定的责任限额时，如果核设施营运人已履行至法定赔偿限额，那么在其被分配的责任范围内，可认定为责任已履行完毕。接下来则是由核事业的受益主体来承担分配给这类主体的责任额。以此类推，当这部分社会主体在其限额内承担了赔偿责任后，仍不足以赔偿所有损害时，则再由国家在其责任限额范围内承担补偿责任。从整个赔偿过程来看，在对核受害人进行赔偿时，三种责任形式是层层递进的关系。如果核损害总额没有达到前一责任限额时，则不启动后一责任。因此，可以说核损害赔偿社会责任和国家补偿责任的承担具有条件性。

第三章　核损害赔偿营运人责任

核损害赔偿营运人责任是依据分配正义的路径划分出来的责任类型，是作为核风险直接持有人的核设施营运人承担的那部分责任，对于这部分责任的追究，侵权法的归责原理、责任构成制度以及其他制度为其提供了现成的路径。但是，由于核损害与侵权法中对损害的要求存在较大差异，故而对核损害赔偿营运人责任在责任追究和承担上又不完全等同于一般的侵权损害赔偿责任。

第一节　核损害赔偿营运人责任的归责原则

一、侵权责任归责原则体系的考究

归责是指行为人因其行为和物件致他人损害的事实发生以后，应依何种根据使其负责，[①]是侵权行为法的中心论题。[②] 侵权责任归责原则，是指其效力贯穿整个侵权责任法之中，确认和追究侵权人的侵权责任所应当遵循的根本规则。[③] 简言之，是确定侵权责

---

① 杨立新：《侵权责任法》，法律出版社 2012 年版，第 90 页。

② ［德］玛克西米利安·福克斯：《侵权行为法》，齐晓琨译，法律出版社 2006 年版，第 1 页。

③ 宗志翔：《侵权责任与赔偿研究》，中国政法大学出版社 2016 年版，第 45 页。

任归属于何人的根本规则。这些根本规则体现了侵权责任法的价值目标取向，即以主观过错为标准来确定侵权人，抑或以既定损害事实为标准来确定侵权人，抑或其他标准。这里需要注意的是，归责的结果并不必然导致侵权责任的确定，因为归责只解决了对侵权人的确定问题，其是否构成侵权责任还需要满足法律规定的其他构成要件。因此，有学者认为，归责只是为责任是否成立寻求根据，并不是以责任的成立为最终目的。[①]

（一）侵权责任归责原则的发展趋势——归责原则多元化

一般地，学界认为侵权责任归责原则包括过错责任、过错推定、无过错责任或者公平责任等原则，但这些都是学界对法律规范抽象归纳的结果。在法律文本中一般不会直接出现具体的归责原则，而是对某种归责原则的解释。如我国《侵权责任法》，学界公认的一般侵权责任归责原则为过错责任原则，其具体体现在该法第 6 条中。这不仅在我国是这样，在其他大陆法系和英美法系国家也是这样。在进行深入研究归责原则前，我们有必要对其发展趋势进行宏观把握。

1. 大陆法系国家侵权责任归责原则的发展趋势

在法国，1804 年起草的《法国民法典》（又称《拿破仑法典》）关于侵权行为法的规定共有 5 个法律条文，其中第 1382 条和第 1383 条[②]规定了一般侵权行为的过失责任，从而确立了现代的过错责任原则，在侵权法的立法史上实现了革命性的变革。[③] 该法典的起草人泰尔伯（Tarrible）对此两条进行解释时认为：“这一条广泛地包括了所有类型的损害，并要求对损害作出赔偿。赔偿的数额要与受损害的程度相一致。从杀人到轻微伤人，从烧毁大厦到拆毁一间价值甚微的板棚，对任何损害均适用同一标准。”[④]尽管如此，该法典在第 1384 条至第 1386 条[⑤]不同的准侵权行为中同时还规定了较为特殊的侵权责任类型。此类特殊侵权责任是指对他人的行为负责以及对他所管

① 王利明：《侵权行为法归责原则研究》，中国政法大学出版社 1992 年版，第 18 页。

② 《法国民法典》（下册），罗结珍译，法律出版社 2005 年版，第 1073 页。

③ 杨立新：《侵权责任法》，法律出版社 2012 年版，第 92 页。

④ 《国际比较法百科全书·侵权行为·为自己行为之责任》，纽约海洋出版公司 1979 年版，第 13 页。转引自王利明：《侵权行为法归责原则研究》，中国政法大学出版社 1992 年版，第 22 页。

⑤ 《法国民法典》（下册），罗结珍译，法律出版社 2005 年版，第 1096 ~ 1114 页。

辖之下的物件的损害负责，即所谓替代责任，[①]也有学者称其为过错推定责任。[②] 在德国，由于德国法对过错行为和违法行为的概念作了严格区分，因此《德国民法典》采用的是多元化的归责原则。该法典制定了3条原则来适应侵权行为的责任，即第823条第1款的对绝对权利的不法侵害、第823条第2款的违法保护他人之法律、第826条的违反善良风俗标准加害于他人。[③] 在我国，《侵权责任法》规定了一般侵权行为责任的归责原则为过错责任原则，而对于包括产品责任在内的七种特殊侵权形式则规定了不同的归责原则。总的来说，大陆法系国家侵权责任归责原则倾向于多元化发展。

2. 英美法系国家侵权责任归责原则的发展趋势

英美法系又称为判例法系，该法系内的国家没有成文法典，主要采取具体案件具体处理的方式，以往案件形成的判例将可能成为其后法官裁判的依据。因此，就侵权行为法而言，在英美法系国家是找不到关于侵权行为的一般规定的，而只能通过分析判例将侵权行为进行类型化。对于侵权责任归责原则在不同的侵权行为类型中予以体现。在英国，其侵权行为包括7种基本类型。[④] 在美国，其侵权行为包括13种基本类型。[⑤] 在这些具体的侵权行为类型中，有些类型是以过错责任来归责，有些则是以过错推定来归责，有些则是无过错责任，还有的是公平责任。因此英美法学者对此众说纷纭：美国法学家罗斯科·庞德（Roscoe Pound）认为，英美法系的侵权行为的归责体系应为，故意、过失、危险责任3种。[⑥] 从庞德的观点至少可以得出两种归责原则，即过错责任和危险责任。英国学者温菲尔德（Winfield）认为，任何造成对他人损害的行为都是侵权行为，除非行为人能证明其行为具有法律

---

① 吴晓红：《侵权行为法归责原则若干问题研究》，吉林大学法学院2004年硕士学位论文，第19页。

② 王利明：《侵权行为法归责原则研究》，中国政法大学出版社1992年版，第20页。

③ 同上书，第21页。

④ 具体包括：非法侵入、恶意告发、欺诈、加害性欺骗和冒充、其他经济侵权、私人侵扰、公共侵扰、对名誉和各种人格权的保护。参见纪镇南：《特殊侵权行为归责原则之研究》，中国政法大学民商法学院2011年博士学位论文，第28～29页。

⑤ 具体包括：故意对他人的身体、土地及动产的侵害、过失、严格责任、虚假陈述、诽谤、侵害的虚伪不实、侵害隐私权、无正当理由的诉讼、干扰家庭关系、对优越的经济关系的干扰、以故意、过失以外的其他方式侵犯土地利益、干扰各种不同保护的利益、共同侵权、产品责任。参见纪镇南：《特殊侵权行为归责原则之研究》，中国政法大学民商法学院2011年博士学位论文，第29～31页。

⑥ 王利明：《侵权行为法归责原则研究》，中国政法大学出版社1992年版，第22页。

依据,这就是普通法的侵权行为责任的一般归责原则。[①] 从温匪尔德的观点可以得出普通法系侵权行为的过错责任原则。米勒认为,虽然总的说来上述归责原则只涉及过失侵权行为,但可以适用整个侵权行为法。[②] 尽管英美法系学者在对具体侵权行为类型中的归责原则有不同的看法,其实出现不同观点的原因也不难理解,因为随着社会经济的不断发展,侵权行为的日新月异,导致出现不同的侵权行为类型,而对于不同的侵权行为类型可能会有不同的归责原则。但总的来说,英美法系中侵权行为责任的归责原则是处在多元化发展趋势中的。

(二)侵权责任归责原则体系之争

由于实践中法官等主体进行裁判时依据法律规范或者判例进行审理,因此这部分主体一般不会过多关注侵权责任到底适用何种归责原则。在法学学者看来,这些主体在裁判时确实依据的是某种责任归责原则,但他们并不会直接释明是以何种归责原则裁判的。然而,侵权责任归责原则历来就是民法学者非常关注的问题,从而出现了多种归责原则学说百花齐放的局面。

1. 一元归责原则说

一元归责原则即认为侵权责任法之中,确认和追究侵权人的侵权责任所应当遵循的根本规则只有一个归责原则,以此类推,二元、三元、四元归责原则即是指二个、三个、四个归责原则。在国外,一元归责原则存在两种观点:一是以温匪尔德为代表,认为侵权责任法的归责原则应当是单一的过错归责原则,而其他归责原则均包含于过错归责原则之中。这在其《侵权法》一书中将危险归责包含于过失归责中,以过失理论建立了归责体系。[③] 二是以德国学者穆勒·茨巴赫(R. Müller-Erzbach)为代表,认为侵权责任法的归责原则应当是单一的危险归责原则,其理由是民事责任应基于行为者形成危险而归责,然而故意和过失都是对危险的形成,性质上属于危险责任的一

---

① Winfield, *Law of Torts*, 1st ed., London, 1937, S. 7. 转引王利明:《侵权行为法归责原则研究》,中国政法大学出版社 1992 年版,第 23 页。

② Salmond, *Law of Torts*, 1st ed., London, 1907, S. 2. 转引王利明:《侵权行为法归责原则研究》,中国政法大学出版社 1992 年版,第 23 页。

③ Winfield and Jolwicz, *The Law of Tort*, 12th ed., London, Sweet a Maxwell 1984.

部分。[①] 在国内,一元归责原则说认为,只有过错责任一个归责原则,赞成此观点的学者有王卫国教授、李锡鹤教授、张佩霖教授等。王卫国教授认为,可以通过扩大过错责任将无过错责任纳入过错责任中来解决侵权法领域的新问题,如环境污染致人损害等。[②] 另外,他还主张在过错责任中建立一般过错推定和特殊过错推定来替代无过错责任。[③] 李锡鹤教授认为,只有过错责任原则,其他过错推定和无过错责任原则都是过错责任原则的特殊形式。[④] 张佩霖教授认为在侵权的民事责任的理论和实践中,只有过错责任原则,无过失责任原则似是而非,实际上并不存在。[⑤]

2. 二元归责原则说

在国外,二元归责原则有两种形式:一是过失责任和危险责任归责原则;二是过失责任和无过失责任归责原则。其中,主张过失责任和危险责任归责原则的学者以德国柯茨(Kötz)为代表,他认为归责原则中以过失责任为主要归责原则,危险责任只是为了补充过失责任的不足而设定的一个归责类型。[⑥] 主张过失责任和无过失责任归责原则的学者以德国艾纳瑟鲁斯·莱曼(Enneccerus-Lehmann)为代表,他在《民法债篇》一书中列举了因故意或过失不法侵害他人法益和虽然行为人对损害的发生无过失,但基于特殊理由应负损害赔偿之责两种情形。在国内,二元归责原则即指过错责任和无过错责任两种归责原则,前者适用于一般侵权,后者适用于特殊侵权,但需要法律作特别规定。[⑦] 赞同此说的学者有米健教授、[⑧]张新宝教授、[⑨]程啸教

---

① Rudolf Müller-Erzbach, Gefährdungshaftung und Gefahrtragung, Acp. 106, 1910, S. 351 f. f., Acp. 109, 1912, S. 1 f. f. 转引自王利明:《侵权行为法归责原则研究》,中国政法大学出版社1992年版,第26页。

② 王卫国:《过错责任原则:第三次勃兴——民事归责原则的历史发展、基本原理及立法对策研究》,浙江人民出版社1987年版,第212页。

③ 高圣平:《中华人民共和国侵权责任法立法争点、立法例及经典案例》,北京大学出版社2010年版,第75页。

④ 李锡鹤:《侵权理论的几个基本范畴》,载《东方法学》2009年第2期。

⑤ 张佩霖:《也论侵权损害的归责原则——驳"无过失责任原则"》,载《政法论坛》1990年第2期。

⑥ Kötz, Haftung für besondere Gefahr, ACP. 170, 1970, SS. 20 – 21.

⑦ 张新宝:《侵权责任法》,中国人民大学出版社2013年版,第14页。

⑧ 米健:《再论现代侵权行为法的归责原则——兼答张佩霖先生》,载《政法论坛》1991年第2期。

⑨ 张新宝:《侵权责任法》,中国人民大学出版社2013年版,第26页。

授[1]等。对于公平责任,它涉及的是赔偿标准问题而不是责任依据问题。[2]然而过错推定只是过错责任的一种特殊形式,非为独立的归责原则。[3]

3. 三元归责原则说

在国外,三元归责原则说主要包括故意归责、过失归责和危险归责3种,其代表人物主要是德国学者魏特希德(Wiethlter)[4]和美国学者庞德[5]。在国内,三元归责说又分为三派:(1)三元归责原则为过错责任原则、无过错责任原则和公平责任原则。赞成此说的学者主要有刘淑珍、刘士国、[6]孔祥俊。[7]此说认为,一般侵权案件适用过错责任原则,特殊侵权案件适用无过错责任原则,无行为能力的人致人损害而监护人不能赔偿的特别案件适用公平责任原则。[8] (2)三元归责原则为过错责任原则、严格责任原则和公平责任原则。赞成此说的学者主要是王利明教授,他认为基本归责原则为过错责任和严格责任原则,公平责任原则是补充,无过错责任则是例外。[9] (3)三元归责原则为过错责任原则、过错推定原则和无过错责任原则。赞成此说的学者主要是杨立新教授,他认为侵权法的基本归责原则为过错责任原则,适用于一般侵权;过错推定与过错责任存在区别,其主要适用于特殊侵权;公平责任仅仅为一种责任形式而已,非独立的归责原则。[10]

4. 四元归责原则说

赞成此说的学者主要是郭明瑞教授,他认为侵权责任法的归责原则包括:过错责任、无过错责任、过错推定责任和公平责任等4个原则。过错责任与民法的意思自治相互契合,行为人因自己的过错才承担责任,也彰显了矫正正义的理念。无过错责任充分保护了社会弱者的权益,合理地转嫁了社

---

① 程啸:《侵权行为法总论》,中国人民大学出版社2008年版,第106页。

② 米健:《现代侵权行为法归责原则探索》,载《法学研究》1985年第5期。

③ 张新宝:《侵权责任法》,中国人民大学出版社2013年版,第14页。

④ Wiethölter, Rudolf, Der Rechtfertigungsgrund des verkehrs richtigen Verhaltens, 1960, S. 52.

⑤ R. Pound, An Introduction to the Philosophy of Law, Yale University Press, 1992, pp. 169, 177.

⑥ 刘士国:《关于完善我国侵权责任法的建议》,载《中国法学》1996年第4期。

⑦ 孔祥俊:《论侵权行为的归责原则》,载《中国法学》1992年第5期。

⑧ 刘淑珍:《试论侵权损害的归责原则》,载《法学研究》1984年第4期。

⑨ 王利明:《侵权行为法研究》(上卷),中国人民大学出版社2004年版,第208页;另参见王利明:《侵权行为法归责原则研究》,中国政法大学出版社1992年版,第30页。

⑩ 杨立新:《侵权法论》,人民法院出版社2005年版,第125~126页。

会风险,实现了分配正义。过错推定责任适用的情形是法定的,其要求被告对其主观有无过错进行举证,因此兼具了过错责任和无过错责任的特点,但又不能被取代。公平责任是法律未规定适用无过错责任,但适用过错责任又显失公平时的一种损失分担,维持其归责原则地位也未尝不可。①

(三)对侵权责任归责原则体系的简单评价

由于社会经济的不断发展,侵权损害的类型也日趋变化,而在不同的侵权损害类型中,以不同的价值进行判断将会得出不同的归责原则,因此出现多元化的归责原则体系就不足为奇了。从上述一元、二元、三元和四元归责原则说来看,过错责任归责原则始终处于侵权法的核心地位,其解决的是绝大多数侵权损害的归责问题。过错推定原则的出发点在于考察被告是否存在过错,只是在举证义务上由原告倒置给了被告而已,因此,过错推定必须依附于过错责任,其实质上仅为实现过错归责过程中的一个手段而已,不能成为独立的归责原则。无过错责任原则是为了适应和解决一般侵权以外的特殊侵权类型,其价值目标不像过错责任那样实现矫正正义,而是为了保护社会弱势群体,实现分配正义,具有弥补过错责任之不足的功能。因此,从价值判断上的独立性和归责特殊侵权类型的独立性来看,无过错责任是当之无愧的独立归责原则。至于公平责任,因为对于出现的损失双方均无责任,因此其本身就不存在将责任归于何人的问题,不满足归责理论的范式要求。它只是在损失分担上的一个划分标准而已,不能成为独立的归责原则。鉴于此,侵权法的归责原则应仅有过错责任和无过错责任两个归责原则。

二、核损害赔偿营运人责任归责原则的确定

(一)核损害赔偿营运人责任与高度危险责任和环境污染责任的关系

由于核损害赔偿责任包括了核损害赔偿营运人责任、社会责任和国家补偿责任。因此笼统地说核损害赔偿责任是侵权责任或者侵权责任中的某类特殊侵权责任都是不妥的,但是核损害赔偿营运人责任实质上属于侵权责任。我国侵权法中规定了两类与核损害赔偿营运人责任非常相近的责任类型,即高度危险责任和环境污染责任。之所以认为非常相近,是因为:

---

① 郭明瑞:《侵权立法若干问题思考》,载《中国法学》2008 年第 4 期。

(1)如果从危险的角度来看,核能行业本身属高度危险领域,这是毋庸置疑的,而且我国《侵权责任法》第70条明确将民用核设施发生核事故造成他人损害纳入高度危险责任侵权类型中。因此,将核损害赔偿营运人责任纳入高度危险责任类型中去具有一定的合理性。(2)如果从污染的角度来看,前文已述核侵权行为包括核爆炸、核辐射等行为,其往往借助环境中的某些要素来造成放射性污染,进而引发环境损害和他人损害。因此,照此分析可知核损害赔偿营运人责任仍可以纳入环境污染责任中。

从法律责任竞合角度观之,核侵权行为似乎会产生法律责任竞合问题。但法律责任竞合须以同一行为产生两个或两个相互冲突的法律责任,而高度危险责任和环境污染责任均属于侵权责任,两者并不存在冲突。因此,就高度危险责任和环境污染责任而言,核损害侵权行为并不会导致法律责任竞合问题。但是,如果核损害的受害人既以高度危险责任提起损害赔偿请求,又以环境污染责任提起损害赔偿请求的话,未免有失公允。本书认为,在追究核设施营运人的赔偿责任时,受害人根据其自身条件的优越性,仅能选择一种责任类型提起损害赔偿请求。从结果上来看,不论是以高度危险责任来追责,还是以环境污染责任来追责,都采用的是无过错责任归责原则,而且在责任构成要件上均为三要件:损害行为、损害结果、损害行为与损害结果之间具有因果关系。只不过在举证责任的分配上,环境污染责任中,受害人仅初步证明损害行为与损害结果存在因果关系后,实质性的因果关系成立与否的举证义务则倒置给了核设施营运人。因此,从受害人的角度来看,他们可能会更加倾向于以环境污染责任来提起损害赔偿请求。

综上所述,核损害赔偿营运人责任既可以是高度危险责任,也可以是环境污染责任,至于选取何种责任类型来追责,完全取决于受害人自己的选择。

(二)核损害赔偿营运人责任的具体归责原则

1. 核损害赔偿营运人责任采用无过错责任原则的理论基础

从上文分析可知,核损害赔偿营运人责任既可以纳入高度危险责任中去,也可以纳入环境污染责任中去。因此,依据我国《侵权责任法》的规定,核损害赔偿营运人责任的归责原则应当为无过错责任原则。通过此种分析路径得出的归责原则与有关核损害赔偿的国际公约和国家国内法对核损害赔偿的归责原则的规定是完全一致的。其实,无过错责任原则的出现要得益于侵权责任归责原则多元化的发展趋势,否则任何责任类型都仅适用传统的过错责任原则。无过错责任原则是指无论行为人有无过错,在法律特别规定的情况下,以已经发生的损害事实为价值判断的标准,确定由与损害结果有因果关系的行为人承担侵权责任的归责原则。[①] 核损害赔偿营运人责任采用无过错责任归责原则与核风险有关,核风险理论主要包括:高度危险行为理论、高度危险物理论和危险利益理论。[②] 在核能开发利用领域,高度危险行为理论和高度危险物理论认为,核设施营运人实施的高度危险行为和使用的高度危险物,对他人的人身和财产具有致命性,由于科学的不确定性,即便其已经尽到了注意义务,仍然难以杜绝给他人人身和财产造成损害的可能性。危险利益理论则认为,核设施营运人从事高度危险行为会给其带来经济上的利益,基于"谁获益,谁承担责任"的思想,核设施营运人应当从其获利中支付相应代价。

2. 核损害赔偿营运人责任适用无过错责任归责原则的考虑因素

(1)符合分配正义的要求。首先,核风险是公共风险,公共风险造成的损害后果理应在获益主体之间进行公共分担。尽管核设施营运人是核风险的直接持有人,它也从风险活动中获益,但风险活动的正外部性利益并未完全内部化,通过将风险结果在核设施营运人与核设施营运人以外的主体间进行分配,具有正外部性内部化的作用。其次,分配正义本身就不需要考察核设施营运人主观上是否有过错,核设施营运人承担的那部分赔偿责任是基于一定标准分配而来的,因此不论其有无过错均要承担损害赔偿责任,而且对于分配给核设施营运人的那部分赔偿责任并不一定能完全填补受害人的全部损害,是一种限额赔偿。它不像矫正正义要求的那样,侵权人对其过错承担责任,无过错则无责任,有过错才有责任。在有过错的情况下,侵权人对受害人的损害进行填补,以恢复至侵害之前的状态,是一种全额赔偿。

(2)强调核风险预防的重要性。核事故是低概率事件,但一旦发生则后果惨重,因此预防核风险的发生则成为解决核损害的最直接、也是最佳办法。尽管前文提到科学不确定性导致核风险的发生也是不确定的,但作为核风险持有人的核设施营运人在一定程度上可以杜绝因其过错而导致的核事故的发生。对于科学不确定性而引起的核风险实现,核设施营运人可能局限于技术鸿沟而无法控制。但是,对于非因科学不确定性,而是基于自身

---

① 宗志翔:《侵权责任与赔偿研究》,中国政法大学出版社2016年版,第57页。

② 张民安、杨彪:《侵权责任法》,高等教育出版社2011年版,第64页。

过错而引起的核风险实现，核设施营运人是可以控制的。核设施营运人作为理性经济人，减少成本是其营利的有效手段之一。因此，通过无过错责任归责原则，在一定程度上可以警示其提高注意义务，进而起到预防核事故的作用。

（3）衡平侵权人与受害人之间的法律地位。①信息不对称是造成侵权人与受害人法律地位悬殊最根本的原因。首先，从掌握和理解核能科技方面看，在社会分工极其严苛的社会背景下，核能行业本身就是科技性非常强的行业，非专业人士根本难以懂得，作为一般受害人也不例外。另外，核设施营运人的运营信息一般不对外公开。由于核设施的营运过程或者某些运营环节在某种程度上涉及商业秘密和知识产权等，其对外是保密的。然而正是这些具体的运营过程和环节往往可以发觉其主观过错问题。其次，从接近核设施营运人的角度看，纵观各大核电站的安保系统，几乎都有军队严密看守，呈现为封闭状态，作为普通公众根本难以接近，更谈不上收集其主观有无过错的证据了。试想，当出现核事故后，谁又愿意甚至敢于冒着生命危险前去放射性水平超标的事故现场搜集证据呢？②受害人处于弱势地位。一般地，核设施营运人都是拥有强大经济实力的企业，而受害人与其相比则显得非常弱势。如果仍然适用过错责任归责的话，受害人将出现举证不能的情况，很难顺利获得赔偿。然而，这种对"有损害就有赔偿"的直接蔑视又是法律所不容的。

三、核损害赔偿营运人责任归责原则的功能

核损害赔偿营运人责任归责原则采无过错责任原则，在此归责标准之下，确定责任的有无不是过错，而是损害事实；有损害则有责任，无损害则无责任。[①] 核损害赔偿责任是基于分配正义理论而非矫正正义理论形成的责任整体，其包含了核损害赔偿营运人责任、社会责任和国家补偿责任。核损害赔偿营运人责任实质上是一种侵权责任，因此确定核损害赔偿营运人责任分配的对象范围将成为分配正义理论首当其冲要解决的问题，即责任归责问题。因此，确切地说，责任归责过程在一定程度上是在锁定核损害赔偿加害人的范围，而锁定的标准不在于过错的考察，而是有无损害事实。是故，站在分配正义理论的角度来看，核损害赔偿营运人责任归责原则的主要

---

① 杨立新：《侵权法论》，人民法院出版社2005年版，第101页。

功能在于确定可能的责任分配的对象范围。之所以称为可能的对象范围,是因为在具体的核损害赔偿个案中,加害人是否最终承担损害赔偿责任还要满足具体的责任构成要件。因此,核损害赔偿营运人责任归责原则的功能限定为确定分配责任的对象更为恰当。

第二节 核损害赔偿营运人责任的构成要件

一、侵权责任的构成要件

侵权责任构成要件,是指确定行为人因侵权行为而承担民事责任需要具备的条件。简言之,就是侵权行为人承担民事责任的条件。侵权责任的构成要件分为一般侵权责任的构成要件和特殊侵权责任的构成要件。后者只是在前者的基础上,减去了对侵权行为人主观过错的考察这一条件。既然如此,那么应当首先分析一般侵权责任的构成要件。一般侵权责任构成要件存在“三要件说”和“四要件说”。三要件说认为,一般侵权责任的构成要件包括:损害事实、侵权行为与损害事实之间存在因果关系、行为人主观过错三个要件。① 四要件说则认为包括:行为的违法性、违法行为人主观存有过错、损害事实、违法行为与损害事实之间存在因果关系四个要件。② 无论是“三要件说”还是“四要件说”,都将损害事实作为一般侵权责任的构成要件之一。但是综观侵权责任承担方式,除了损害赔偿责任方式需要损害事实以外,其他如停止侵害、排除妨害、消除危险等责任承担方式并非必须要求有损害事实的存在。因此,有学者提出侵权责任构成要件主要是指侵权损害赔偿责任的构成要件。③ 不论是“三要件说”还是“四要件说”,都是举重以明轻的体现,将最严重的侵权责任方式(赔偿)的构成要件规定清楚了,那么其他较轻的侵权责任方式具备了这样的构成要件,当然就更没有问题了,况且其他较轻的侵权责任方式的构成不必具备这样严格的构成要件。④

---

① 王利明:《民法·侵权行为法》,中国人民大学出版社 1993 年版,第 152 页。

② 中央政法干部学校民法教研室:《中华人民共和国民法基本问题》,法律出版社 1958 年版,第 324 页。

③ 杨立新:《侵权法论》,人民法院出版社 2005 年版,第 106 页。

④ 同上。

从“三要件说”和“四要件说”所主张的具体要件来看，两者最大的差别在于是否要求行为的违法性。或者说，在违法性与过错之间的关系上未达成一致。持“三要件说”的学者认为行为的违法性不能成为独立的构成要件，其理由主要在于过错要件可以将违法性要件吸收。[①] 由于对过错判断逐渐客观化，以及以违法来推定过错的发展，导致了对客观的违法行为和主观的心理状态已经很难进行区分，[②]即违法性概念与过错的概念很难区别。[③] 如果证明行为有过错，再要求证明行为的违法性便实属多余。[④] 这种既要证明行为人的过错，又要证明行为的违法性的要件构成方式，必然增加受害人的举证负担。反之，则利于减轻受害人的举证负担，利于保护其利益。[⑤] 而且在规定过错责任原则的法律条文中，并无“不法”或“违法”二字。[⑥] 如《侵权责任法》第 6 条第 1 款规定，行为人因过错侵害他人民事权益，应当承担侵权责任。持“四要件说”的学者认为，违法行为是侵权责任构成的必备要件。杨立新教授认为，尽管我国《侵权责任法》第 6 条第 1 款未规定违法行为要件，但在第 2 条中规定了“依照本法”，在第 5 条规定了“依照”“其他法律”的内容，因此构成侵权责任须具备违法行为要件。[⑦] 张新宝教授认为，行为不法性即为加害行为违反了有关法律的规定，与法律秩序尤其是市民社会的法律秩序相冲突。[⑧] 简言之，违法性的本质在于行为违反了法律规范规定的作为或不作为义务。[⑨]

行为的违法性是基于法律对行为人主观之于客观的外在评价，只要侵犯了他人的权利则被定性为违法；而过错则是法律对行为人主观是否具有非难性的判断，尽可能地不限制行为人的自由。因此本书认为，无论是“三

---

① 杨婧：《侵权责任构成之违法性要件研究》，郑州大学法学院 2012 年博士学位论文，第 15～20 页。

② 王利明：《民法 · 侵权行为法》，中国人民大学出版社 1993 年版，第 347 页。

③ 同上书，第 161 页。

④ 王家福：《中国民法学 · 民法债权》，法律出版社 1991 年版，第 461 页。

⑤ 王利明：《侵权责任法研究》，中国人民大学出版社 2010 年版，第 292 页。

⑥ 孔祥俊、杨丽：《侵权责任要件研究》（上），载《政法论坛》1993 年第 1 期。

⑦ 杨立新：《侵权损害赔偿》，法律出版社 2010 年版，第 83 页；另参见杨立新：《侵权行为法专论》，高等教育出版社 2005 年版，第 89 页。

⑧ 张新宝：《侵权责任构成要件研究》，法律出版社 2007 年版，第 53 页。

⑨ ［德］汉斯 · 海因里希 · 耶赛克、托马斯 · 魏根特：《德国刑法教科书》，徐久生译，中国法制出版社 2001 年版，第 287 页。

要件说”的过错要件吸收违法性要件，还是“四要件说”的违法性要件，都具有一定的道理。但是本书发现，此二说均忽视了对侵权行为本身概念的特性进行考究。从文义解释的角度看，侵权行为是指侵害他人权利（权利和其他法益）的行为。那么在侵权法领域，侵害他人权利的行为是否有合法与违法之说呢？如果侵权行为均为违法行为，那么就没必要再以违法性作为侵权责任构成的要件了。倘若有合法与违法之分，那也不能唐突地决定将违法性作为侵权责任构成的要件，而要具体考究合法侵权行为的具体类型。纵观侵权法领域的侵权行为，仅有正当防卫和紧急避险情况下的侵权行为定性为合法行为，其他无一例外地均是违法行为。在理论前沿上，不论是奥地利的权威观点“行为不法理论”（Vehaltensunrechtslehre），①还是德国学者普遍采取的“结果不法理论”（Erfolgsunrechtslehre），②均未否认侵权行为的违法性，他们只是在为侵权行为的违法性寻找恰当的理论支撑。据此可以判断，由于仅有此二种情况下实施的侵权行为才被定性为具有合法性，那么除此之外的情形均为违法行为。因为，在法律的自由、公平、正义、秩序等价值范围内，除正当防卫和紧急避险两种情况下作出的侵权行为具有合法性外，没有哪一个国家的任何一部法律可以容忍侵权法领域中的侵权行为是具有合法性的。所以外国学者赫斯顿（Heuston）和巴克利（Buckley）高度而简洁地指出：“侵权行为实际上是民事违法行为”。③ 鉴于此，本书坚持认为，侵权行为本身具有的违法性是不证自明的，无必要将违法性作为一个独立要件而存在。

综上所述，本书认为侵权责任构成要件应化繁为简，包括侵权行为、损害事实、行为人的过错以及侵权行为与损害事实之间存在因果关系四个要件。这也与我国《侵权责任法》的规定相契合。

---

① 参见 Koziol, Haftpflichtrecht I^5 Rz 4/2 mwN。转引自［奥地利］海尔姆特·库齐奥（Helmut Koziol）：《侵权责任法的基本问题》（第 1 卷），朱岩译，北京大学出版社 2017 年版，第 172 页。“行为不法理论”认为违反法律规定的禁令或者命令即产生违法性。

② 参见 Brüggemeier, Haftungsrecht 37 f。转引自［奥地利］海尔姆特·库齐奥（Helmut Koziol）：《侵权责任法的基本问题》（第 1 卷），朱岩译，北京大学出版社 2017 年版，第 173 页。“结果不法理论”认为，通过损害结果来认定是否存在违法性构成要件，其方法是透过损害后果，以一种消极的方式倒推行为是否具有违法性。

③ R. F. V. Heuston and R. A. Buckley, *Salmond and Heuston on the Law of Torts*, 21st ed., Sweet & Maxwell, 1953, p. 8.

二、核损害赔偿营运人责任的具体构成要件

前已论述，在我国《侵权责任法》的侵权责任类型安排中，核损害赔偿营运人责任可以被纳入高度危险责任和环境污染责任中，此两种责任类型的归责原则均采用无过错责任原则，因此核损害赔偿营运人责任也采无过错责任归责原则。在无过错责任归责原则下，核损害赔偿营运人责任的构成要件则不考虑核设施营运人的主观过错问题，故而其责任构成要件则为：存在核侵权行为、存在核损害事实、核侵权行为与核损害事实之间具有因果关系三个要件。由于在前文关于“可救济核损害范围的判断路径”部分中，本书选择的判断依据即为侵权责任的三个构成要件，为了避免重复讨论，在此不予赘述。

但是，在证明因果关系要件时，鉴于因果关系的复杂性和受害人弱势地位的考虑，建议在以高度危险责任追究核设施营运人的赔偿责任时，也采用环境污染责任中对因果关系要件的举证责任倒置的做法。核事故受害人仅证明核侵权行为与其遭受的损害事实存在初步因果关系后，则将因果关系的主要举证义务倒置给核设施营运人。若其不能证明不存在因果关系，则推定因果关系成立。

三、核损害赔偿营运人责任构成要件的功能

如果站在被告（侵权人）的角度，他是被动地承担侵权责任，其只需要反驳构成要件之一不成立，则可以全部否定原告（受害人）的诉讼请求。但如果站在原告的角度，他是主动证成被告承担侵权责任的一方，其必须将全部的责任构成要件证明完毕后，其诉讼请求才有可能被法院支持。观察原被告之间的控与驳的过程可以发现，其实质上是原告在极力证明其自身是适格的受害人，其受到的损害是法律上的可救济的损害。但被告则极力驳斥原告的受害人身份，以及其受损害非为可救济的损害。然而，侵权责任的各个构成要件的证成则可以实现一一证得原告的身份是否适格，以及其所受损害是否为可救济之损害。因此，本书认为，侵权责任构成要件的另一功能在于确定损害的范围（受害人范围和狭义的可救济损害的范围）。这也是前文选择构成要件作为可救济核损害范围的判断依据的原因。

第三节　核损害赔偿营运人责任的基本原则

核损害赔偿营运人责任的基本原则与归责原则不同,归责原则解决的是确定核设施营运人是否要承担核损害赔偿责任。然而基本原则是在已经确定核设施营运人构成核损害赔偿责任之后,核设施营运人在具体承担核损害赔偿责任时需要遵循的原则,其解决的是核设施营运人如何承担责任的问题。

对于核损害赔偿责任的基本原则,核能法方面的专家和学者主要是从有关核损害赔偿责任的国际公约和国家国内法中总结得来的,但是不同学者又对基本原则的数量存在不同的看法。以李雅云为代表的学者认为核损害赔偿责任的基本原则包括:严格责任原则、唯一责任原则、责任限制原则、强制责任保险或财政保证原则、国家干预原则等五个基本原则。[①] 傅济熙则在此基础上增加了单一主管法院管辖原则。[②] 蔡先凤凝练得较为全面,在前述全部基本原则的基础上还包括不歧视原则。[③] 由于上述原则是核损害赔偿责任整体的基本原则,而对于核损害赔偿营运人责任则不一定兼有全部基本原则。本书认为,其基本原则主要为严格责任原则、唯一责任原则、责任限制原则、强制责任保险或财务保证原则和单一主管法院管辖原则五个基本原则。由于严格责任原则又称为无过错责任原则,而无过错责任原则在前文中已经进行了论述,故在此不赘述。

一、唯一责任原则

唯一责任原则又称责任集中原则,是指核设施营运人独自承担核事故造成损害的责任,其他任何非核设施营运人对该损害一律不负责任。简言之,将核损害赔偿营运人责任集中到核设施营运人处,由其独自承担。这在《巴黎公约》体系、《维也纳公约》体系和《核损害补充赔偿公约》中均予以规

---

① 李雅云:《核损害责任法律制度研究》,载《环球法律评论》2002 年第 3 期;另参见刘凤景、郑建保:《核损害赔偿的基本原则》,载《科技与法律》2014 年第 2 期;另参见丁文良:《核损害民事责任研究》,载《国际商报》2011 年 5 月 28 日,第 3 版。

② 傅济熙:《核损害的民事责任与赔偿》,中国原子能出版社 2003 年版,第 15 页。

③ 蔡先凤:《核损害民事责任研究》,武汉大学法学系 2004 年博士学位论文,第 240 页。

定。如 1930 年《巴黎公约》第 6 条规定,任何非运营者对核事故造成的损害一律不承担责任。在此后的多次修订中,唯一责任条款均予以保留。美国比较特殊,其《普莱斯—安德森法》中虽然采用的不是法律归责(Legal channelling),而是经济归责(Economic channelling),但是其他责任人最终仍然免于经济责任,由核设施营运人承担。在核损害赔偿方面,关键的问题还是经济上的赔偿,因此经济归责也好,法律归责也罢,其最终的效果都是一样的。对于唯一责任原则也有两种例外情况:(1)如果核事件是由于蓄意造成损害的行为或失职所产生,则对有此行为或失职的个人有追索的权利;(2)如果书面合同上有明文规定,则在该规定的范围内有追索权。但是印度《核损害民事责任法》(2010 年)并没有肯认唯一责任原则,该法第 17 条(b)项规定,若核事故是由于供应商或其雇员行为的结果造成的,此时核设施营运人可以行使追索权。

这里需要提醒的是,唯一责任原则仅在核损害赔偿营运人责任范畴内运行,超出其范畴的核损害赔偿社会责任和国家补偿责任则不再适用。一言以蔽之,唯一责任原则主要解决的是两类主体之间的责任分配问题,即核设施营运人与为其提供核材料、核设施、核技术等产品的供应商之间对核损害赔偿营运人责任的分配问题。

(一)适用唯一责任原则的理论基础

在社会分工越来越精细的社会背景下,不同社会主体充当着不同的角色,他们彼此衔接,维系着整个社会有条不紊地运转,在核能行业领域也不例外。核能行业是一个由多个社会主体形成的链状行业,核设施营运人也仅处于此链状中的一个环节,并非所有核设施营运人都具备和掌握了核能开发利用的全部产品和技术,如上面提到的核材料、核设施和核技术。因此,在核能行业实践中则会频繁出现核供应商的身影,如广东核电合营有限公司所有的大亚湾核电站的具体运营工作就是承包给大亚湾核电运营管理有限公司的。另外,在核能合作逐渐国际化的当代社会,核供应商已不再局限于本国范围内的供应商。他们在核能事业的发展过程中,起到了举足轻重的作用。相较于一次核事故损害的损失而言,核供应商提供的产品或服务的价值是难以与其比拟的。因此,有学者认为“如果要一个设备价值不高的供应商承担可能造成巨大损失的核事故风险,那么,还有哪一个供应商敢为核电站供货呢？”[①]举一例说明：一个为核电站提供锅炉压力表的厂家，以每支锅炉压力表200元的价格供货于某核电站，但由于压力表的缺陷导致了10亿元的核事故损失。如果让该生产压力表的厂家承担最终的赔偿责任，则会出现上述学者所说的，没有哪一个供应商敢为核电站供货了。因此，在核产品供货合同中，供货商为了规避责任，都会要求在合同中载明当出现核事故时的核损害第三方责任由核设施营运人承担。

从各国的法律规定来看，核产品是未受产品质量法调整的。但如果将核产品纳入产品质量法中进行调整，那么当核产品出现缺陷而造成损害时，供应商（生产商或销售商）都应承担损害赔偿责任。这在我国最初的《产品质量法》中，核产品也是受其调整的。但由于核能合作的国际化，核产品再纳入《产品质量法》中将不适应时代发展。新兴的先进的核设施或技术将被拒之于国门外，其最终结果将导致核能事业的停滞不前。国务院2007年《关于核事故损害赔偿责任问题的批复》不也是核能技术国际合作的产物吗？尽管有学者认为，唯一责任原则是为了给受害人提供便捷的索赔路径，不至于找不到可诉的对象。本书认为如果不适用唯一责任原则，受害人反而可以根据自己的优势选择可诉的对象，唯一责任原则反而束缚了受害人的选择权。因此，本书坚持认为，唯一责任原则的适用关键是如何在供应商和核设施营运人之间分配责任，而其分配的结果是供应商不承担损害赔偿责任，由核设施营运人独自承担。

（二）适用唯一责任原则的困境与解决

1. 困境。其实适用唯一责任原则的困境就在于难以逾越的法律鸿沟，即因为核产品的缺陷造成核事故损害，仍不承担损害赔偿责任则有失公允，从而对唯一责任原则提出了质疑。黄锡生教授从法理和实践的角度对该原则提出了质疑，认为供应商不应当豁免。[②] 其理由在于：核设施营运人与供应商签订的免责条款存在《国际商事合同通则》第3.10条规定的“重大失衡”（gross disparity）问题，[③]以及符合我国《合同法》第53条规定的无效

① 傅济熙：《核损害的民事责任与赔偿》，中国原子能出版社2003年版，第11页。

② 黄锡生、关慧：《供应商核损害赔偿责任豁免的反思与重构》，载《重庆大学学报》（社会科学版）2012年第2期。

③ 《国际商事合同通则》第3.10条规定：“如果订立合同时，合同或其个别条款不合理的对另一方当事人过分有利，则一方当事人可宣告该合同或者该个别条款无效。”

情形。[1] 其双方签订的免责条款使供应商的品质担保义务缺乏法律责任的约束,从而导致供应商很难主动加强对产品质量的管理和自我监督,客观上增加了由于核材料、核设施的缺陷引发核事故的可能性。本书也认为唯一责任原则的适用减轻了供应商的产品责任担保义务,反而推动了造成产品质量缺陷问题的可能性。因此,要想走出此困境还需要其他制度予以匹配。

2. 解决。其实要重拾供应商对核产品的品质担保义务并不难,只要放开缺陷产品责任至核产品责任中即可实现。当核事故损害是由于核产品的缺陷造成的,核设施营运人则可行使对供应商的追索权,让核产品的供应商承担最终损害赔偿责任。这在一定程度上能够起到提高供应商对核产品质量的注意义务,减少核事故发生的概率。然而,这个方法并不能起到实质性的效用。因为,如果核产品供应商承担了最终损害赔偿责任,那谁还敢给核设施营运人提供核产品呢?其实,这和认定核设施营运人与核产品供应商签订的免责条款无效会产生如出一辙的结果,都会促使核产品供应商对核产品的供应止步。这种局面的最终结果即为核能事业停滞不前,进而消失。

归根结底,问题的症结在于如何实现既要让核供应商敢于供应核产品,又要让其承担核损害赔偿责任。对此,黄锡生教授提出供应商对于因其过错造成的核事故引起的核设施本身及营运人其他现场财产的损害承担赔偿责任。[2] 在这种责任承担方式下,核供应商其实是承担了对核设施营运人的违约责任和对其他财产的侵权损害赔偿责任,这并非核损害第三人责任。德国哥丁根大学诺伯特·佩鲁尔(Norbert Peluer)先生提出,如果核设施营运人提供的保证金不能足额清偿损害的,受害人可向供应商索赔,但索赔的款额应限于其供货价值加上所得利润,这样供货商所承担的风险就是确定的。[3] 本书认为,既要让供应商敢于提供核产品,又要让其承担责任的最好方法就是其承担的责任额必须是确定的,且在其承受范围内。

从法律关系上讲,核供应商仅是核设施营运人的合同相对方,其不直接持有核风险。但是,由于核供应商在合同中是获益的,理应对核风险实现造

---

① 《合同法》第53条规定:"合同中的下列免责条款无效:(一)造成对方人身伤害的;(二)因故意或者重大过失造成对方财产损失的。"

② 黄锡生、关慧:《供应商核损害赔偿责任豁免的反思与重构》,载《重庆大学学报》(社会科学版)2012年第2期。

③ 傅济熙:《核损害的民事责任与赔偿》,中国原子能出版社2003年版,第12页。

成的损害承担责任。如果否认唯一责任原则,则会出现无人供货的情形。而且不可否认的是供应商对他们的产品和服务在其所有权转移到核运营商后便失去了控制,[①]故而不能冒然否认该原则。因此,在维持唯一责任原则的情况下,可以将核供应商承担的那部分损害赔偿责任纳入核损害赔偿社会责任中,将核供应商作为核损害赔偿基金的分担主体比较恰当。

二、责任限制原则

责任限制原则,是指核设施营运人对一次核事故造成的核损害,在一定的索赔期限内承担一定限额的赔偿责任。从定义可知,责任限制包括两个方面的限定:一是索赔期限的限定,主要表现为受害人提起诉讼的诉讼时效;二是赔偿款额的限定,主要表现为核设施营运人对一次核事故造成的损害所承担的最高赔偿额。如《巴黎公约》(2004 年修订)规定核设施营运人的责任额为不低于 7 亿欧元,对风险较低的装置和核材料运输中的责任额分别为 7000 万欧元和 8000 万欧元。[②] 也有少数国家并未采责任限制原则,而是采用无限责任原则,如德国、日本、俄罗斯、瑞士、保加利亚等国。

(一)适用责任限制原则的理论基础

限额最早出现于《德国机动车法》中,其立法解释认为“鉴于德国货币贬值即德国铁路财务状态入不敷出,负担沉重,难以胜任完全赔偿责任,设赔偿限额,至属迫切”。[③] 有学者提出,责任限制原则的作用是为了应对适用无过错责任原则带来的消极作用,即给核设施营运人带来“企业忧虑”。[④] 由于核事故一旦发生,则可能造成巨大损害。全球范围内有史以来发生的几大核事故已然印证了核损害后果的巨额性特征。如果依据无过错责任,则核设施营运人将承担巨额赔偿,而巨额赔偿的结果可能导致核设施营运人因无力清偿所有损害而破产。因此,有学者提出了“无过错责任缓和论”,认为这是对高度危险行业领域适用无过错责任过于苛刻的缓和,[⑤]规定无过错责

---

① Jaroslav G. Polach. International Problems of Financial Protection against Nuclear Risk, *Atomic Indurstrial Forum*, Inc., 1959, p.52.

② 傅济熙:《核损害的民事责任与赔偿》,中国原子能出版社 2003 年版,第 21 页、第 45 页。

③ 胡艳香:《高度危险责任限额赔偿制度反思》,载《求索》2012 年第 6 期。

④ 李雅云:《核损害责任法律制度研究》,载《环球法律评论》2002 年第 3 期。

⑤ 朱岩:《危险责任的一般条款立法模式研究》,载《中国法学》2009 年第 3 期;另参见朱岩:《侵权责任法通论》(上册),法律出版社 2011 年版,第 425 页。

任应当着重解决限额赔偿问题。[①] 另外，核损害具有持续性和潜伏性的特征，有些核损害要经过数年，甚至数十年才会显现。如果适用较长的诉讼时效，则可能导致核设施营运人背负难以预期的债务。核设施营运人作为以营利为目的的理性经济人，产生此种“企业忧虑”实属正常。然而，在责任限制原则下，核设施营运人的赔偿款额是限定的，承担赔偿责任的期限是可以提前预料的。在核保险市场发达的今天，核设施营运人可以通过投保的方式转嫁赔偿责任，从而打消企业忧虑。

打消“企业忧虑”作为责任限制原则产生的依据具有一定的合理性，但其更加折射出的是对核事业赤裸裸的保护。如果对核设施营运人进行责任限制，相应地就降低了核受害人获得更加充分赔偿的可能性，两者是此消彼长的。因此，除了打消“企业忧虑”外，责任限制原则更多地体现为对核风险的分散问题，尤其是限额赔偿。简言之，责任限制原则是核风险公共分担的必然选择。核损害赔偿营运人责任是基于分配正义的路径划分出来的一种责任类型，体现了公共风险的公共承担。任何事物都具有两面性，核风险在一定程度上也有善的体现，不光核设施营运人是获益者，整个社会也是获益者。因此，对于因核风险实现而产生的核损害赔偿，核设施营运人承担其中一定比例的赔偿才属合理。是故，限额本质上就是给核设施营运人划定了承担责任的大小。

（二）责任限额的困境与解决

1. 责任限额过低

此处所言责任限额过低，是针对我国核损害赔偿责任限额的问题，这是几乎所有关注和研究我国核损害赔偿责任制度的专家和学者都会提的问题。国务院 2007 年《关于核事故损害赔偿责任问题的批复》规定的限额为 3 亿元或 1 亿元。[②] 然而，从有关核损害赔偿的国际公约和国家国内法关于责任限额的规定看，均高于我国的责任限额（详见表 10）。该批复从 2007 年发布至今（2017 年）已有 10 年之久，但责任限额一直未提高。由于核损害中的

---

① 杨立新：《规定无过错责任应当着重解决限额赔偿问题》，载《绍兴文理学院学报》2009 年第 2 期。

② 国务院《关于核事故损害赔偿责任问题的批复》（2007 年）规定：“核电站的营运者和乏燃料贮存、运输、后处理的营运者，对一次核事故所造成的核事故损害的最高赔偿额为 3 亿元人民币；其他营运者对一次核事故所造成的核事故损害的最高赔偿额为 1 亿元人民币。核事故损害的应赔总额超过规定的最高赔偿额的，国家提供最高限额为 8 亿元人民币的财政补偿。”

人身损害、财产损害以及环境损害的价值估量是随着社会经济发展水平的变化而不断变化的，并且核事故损害赔偿并不仅仅涉及一国范围之内，它还可能涉及跨国界的损害赔偿问题。因此，对于责任限额标准的规定，不仅要参照本国经济发展水平，还应当考虑国际社会经济发展形势适时提高。

表 10　中外核损害赔偿责任限额对比表

国别	法律名称	限额
中国	国务院关于核事故损害赔偿责任问题的批复	最高 3 亿元或 1 亿元人民币
—	巴黎公约体系	不低于 7 亿欧元或 7 千万和 8 千万欧元
—	维也纳公约体系	不低于 3 亿特别提款权
—	核损害补充赔偿公约	不低于 3 亿特别提款权
英国	能源法	最高 1.4 亿英镑
印度	核损害民事责任法	150 亿卢比
法国	核责任法	最高为 6 亿法郎
西班牙	核能法	最高 250 亿比索
匈牙利	原子能法	最高 1 亿特别提款权
乌克兰	核损害民事责任及其财务保证法	最高 1.5 亿特别提款权
韩国	核损害赔偿法	不低于 3 亿特别提款权

资料来源：根据相关国际公约和国家国内立法整理所得。

2. 责任限额是否需要进一步分项

从有关核损害赔偿的国际公约和国内立法来看，责任限额几乎都是按核设施营运人对一次核事故造成损害的总额度进行设置的。然而，一次核事故中造成损害的类型包括人身损害、财产损害和环境损害。当一次核事故造成的损害总额超过了核设施营运人的限额时，必然引发三种不同类型的损害对最高限额的分配问题。在一般侵权损害赔偿中，对于不同的损害类型的法律地位都是一视同仁的，在侵权人的财产不足以支付全部赔偿时，按照实际损失在全部损失中的比例，乘以侵权人的可支出财产额，从而得出各受害人的最终可得赔偿额。但是核损害赔偿涉及很强的公共性，其公共性根植于核风险的公共性特征。因此，在核损害赔偿责任制度中，人身损害、财产损害和环境损害在法律上折射出的价值和地位与私人风险实现产生的赔偿纠纷是不一样的,其主要表现为人身价值优于财产价值实现,公共利益高于私人利益。鉴于此,如果责任限额仅关注到一起核事故损害赔偿的整体限额,而未深入不同类型损害赔偿的分项限额,那么责任限额制度的内容也是不完整的。分项限额的原因在于:(1)核损害赔偿责任制度初衷并不以损害填补为主要功能,而在于风险的分担。在风险分担的受体中,由于核受害人也是核事业或核风险的受益人,因此其也是核风险损失分担的对象。故而,当一起核事故造成的损害估值超过核设施营运人提供的限额时,并不以追求核受害人的全额赔偿为目标。但如果核损害在限额范围内,核损害赔偿责任制度也不否认对受害人的全额赔偿。(2)这是应对核损害不确定性的有效方式。前文已述,核损害(包括人身、财产和环境)发生后,在不同时间点上的损害是变化着的,如受害人人数增多,损害扩大等。面临这种不确定性的因素,核设施营运人不可能等到全部受害人和损害确定后才进行赔偿,同时也要考虑到对之后才显现出来的核损害进行赔偿。因此,将不同类型的损害进行分项限额,选择固定赔偿标准则非常必要。

对于如何分项限额,国内外已提供了立法和实践可供参考。在立法上,乌克兰在《核损害民事责任及其财务保证法》中对人身伤害的责任额进行了限定,具体表现为:对于死亡的责任限额,每个死者相当于法庭判决(或核损害赔偿协议签订)时官方公布的免税最低收入的2000倍;对于受伤和财产的责任限额,每个受害者的健康损害和财产损害的责任额均限定为最低收入的5000倍,但不得超过实际损害的数额。[①]《铁路法》第17条规定了铁路运输损害赔偿的最高限额原则。[②] 这在《铁路交通事故应急救援和调查处理条例》(2012年已废除)第33条中具体规定了铁路交通事故中每名铁路旅客的伤亡赔偿最高限额为15万元,自带行李限额赔偿2000元。《国内航空运

---

① 傅济熙:《核损害的民事责任与赔偿》,中国原子能出版社2003年版,第86页。

② 《铁路法》第17条规定:"铁路运输企业应当对承运的货物、包裹、行李自接受承运时起到交付时止发生的灭失、短少、变质、污染或者损坏,承担赔偿责任:(一)托运人或者旅客根据自愿申请办理保价运输的,按照实际损失赔偿,但最高不超过保价额。(二)未按保价运输承运的,按照实际损失赔偿,但最高不超过国务院铁路主管部门规定的赔偿限额;如果损失是由于铁路运输企业的故意或者重大过失造成的,不适用赔偿限额的规定,按照实际损失赔偿。托运人或者旅客根据自愿可以向保险公司办理货物运输保险,保险公司按照保险合同的约定承担赔偿责任。托运人或者旅客根据自愿,可以办理保价运输,也可以办理货物运输保险;还可以既不办理保价运输,也不办理货物运输保险。不得以任何方式强迫办理保价运输或者货物运输保险。"

输承运人赔偿责任限额规定》(民航总局第164号令)第3条规定,对每名旅客的赔偿责任限额为人民币40万元;对随身携带物品的限额为3000元;对托运的行李和对运输的货物的限额为每公斤100元。《港口间海上旅客运输赔偿责任限额规定》(1993年)规定,旅客人身伤亡的,每名旅客不超过4万元;行李灭失或者损坏的,每名旅客不超过800元人民币;旅客车辆包括该车辆所载行李灭失或者损坏的,每一车辆不超过3200元;其他行李灭失或者损坏的,每千克不超过20元。在日本核损害赔偿实践中,对于避难所的民众以每人每月12万日元的标准获得精神损失费。

在此暂不考虑上述立法或实践中分项限额的具体标准是否合理,但其确实为核损害赔偿采用分项限额方法提供了指引。本书认为,我国核损害赔偿限额可以采用整体限额和以个人为单位分项限额相互结合的方式。

3. 责任限额调整的动态性

核损害赔偿限额受社会经济发展水平的影响,由于社会经济发展水平呈现动态性,因此责任限额也应当随之作相应的调整。《巴黎公约》体系从1960年的500万~1500万欧洲货币单位,到2004年增至为不低于7亿欧元,对风险较低的装置和核材料运输中的责任额从500万SDRs提高到7000万欧元和8000万欧元。《维也纳公约》体系规定的核营运人的责任额从1963年的不得少于500万美元,到1997年增至3亿SDRs。[①] 印度从原来的50亿卢比提高到了150亿卢比。[②]

在风险社会背景下,科学不确定性决定了核损害赔偿限额的制定应当是科学理性和社会理性共同作用的结果。针对科学不确定性之风险,依据商谈和审议程序作出的决定,都是暂行性和"可错"的,也就可以得到修正或纠正。[③] 因此,经过商谈和审议程序制定的限额应当是适时的、动态的。在我国制定核损害赔偿责任限额时,可以借鉴美国的做法,规定经过一定的年限则调整一次限额标准,以此来实现适时提高责任限额的目的。同时,另外一个问题随之即来,考虑到限额标准动态性的要求,此时需要考虑限额标准的存在形式了,是规定在原子能基本法及其单行法、行政法规、规章,还是其

① 傅济熙:《核损害的民事责任与赔偿》,中国原子能出版社2003年版,第21~48页。

② 徐原、陈刚主编:《世界原子能法律解析与编译》,法律出版社2011年版,第42页。

③ 陈海嵩:《风险预防原则的法理重述——以风险规制为中心》,载《清华法治论衡》2016年第1期。

他规范性文件中。法律作为国家意志的表现,稳定性是其必然要求,也是其重要特征。在我国,原子能基本法及其单行法、行政法规、规章均属法律,将限额标准设置于这些法律中则不适应法律稳定性要求的大环境。为此,可以借鉴我国制定环境标准的做法,制定限额标准。然后通过法律规范援引的方式,将限额标准运用到实践中去。

(三)短期诉讼时效的困境与解决

学界通过归纳核损害赔偿相关国际公约后认为,责任限制除了责任限额外,还包括短期诉讼时效。短期诉讼时效又具体分为短期客观诉讼时效和短期主观诉讼时效。但是从相关国际公约关于核损害赔偿诉讼时效的发展历程来看,并未如实体现核损害赔偿诉讼时效具有短期性的特征(详见表11)。在主观诉讼时效方面,《巴黎公约》体系和《维也纳公约》体系均规定为3年,而《核损害补充赔偿公约》则规定为不少于3年。在客观时效方面,甚至在《维也纳公约》体系中还出现了生命丧失和人身伤害为30年客观时效的规定。就拿我国一般诉讼时效来做对比,我国的一般侵权损害赔偿的主观诉讼时效为3年,客观诉讼时效为20年。[①] 因此,虽然从责任限制原则的外延来看,包括了短期诉讼时效原则,但在实践中短期诉讼时效并未被立法所采纳,其他国家也不例外。

表11　相关国际公约对核损害赔偿诉讼时效的规定

公约名称	主观时效	客观时效
1960年巴黎公约	不少于2年	10年
1963年布鲁塞尔公约	3年	10年
1963年维也纳公约	不少于3年	10年
1997年维也纳公约	3年	生命丧失和人身伤害为30年,其他为10年
核损害补充赔偿公约	不少于3年	10年

数据来源:根据相关国际公约文本整理所得。

从上述分析来看,短期诉讼时效存在有名无实的问题,那么核损害赔偿责任的诉讼时效是否应当体现为短期性?在一定程度上短期诉讼时效能够起到核设施营运人对自身所负担赔偿的预期作用,进而打消企业因不确定

① 参见《民法总则》第188条。

性的债务而产生“企业忧虑”。但是,在有赔偿限额原则存在的情况下,再增加短期诉讼时效原则,实乃对核设施营运人的过度偏向,不利于核受害人权益的保护。其实这还并非根本原因,根本原因还在于核侵权行为的特殊性。本书再三强调核侵权行为不是核设施营运人的核事业营运行为,而是能够直接产生核损害的行为,即核爆炸、核辐射等行为,其中核爆炸后也主要体现为核辐射。核辐射无色无味,具有高潜伏性和持续性,这些特征同时也铸就了核损害潜伏性和持续性的特征。既然核辐射是持续进行的,那么可以得出核设施营运人的侵权行为也是持续性的。在持续性的侵权行为中,侵权行为的发生至结束不同于一般侵权那样快速完成。在一般侵权行为中,如用拳头击打某人头部,行为的发生与结束都是瞬间完成的,因此对于这种一般侵权的客观诉讼时效从权利受到损害之日起计算,具有一定的合理性。但是在核辐射持续侵权中,侵权行为的发生与结束可能会持续很久。如果客观时效还是以权利受到损害时起算,则很可能造成诸多核损害无法获得赔偿。这种不公平问题是科学技术给法律制度提出的难题。因此,本书认为与其纠结于核辐射特殊侵权客观时效的起算点,不如放弃核损害赔偿客观时效的规定。这既符合核损害的高潜伏性和持续性的特征,也有利于保护受害人的权益,更不会增加核设施营运人的“企业忧虑”,因为有赔偿限额的存在。另外,对于主观诉讼时效而言,基于核侵权的上述特征,以及秉承“不保护躺在权利上睡觉的人”的观点,主观诉讼时效具有存在的合理性和必要性,延长主观诉讼时效是必然趋势。

三、强制财务保证原则

在核责任领域,财务保证主要是指核设施营运人(可包括政府)提供一定限额的资金,专门用于对受害人进行及时、充分、有效救助的法律制度。[①]财务保证是针对受害人而言的,设置的目的是能够及时、充分且有效地对受害人进行赔偿。从财务保证主体的差异性来看,又有广义和狭义之分,狭义的财务保证是指潜在的侵权责任人提供的一定限额的资金,广义的财务保证除此之外还包括非侵权责任人如政府、基金等提供的资金保证。政府、基金等主体提供的财务保证经常被视为侵权责任社会化救济的途径,但本书

① 王蓓:《核损害赔偿中的财务保证方式探讨》,载《中国核工业》2012年第1期。

认为将其认定为社会化的救济途径的说法，只能针对私人风险实现而言，即私人侵犯私人权益的情形。而对于文中所指向的核风险，其公共性的特性与私人风险完全不同，因核风险实现而造成的核损害赔偿本身就要求社会共担。因此，核损害赔偿的责任主体除了核设施营运人之外，还包括其他社会主体。其他社会主体如国家或基金等都是承担核损害非常责任的主体，而并不是社会救济主体。是故，狭义的财务保证是核损害赔偿营运人责任实现的保障方式，而广义的财务保证还包括核损害赔偿社会责任实现的保障方式和国家补偿。

（一）适用强制财务保证原则的理论基础

财务保证设置的目的是能够及时、充分和有效地对核受害人进行赔偿，这是出于核损害的特征而匹配的制度，亦即核损害的不确定性、潜伏性、持续性和后果严重性要求核损害的赔偿应当是及时的、充分的和有效的。首先，从及时性赔偿的角度来讲，核事故发生后需要紧急疏散和安置受害人，如果没有提前的财务保证赔偿的话，那么很难实现快速疏散和安置受害人的效果，进而可能引发其他次生损害甚至社会稳定问题。出于及时性的考虑，财务保证应当是事前性的而非事后再筹集。其次，从充分性赔偿的角度看，财务保证能够提供的赔偿额应当是充足的。这里需要注意的是，在责任限额条件下，充足的财务保证并不等于全额赔偿。再次，从赔偿的有效性角度来看，如果损害赔偿能够实现及时性和充分性，那么可以说该财务保证是有效的。最后，在发生核事故损害后，要保证损害赔偿的及时性、充分性和有效性，那么财务保证必须在法律上施以强制性才能予以实现。如果财务保证是非强制性的，那么核设施营运人可以不选择提供财务保证。在这种自由主义的安排下，一旦发生核事故损害，核设施营运人将面临突然性的巨大的财务开支，给其造成财务压力。另外，作为核受害人，他们也很难实现及时、充分而有效的赔偿。因此，相关国际公约和国家国内法，均要求核设施营运人应当提供财务保证，最常见的即为强制性核责任保险。

（二）强制财务保证的困境与解决

这里所言强制性财务保证的困境是针对我国现状而言的，从国务院《关于核事故损害赔偿责任问题的批复》（国函〔2007〕64 号）可知，我国广义上的财务保证方式仅有商业保险和国家财政补偿。而且我国并未加入任一有关核损害赔偿责任的公约。就此可以看出，我国形成的是单一的两级财务保证方式。首先,在这种财务保证形式下,核设施营运人和国家将承担巨大的财务压力。从承担责任的主体上看,并未体现核风险公共承担的要求,仅有核设施营运人和国家作为赔偿责任的主体。其次,对核受害人的赔偿可能是及时性的,但赔偿的充分性难以保障,因此不能形成有效的财务保证。另外,不同财务保证方式都规定了赔偿责任承担的限度,如核责任险以核设施营运人承担的限额为限进行投保,国家责任也常常是固定的。[①] 其实不难看出,核受害人最终获得赔偿的总额与不同财务保证方式的限额有关。如果财务保证方式具有多元性和多层级性,那么可以有效实现核损害赔偿总额的提高。而且由于损害赔偿分担主体的多元化,在损害赔偿总额不变的情况下,各主体被分配的财务保证额度还可以适当降低,从而减轻其财务压力。

对此可以借鉴美国的做法。《美国原子能法》就核设施营运人的财务保证方式规定了私人保险、私人合同损害赔偿、自我保险、其他财务责任证据及其组合。[②] 在广义的财务保证方式方面,《普莱斯—安德森法案》规定了三级财务保证:第一级是造成核事故的核设施营运人的强制核责任保险(3.75亿美元),第二级是其他核设施营运人(主要是大型商用核动力堆的持证人)提供的追溯性保费(126亿美元),[③]第三级是由国会决定承担一定数额的赔偿。[④] 由于美国也是《核损害补充赔偿公约》的缔约国,因此加上公约缔约国的公共基金的话,可以说美国形成了四级核损害财务保证机制。

对于核设施营运人提供财务保证的方式,从法律上讲除了核责任保险外,还可以有其他担保方式,如财产担保、信用担保、银行担保等。但是问题在于:(1)核损害赔偿的及时性要求财务保证必须能够实现担保方式的及时变现。对于一般的财产担保、信用担保等财务保证方式的变现需要较长时

---

① 我国国务院《关于核事故损害赔偿责任问题的批复》(国函〔2007〕64号)规定:"核电站的营运者和乏燃料贮存、运输、后处理的营运者,对一次核事故所造成的核事故损害的最高赔偿额为3亿元人民币;其他营运者对一次核事故所造成的核事故损害的最高赔偿额为1亿元人民币。核事故损害的应赔总额超过规定的最高赔偿额的,国家提供最高限额为8亿元人民币的财政补偿。"

② 刘风景、郑建保:《核损害赔偿的基本原则》,载《科技与法律》2014年第2期。

③ 戴定:《美国调整核责任险保费》,载《国外核新闻》2013年第8期。追溯性保费是当一次核事故造成的核损害超过了核设施营运人所投核责任险时,每个反应堆的持证人要为每次核事故缴纳一定数额的延迟保费。每台额定装机容量在100 MWe及100 MWe以上的核电机组都需要交这笔保费。

④ 傅济熙、董保同:《浅谈第三方核责任法律制度》,载《中国核工业》1998年第3期。

间和较为复杂的手续才能实现,违背了损害赔偿及时性的要求。(2)财务保证方式需要具备相当程度的稳定性。对于一般私人担保,在稳定性上难以保证。而且从法律关系上看,担保关系是债务人和保证人就履行债务而形成的保证合同法律关系,受害人并非保证合同的当事人,保证人的经济水平决定了担保合同的稳定性。然而事实上这种稳定性是无法确定的。在核责任保险中,保险人有其完善的保险机制,如核损害赔偿准备金制度、理赔制度等,它可以实现核损害赔偿的及时性和稳定性。鉴于此,本书坚持认为,核设施营运人提供的强制性财务保证方式以核责任保险一种方式为宜。

四、单一主管法院管辖原则

单一主管法院管辖是指无论受害人居住地是否和核事故发生地适用同一司法管辖权,均由指定的唯一一家主管法院管辖。

有关核损害赔偿的三大国际公约均统一了法院管辖的规定,对于与核事故造成核损害有关的诉讼管辖权仅属于发生核事故的缔约国法院,公约这样规定的目的在于实现司法权的统一。但是对于发生核事故的缔约国法院的确定,都交给了缔约国法律来确认。从有关核损害赔偿的国家国内立法来看,美国《普莱斯—安德森法案》(1988 年修正案)规定,因核事件而引起的公共责任诉讼由联邦地区法院管辖,核事件发生地的美国地区法院,或核事件发生于美国境外时,哥伦比亚区的美国地区法院,对因核事件引起的任何案件具有原始管辖权。[①] 法国《核责任法》规定,具有管辖权的法院由巴黎大审法院确定一个法院受理。[②] 西班牙依据其《民事诉讼法》的规定,由损害发生地的普通法院受理。[③] 德国则未进行特别规定,而是依据一般法院管辖的规定,可以是核事故发生地的法院、遭受核损害发生地的法院、核设施营运人住所地法院管辖。[④] 瑞士《核责任法》规定,每个州都应指定一个法院来受理对核损害的索赔诉讼,通常为发生核事故的核装置所在州的法院。如果为运输中的核事故,则为事故发生地所在州的法院;如无法确定发生

---

① 蔡先凤:《核损害民事责任研究》,武汉大学法学系 2004 年博士学位论文,第 230 页。

② 傅济熙:《核损害的民事责任与赔偿》,中国原子能出版社 2003 年版,第 60 页。

③ 同上书,第 64 页。

④ 同上书,第 68 页。

地，则为所涉核装置所在州的法院，或责任人居住地所在州的法院。[1]《加拿大核责任法》规定，一般情况下的主管法院为遭受核损害地的法院，但如果因此而导致多个法院均有管辖权时，则由核事故发生地的法院管辖。[2] 在我国也有特殊的规定，对于核事故损害引起的一切诉讼由核事故发生地的法院进行管辖。[3]

(一)适用单一主管法院管辖原则的理论基础

如果按照一般的民事诉讼法院管辖权的规定，则可能发生多个法院同时具有管辖权的情形。在这种情形下，不同的核受害人则可能根据自己的情况选择受理法院。首先，在不适用单一主管法院管辖原则而发生跨界核损害时，如果存在多国法院有管辖权的情况，则会出现同类案件适用了不同的法律，导致判决结果差异，即同案不同判。而对于非跨境核损害诉讼的有权管辖法院如果有多个的情形，此时尽管审判所依据的法律实现了统一，但由于审判法官的不同可能导致对事实认定等问题有不同的审理意见，也可能导致同案不同判的情况。这种同案不同判最直接的后果就是引发公平性问题。其次，前文已论述，核损害赔偿实行赔偿限额原则，在核设施营运人提供的财务保证或赔偿限额既定的前提下，实际造成的核损害可能超出这个限额。如果多个法院都予以管辖，那么可能会出现不同法院作出裁判的赔偿金额之和大于限额的情况。然而，单一主管法院管辖可以避免出现此问题。在出现实际赔偿额大于限额时，则先依据人身伤害赔偿优先于财产损失赔偿，然后再依据公共利益损害赔偿优先于私人财产利益损害赔偿的原则，给人身损害、财产损害和环境损害赔偿进行赔偿顺序梳理，然后再依据分项限额的标准分配赔偿金。

(二)单一主管法院管辖原则的困境与解决

按照一般民事诉讼原理，侵权行为实施地、侵权结果发生地和被告住所地的法院均有案件管辖权。当事人可以根据自己的情况，选择更加利于自己进行诉讼的法院提起诉讼。然而，单一主管法院管辖原则在一定程度上限制了当事人对受理法院的选择权。另外，核事故产生的放射性污染物质

---

① 傅济熙：《核损害的民事责任与赔偿》，中国原子能出版社2003年版，第71页。

② 同上书，第79页。

③ 参见国务院《关于处理第三方核责任问题给核工业部、国家核安全局、国务院核电领导小组的批复》第7条。

会随着环境要素的运动变化（如大气流动、水域流动）而造成跨区域的侵权损害出现，这个跨区域可能表现为是跨省的，也可能是跨国界的。不可否认的是，不同区域、不同国家的经济水平可能存在相当程度的差异，如果按照"一刀切"的统一标准来进行赔偿，那么最终获赔的数额将对经济水平较发达地区的原告造成不公。

核风险是公共风险，核风险实现而引起的核损害赔偿也具有公共性的特征，其不追求对受害人损害的完全填补，而更多地在于受害人能够获得公平的赔偿。这种公平是针对受害者整体而非单个个体而言的，尤其是对于人身（生命和健康）而言，各个受害者均无高低贵贱和地区之分。因此核损害赔偿更加倾向于普遍意义上的公正，或者说形式意义上的公正，而非个体意义上和实质意义上的公正。因为个体意义上和实质意义上的公正会导致新的不公平问题出现。鉴于此，本书认为，只有单一主管法院管辖才能实现普遍性的公正，而且在追求普遍性公正价值面前，个人对受理法院的选择权应适当被稀释和削弱。

第四节　核损害赔偿营运人责任的实现

核损害赔偿营运人责任的核心问题是如何有效实现该责任。责任的实现与责任的承担不同，前者侧重于结果，而后者侧重于过程。责任承担并不等于责任就实现了，而责任实现了，则必然是有效的责任承担。在众多实现方式中，如何选择更优的方式来实现核损害赔偿营运人责任则是关键。从有关核损害赔偿的国际公约（如 1963 年《巴黎公约》）关于核损害赔偿责任制度的目的来看，该制度既要强调对和平利用核能的核事业进行保护，又要强调对核受害人的合理赔偿。因此，在选择合适的责任实现方式时，该实现方式应当兼顾此二目的。

一、核损害赔偿营运人责任实现的最佳方式——投保强制性核第三者责任保险

（一）核损害赔偿营运人责任实现方式的列举

核损害赔偿营运人承担赔偿责任的承担方式有多种。根据承担方式是否具有直接性，可以将损害赔偿责任承担方式分为直接承担方式和间接承

担方式。直接承担方式是指在损害赔偿责任确定时，由侵权人直接面对受害人予以赔偿的方式。它是最常见的侵权损害赔偿责任承担方式，往往表现为在法院判决或当事人间达成赔偿协议后，由侵权人给付受害人金钱的情形，其特征在于侵权人自身金钱的减少具有事后性。间接承担方式是指在核损害赔偿责任确定时，侵权人不直接（或间接）面对受害人进行赔偿的方式。这种方式最常见的表现为第三者责任保险、预存保证金和第三人的财务担保（如私人保证），[①]在发生侵权损害赔偿时，由事前与侵权人达成协议的第三人面对受害人承担赔偿责任，其特征主要表现为准侵权人对于未来可能发生的对第三人的侵权责任进行事前的资金准备，具有很强的事前性。对于核事故损害赔偿责任的实现方式而言，责任的最终实现是该责任制度的目的。但在多种方式下，选择何种实现方式才是最佳的，还需进一步论证。

（二）强制性核第三者责任保险在核损害赔偿营运人责任实现中的优势

在上述罗列的直接承担方式和间接承担方式中，其实最大的区别在于损害赔偿资金的准备是否具有事前性。本书认为，基于核损害赔偿及时性、充分性和有效性的要求，选择具有事前性特征的间接承担方式既有利于保护核设施营运人不至于因突如其来的赔偿而招致“企业忧虑”，如破产或财务压力，又有利于核受害人能够得到及时、充分和有效的赔偿，实现灾后心灵上的安抚和灾后重建。但是在间接承担方式中，又有多种方式可以选择。本书认为强制性核第三者责任保险在核损害赔偿营运人责任的实现中更具优势。强制性核第三者责任保险是指依照国家法律的规定，核设施营运人必须向保险人投保而成立的，以核设施营运人可能承担的核损害赔偿责任为保险标的的保险。[②]

1.强制性核第三者责任保险更有利于分散核风险和消化核损失

首先，从分散核风险的有效性角度看。风险社会背景下，核风险作为公共风险，我们应对该风险的各项举措更加倾向于如何将其进行合理分配，其中关键问题在于如何选择分配的对象。核损害赔偿责任以分配风险为解决

① 有学者认为，开立信用证也是一种侵权损害赔偿责任的承担方式，但从信用证的定义来看，信用证（Letter of Credit，L/C），是指开证银行应申请人（买方）的要求并按其指示向受益人开立的载有一定金额的、在一定的期限内凭符合规定的单据付款的书面保证文件。其主要出现在买卖合同当中，因此本书认为不应当将开立信用证作为侵权损害赔偿责任的承担方式。

② 郭锋等：《强制保险立法研究》，人民法院出版社2009年版，第22页。

核风险实现造成损害的理念，将核损害赔偿责任划分为核损害赔偿营运人责任、社会责任和国家补偿责任。尽管营运人责任中的风险承担主体为核设施营运人，但对于该责任的实现并不否认采用社会化的方式将风险进一步分散。强制性核第三者责任保险则具备将核设施营运人的核损害赔偿责任分散至保险公司，而保险公司又可采取再保、分保的形式将责任继续分散至其他保险公司，从而实现了将核风险从单一的核设施营运人分散至多元主体的社会。然而，对于如预交保证金、私人担保等方式，其本身就不具备分散风险的功能，最终承担损害赔偿责任的主体仍然会回归到核设施营运人那里。我国发展核能事业至今还未出现过核事故，因此保险公司进行核损害赔偿的实例在我国还不存在，但可以从 1979 年美国三里岛核事故中发现核第三者责任保险在分散风险和消化损失中的作用。在第三者责任赔偿方面，保单限额为 1.4 亿美元，核保组织（American Nuclear Insurers，ANI）共支付了 7100 万美元。[①] 尽管此次赔付使 ANI 丧失了 22 年的承保利润，但顺利的赔偿展现出了核第三者责任险对核风险分散和损失消化的有效性。

其次，从消化核损失的有效性角度看。第一，强制性核第三者责任保险在赔偿能力上具有稳定性，承保强制性核第三者责任保险公司及其保险人体系拥有雄厚的经济实力，在消化具体核损失方面具有很强的有效性。第二，核第三者责任保险是强制性责任保险，对于核设施营运人而言，核设施营运人应当依法投保与其承担赔偿责任限额相当的责任保险，且在保险期间非因法律规定不得退保；对于核保险人而言，法律规定的保险公司不得拒绝承保，且在保险期间非因法律规定不得中途拒绝承保。然而，对于私人担保而言，由于担保关系的形成基于核设施营运人与担保人的合意，它不具有强制性。如果出现合意瑕疵、合意消失或者担保方违约等情形，则很难实现对核损害赔偿能力稳定性的保障。另外，在私人担保下，核损害赔偿能力最终取决于担保人的经济实力和核设施营运人的经济实力，如果发生经济问题则很难保障最终赔偿的实现。对于预交保证金而言，核设施营运人需要预交与其核损害赔偿限额相当的保证金，这必然占用企业大笔流动资金，然而与仅需要支付千分之几的核第三者责任保险费率相比，强制性核第三者

---

① 王蓓：《核损害赔偿中的财务保证方式探讨》，载《中国核工业》2012 年第 1 期。

责任保险具有明显的价格优势，从而更受青睐。[①] 因此，私人担保和预交保证金方式在国内外使用得非常少。

2. 强制性核第三者责任保险更有利于对核受害人进行赔偿

强制性核第三者责任保险的基础意义，除了保障核设施营运人免受因直接承担核损害赔偿责任而导致的经济利益损失外，还强化了保护核受害人利益的功能，使核受害人对核保险人有直接的保险赔偿请求权利，缩短了获得赔偿的时间和环节。

其一，在损害赔偿的保障性方面。由于核第三者责任保险具有强制性，核设施营运人必须依法投保该责任保险，保险人也不得拒绝承保。因此，这为核损害赔偿责任分散至社会提供了法定路径，防止核设施营运人对自身风险的估计不足而怠于购买核第三者责任保险。

其二，在赔偿资金的准备方面。核设施营运人作为一个营利性的企业，其资金应更多地流向价值创造领域，如果没有核第三者责任保险，那么它必然将为未来可能发生的核损害赔偿提取与法定赔偿限额相当的资金。虽然核风险的发生可能造成巨大的经济损失，但是核事故发生的概率非常低。这将导致占用大量核设施营运人的资金而未在其价值创造中发生作用。然而，在核第三者责任保险制度下，核设施营运人仅以千分之几的保险费率就可以实现减少对未来可能发生巨额赔偿的后顾之忧。因为在赔偿限额制度下，核设施营运人在支付保费后可以不再支付超额的赔偿。核保险人作为专门从事风险管理的专门主体，其内部具有相当完善的准备金机制，当发生核事故损害时，保险人可以迅速地从准备金中提取核损害赔偿资金。

其三，在赔偿的及时性方面。在发生核事故损害赔偿时，由于核保险人完善的准备金机制为索赔提供了资金保证。再加之核保险人在长期处理事故损害赔偿中积累了丰富的经验和专业的服务，在发生核事故损害赔偿时，保险人能够及时做出反应。

其四，在赔偿的充分性方面。如果核设施营运人已经投保核第三者责任保险，那么在核设施营运人的法定赔偿限额范围内，核保险人必须承担该赔偿限额的资金。因此，从满足赔偿限额的角度来说，核第三者责任保险是可以实现对赔偿的充分性的。

---

① 刘玉波、杨尊毅：《核第三者责任保险是管理核损害赔偿的重要手段》，载《中国保险报》2011年11月22日，第2版。

其五，在赔偿的有效性方面。由于核第三者责任保险在损害赔偿的保障性方面、资金的准备方面、及时性和充分性方面都具有优势，因此综合起来可以说强制性核第三者责任保险在应对核损害赔偿时是有效的。

二、强制性核第三者责任保险的理论基础

根据保险是自愿性的还是强制性的标准，可以将核第三者责任保险分为强制性核第三者责任保险和非强制性核第三者责任保险。纵观有关核损害赔偿的国际公约和国家国内立法，核第三者责任保险均是强制性的，其理论基础在于：①

（一）基于公共利益的考量

强制性核第三者责任保险对公共利益的考量主要体现有二：第一，保护和平利用条件下的核事业发展。核能的开发利用在很大程度上对整个社会而言是有益的，但由于有关核能方面的科学技术以及其他诱因的不确定性，导致核风险伴随核能开发利用过程之始终。试图彻底解决核风险存在的最有效方法为禁止核事业的发展，但这又可能带来其他风险的存在，如因燃煤发电而导致的大气环境污染问题。因此，在这种矛盾状态下，唯有实现风险的有效分配才是出路。然而，核风险的分配最终还是要落脚于核损害赔偿责任的分配。虽然已有的赔偿限额制度对核设施营运人会产生保护效应，但在责任保险制度发达的环境下，核设施营运人的营运人责任还可以进一步利用保险手段将其进行再分配。从而将核设施营运人的资金节省来用于核能以及核能科技的开发，其结果将有利于核能事业的发展，并且降低核事故的发生。第二，保护核受害人的权益。核损害具有波及地域广、受害人数多、后果巨大等特征，其不再是针对特定人的私益侵权，而是上升为具有公益性的侵权。在核事故发生后，及时、充分且有效的核损害赔偿将更加有利于保护受害人的权益。反之，将会出现核风险由受害人承担的局面。

核第三者责任保险可以同时实现对核事业和核受害人的双重保护。但是，在完全自愿的责任保险市场中，往往存在多个因素阻碍核设施营运人购买责任保险（如对核风险的错误评估等），也存在多个因素抑制核保险人销售责任保险（如核风险的概率难以计量等）。这种市场失灵的情况既不利于

---

① 郭锋等：《强制保险立法研究》，人民法院出版社2009年版，第17～21页。

核事业的发展，也不利于对核受害人的保护。此时，国家公权力的适当干预则显得非常必要，其干预的方式可以通过立法将核第三者责任保险规定为强制责任保险。

(二)潜在加害人(核设施营运人)对风险评估的不足

在传统的责任保险里，对于风险厌恶程度较高的潜在加害人而言，如果他无法正确估算其面临的风险和投保收益，即风险评估不足时，加害人购买责任保险的欲望将会降低。当这种风险后果呈现公共性时，立法者往往赋予这类责任保险以强制性。在核风险领域，核设施营运人需要对核风险发生的概率、发生核损害的损失总额以及投保责任险的保险费进行估算。但是，在上述几个考虑因素中，仅有保险费是可以通过计算确定的，其他因素均难以确定。核风险概率低，但不等于不发生；核损害具有或然性，但不等于均是小损害。如果按照自愿投保责任保险，那么可能出现核设施营运人存在侥幸心理的情况，认为核风险不会出现，或者尽管发生核事故，造成的核损害也不会超过投保核第三者责任保险的保费。核设施营运人作为潜在的加害人，其对风险进行评估的不足主要还是囿于核能科技和其他诱因的不确定性，也有学者将其称之为信息不对称。然而作为国家，切尔诺贝利核事故、三里岛核事故和福岛核事故的教训，使其在认识核风险及其后果时，采取的是宁可将其放大、也不将其缩小的思路，防止自由保险市场里，核设施营运人对风险评估不足而放弃购买核第三者责任保险。因此有必要赋予核第三者责任保险以强制性。

(三)核第三者责任保险主体间的利益博弈

马克思认为，人们奋斗所争取的一切，都同他们的利益相关。① 在具体法律制度的形成与运行过程中，利益作为一个客观范畴，对法律制度的形成与运行起着决定性的作用。② 强制性核第三者责任保险制度正是各个利益主体间相互博弈的产物，在该保险中主要体现为以下两对利益主体之间的博弈：核设施营运人与保险人之间的博弈，核受害人与保险人之间的博弈。

1. 核设施营运人与保险人之间的博弈

核设施营运人与保险人是核第三者责任保险合同的当事人，在保险合

① 马克思、恩格斯：《马克思恩格斯全集》(第1卷)，人民出版社1956年版，第82页。转引自丁凤楚：《机动车交通事故侵权责任强制保险制度》，中国人民公安大学出版社2007年版，第42页。

② 赵明昕：《机动车第三者责任强制的利益衡平问题研究》，载《现代法学》2005年第4期。

同中,保险公司扮演保险人的角色,核设施营运人既是投保人角色,又是被保险人角色。不可否认的是,任何保险合同当事人之间的利益矛盾最为突出,主要表现为:(1)在保险费利率方面。保险人作为专门从事保险业务的市场主体,高利润是其追逐的目的,其利润的高低与保费收入密切相关,而保费收入又与保费利率关联。因此,站在保险人的角度,其希望制定较高的保费利率来获得更大的保费收入。然而,站在核设施营运人的角度,其也是以营利为目的的市场主体,在赔偿限额固定的情况下,更希望以更低的保费利率来实现对责任限额的保障。(2)在责任范围方面。核损害包括人身伤害、财产损害和环境损害,精神损害是否纳入核损害的范围还有待商讨。站在核设施营运人的角度,上述损害都应当纳入核第三者责任保险的责任范围中,否则核设施营运人还需再对未纳入保险的损害承担赔偿责任。然而,站在保险人的角度,在保费既定的情况下,保险人为了降低自身赔付的可能性,他更希望减少责任的范围,即责任范围越窄越好。(3)在责任限额方面。在责任保险中,责任限额均关系到保险人和被保险人的责任负担问题。站在保险人的角度,在保险费既定的情况下,承担责任的限额越低越好,责任限额越低,出险后承担的最高赔偿额就越少。但是,站在核设施营运人的角度,保险人承担责任的限额越高越好,保险人承担责任的限额越高就越能全面覆盖其承担责任的范围和达到法定的责任限额,否则核设施营运人还需再支付额外的赔偿。(4)在免责条款方面。对于保险人而言,其当然期望设置更多的免责条款来减少赔付的情形,从而降低赔付额。然而,对于核设施营运人而言,其希望尽可能地减少免责条款,甚至没有免责条款。

2. 核受害人与保险人之间的博弈

虽然核受害人不是保险合同的当事人,但是核第三者责任保险制度设计的初衷也包括对核受害人进行及时、充分且有效的赔偿。因此,核受害人在该保险制度中有着独立于保险人和核设施营运人的利益诉求。尽管核受害人独立于核设施营运人,但其利益诉求与核设施营运人大致一致:在保险责任范围方面,保险人承保的范围越宽越好,尽可能所有的核损害情形都予以承保;在责任限额方面,希望保险人承担的责任限额越高越好;在免责条款方面,保险人尽可能地减少免责条款和不设免责条款。除此之外,核受害人作为独立的利益主体,还有根据其自身情况形成的独立诉求:在理赔的程序方面,越简便越好。核损害的诸多特征要求对核受害人进行及时、充分且有效的赔偿，因此效率价值在赔偿中体现得较为充分。一方面，要求保险人及时响应，作好核损害索赔准备工作；另一方面，要求核受害人可以直接向保险人行使赔偿请求权。这样可以确保核受害人在较短的时间内获得及时的赔偿。

三、我国核第三者责任保险存在的问题及建议

我国核第三者责任保险制度伴随着核能事业的兴起而建立，它不像美国那样以专门的立法形式(《普莱斯—安德森法案》)来推动核第三者责任保险制度的建立，而是以事件的形式来推动该制度的兴起。1993 年大亚湾核电站 1 号机组首次装料，为了帮助其转移核第三者责任，中国人民保险公司根据国际经验和惯例为大亚湾核电站 1 号机组签发了国内第一份核第三者责任保险单，[①]这标志着我国核第三者责任保险制度的兴起。但直至 2007 年国务院《批复》发布才最终确定了强制性核第三者责任保险制度。[②] 尽管该批复还未达到法律的位阶，但它在指引核设施营运人投保核第三者责任险以及保险公司承保该险种的过程中起到了举足轻重的作用。又至 2017 年国家颁布的《核安全法》最终以立法的形式将强制性核第三者责任保险制度予以固定。[③]

在保险组织方面，1999 年 9 月 2 日中国核共体由原中国再保险公司、中国人民保险公司、中国太平洋保险公司和中国平安保险公司发起成立。核共体从成立至今，核共体成员从成立之初的 4 家保险公司，发展到现在的 29 家。[④] 在承保能力方面，中国核共体的承保能力已经能够满足中国核电站保险需求的 25% 到 40%。其业务范围涉及 20 多个国家和地区的 290 多座核反应堆，占全世界在运行商业堆的约 70%，较好地实现了风险分散。[⑤]

(一)我国核第三者责任保险存在的问题

1. 核共体非经营性、非营利性的非独立法人地位导致核第三者责任保

---

① 贾颖：《浅谈我国核责任保险》，载《中国保险》2011 年第 5 期。

② 国务院《关于核事故损害赔偿责任问题的批复》(国函〔2007〕64 号)规定："在核电站运行之前或者乏燃料贮存、运输、后处理之前，营运者必须购买足以履行其责任限额的保险。"

③ 《核安全法》第 90 条第 3 款：核设施营运单位应当通过投保责任保险、参加互助机制等方式，作出适当的财务保证安排，确保能够及时、有效履行核损害赔偿责任。

④ 参见《中再保险(集团)股份有限公司二零一七年中期报告》，第 11 页。

⑤ 参见《中国核保险共同体简介》，载中再集团网：http://www.chinare.com.cn/zhzjt/458549/458816/458824/index.html，最后访问日期：2018 年 9 月 5 日。

险运行机制存在问题

根据保监会的批复，核共体是非经营性、非营利性机构，不作为独立法人登记注册。它是我国自愿提供核保险承保能力的保险人之联盟形式，它并没有产生新的实体。① 又根据《核共体运作细则》的规定，核共体运行承保核第三者责任保险的机制是承保业务的成员公司（出单公司）必须将该业务纳入核共体，并与其他成员公司一起作为该业务的共保人，分别以各自的份额对被保险人和有权提出索赔方承担保险责任。由于核共体非为独立法人，因此其没有直接承接保险业务的资格，而是由成员公司作为出单公司承保业务。出单公司既可以在其承保能力范围内全部承保该份额，自留全部保费，也可以将部分份额分保给其他成员公司，自留部分保费，但是其他非出单公司均要对出单公司承担连带责任。当出单公司不能履行对被保险人或有权提出索赔方承担保险责任时，其他非出单公司则要承担连带责任。

首先，对核共体的非经营性、非营利性定位要求其成员公司在经营核第三者责任保险业务时，不得以追求营利为主要目标。但事实上，核共体的成员公司作为商业性保险机构的属性是难以改变的，它们作为理性经济人，本身就是以营利为目的的，而且核第三者责任保险本身属于商业保险之列。因此，将核共体定位为非经营性、非营利性的机构并不能起到实质性的作用。而且，国际核保险集团系统本身就不接受单个保险人以其自身名义进入国际分保业务渠道，只有核共体才有资格进入该系统中。然而，国际核保险集团系统在进行核分保业务时，其出发点就是以营利为目的。如果我国核共体一直本着非经营性、非营利性定位的话，容易出现与国际核保险集团系统背道而驰的局面。

其次，由于核共体非为独立法人，因此核共体在国内并无资格承接核第三者责任保险，而只能由其成员公司承接。成员公司作为营利主体，尽管同处于核共体范围内，但互相之间的竞争却难以避免。由于核共体章程和运作细则并不限定成员公司的出单报价，因此容易导致成员公司为了争夺市场而打价格战。对于投保人（核设施营运人）而言，在不同保险公司开出的保险费率或保费之间，它更乐意选择开出低保费率或低保费的保险公司进行投保。其最终结果将导致我国核共体整体的核承保能力下降。理由很简

① 郑宏亮：《关于发展我国核保险市场的若干探讨》，载《上海保险》2002 年第 2 期。

单,保费的多寡直接决定核承保能力的大小,保费减少,保险池的资金也将减少,随之而来的将是承保力的减弱。其实,之所以会出现核共体成员公司之间竞争的局面,在于一个现实:从我国发展核事业以来,还未发生过一起核事故。从国家核安全局的核电厂核事故统计获悉,2016 年全年所有核电厂发生的执照运行事件中,除 2016 年 8 月 30 日宁德核电厂 4 号机组试运行期间发生一起 1 级执照运行事件外,其余均为 0 级。① 而且,我国核保费的核算是以每年度计算的。因此,对核保险人而言,一定程度上可以说核风险是能够为其带来高额利润的好风险。

总之,这种基于核共体非经营性和非营利性的定位,以及非独立法人的定位势必阻碍核第三者责任保险制度的正常运行。

2. 核第三者责任保险的限额过低,且存在"一刀切"的问题

责任保险与一般财产保险不同,一般财产保险的保险标的是具体的实物,保险金额可以通过对保险标的物的价值进行估算得出,而责任保险的保险标的是被保险人对第三人承担的赔偿责任,保险金额难以估算,只能通过事前约定或依据法律法规规定来确定。核第三者责任保险的限额即为保险金额,由于该保险为强制性责任保险,因此保险金额的确定依赖于相关法律法规的规定。我国核第三者责任保险的保险金额与核设施营运人的责任限额相关联,国务院 2007 年《批复》对营运人的责任限额依据情况的不同规定为 3 亿元和 1 亿元人民币。② 核设施营运人作为理性经济人,既然已经对其责任额进行了限制,那么其在限额范围内履行责任即可。因此,实践中核设施营运人仅以其最高限额向核共体内的保险公司投保核第三者责任保险。从核第三者责任保险的保险金额来看,我国仅为 3 亿元和 1 亿元人民币,这与美国的约 130 亿美元、③日本的 15 亿美元④相比相去甚远。再从最近发生的日本福岛核事故造成的损失来看,我国规定的赔偿限额实在太低。这将直接导致我国核第三者责任保险的限额也定格在较低水平,与核损害后果

① 参见国家核安全局网:http://nnsa. mep. gov. cn/ywdh/ywjyfk/,最后访问日期:2018 年 9 月 5 日。

② 国务院《关于核事故损害赔偿责任问题的批复》:核电站的营运者和乏燃料贮存、运输、后处理的营运者,对一次核事故所造成的核事故损害的最高赔偿额为 3 亿元人民币;其他营运者对一次核事故所造成的核事故损害的最高赔偿额为 1 亿元人民币。

③ 戴定:《美国调整核责任险保费》,载《国外核新闻》2013 年第 8 期。

④ 宋曼琳:《国外核第三方责任保险制度对我国的启示》,载《现代经济信息》2016 年第 3 期。

的巨大性特征不相匹配。

从 2007 年国务院的《批复》来看，我国已认识到应当以风险水平的高低来对不同核设施营运人设定不同的限额。从划分的情况来看，核电站和乏燃料贮存、运输、后处理的营运者归为一类，其他营运者再归为一类。在第一类中的主体主要是围绕核电站而产生的，从核第三者责任保险的保险期限来看，我国当前是以 1 年为一个保险期限单位，因此，只要是《批复》规定的核设施营运人均需每年购买和延续核第三者责任保险。但问题是，从事核电站营运和乏燃料贮存、处理的营运者在持有核风险的状态上具有持续性，但从事乏燃料运输的营运者则不具有持续性。乏燃料的产生源于核电站的产物，但核电站从装料至产生乏燃料的周期很长，而且从我国商运核电机组数量来看，截至目前也仅有 37 台。[①] 因此，从事乏燃料运输的频率则非常低。如果让从事乏燃料运输的营运者也承担同从事核电站营运的营运者相同的保险限额，则有违公平。

另外，从《国家核安全局 2016 年报》来看，第二类主体主要是拥有研究堆的营运者。从年报数据来看，全国 19 座在役民用研究堆中，11 座在运行，5 座长期停运，3 座未开堆运行。从在运行的研究堆中，最高设计功率为 125 兆瓦[②]，最低设计功率为 27 千瓦[③]。这与核电站的核反应堆相比，可谓之小巫见大巫。首先，从设计功率的大小来看，这些研究堆的营运者持有的核风险比核电站营运者小得多。但是，第二类营运者却要承担相当于三分之一核电站营运者的责任限额（前者为 1 亿元，后者为 3 亿元）。如果作一个计算则可以发现，第二类营运者中的三个营运者的限额总和可以折抵第一类中的一个营运者的限额。这种微妙的差异一定程度上会阻碍核能科技研究的发展。其次，在第二类主体中，设计功率较大的达到了 125 兆瓦，而较小的仅有 27 千瓦，按照该批复的规定，他们在限额上都是一视同仁的。这种由于责任限额规定的未细化问题，必然导致这些不同主体在购买核第三者责任保险时存在责任与义务不匹配的情况。

3. 重大自然灾害除外责任出现保险断层

按照一般侵权法原理，重大自然灾害系属不可抗力的范畴，侵权人可以

---

① 参见国家核安全局网：http://nnsa.mep.gov.cn/hdcfbt/，最后访问日期：2018 年 9 月 5 日。

② 中国核动力研究设计院营运的高通量工程试验堆。

③ 中国原子能科学研究院营运的原型微型中子源反应堆。

不承担赔偿责任。但从有关核损害赔偿的国际公约和国家国内法的发展情况来看,对于重大自然灾害引起的核事故损害,核设施营运人并不免责。我国2007年国务院的《批复》也作了相应调整,将1986年国务院《批复》中对于特大自然灾害的免责事由删除。因此,我国也随国际主流将重大自然灾害导致的核事故损害免责事由予以摒弃。但是,核第三者责任保险的承保人并不对因重大自然灾害引起的损害予以承保。在我国核保险共同体的《保险业务范围》中,明确将重大自然灾害作为核第三者责任保险的除外责任。① 如果发生核事故,核设施营运人只能独自承担其责任限额。

核第三者责任保险由于不承保因重大自然灾害引起的核损害赔偿责任,从而出现了除外责任情形下的保险断层。这一方面给核设施营运人造成资金压力,另一方面难以实现及时、充分且有效的对受害人的赔偿。

(二)完善我国核第三者责任保险的建议

1. 回归核共体经营性、营利性的独立法人资格地位

首先,核共体经营性和营利性的市场主体地位不会影响其管理核风险的有效性。尽管在核共体的设立之初,其试图防止成员公司盲目竞争而规定核共体是“无亏无盈”的公益性机构。但事实上,成员公司商业属性的本质根本无法杜绝竞争的存在。而且国际核保险体系中的核共体均是经营性和营利性的机构,在进行相互的分保业务时,我国核共体如果自居为公益性机构实则无必要。在《中再集团股份有限公司2017年中期报告》中显示,中国再保险集团公司、中再产险公司和中国大地保险公司通过核共体承保境外分保业务收入达0.51亿元。因此,在实践中,核共体形式上为不营利的机构,但在其他国家看来,它实质上已经是具有经营性和盈利性的机构了。

其次,核共体的法人地位有利于防止核共体内的成员公司盲目竞争。具体操作是:改变现行的由核共体成员公司承保核第三者责任保险后,再由其他成员公司作为共保人一起承担连带责任的运行模式,转而由核共体对外直接承保核第三者责任保险后,再由核共体按照成员公司申报的承保能力、信用、资质等因素将该保险分保给这些成员公司,其他成员公司则对该保险对外承担连带责任。这既能够有效地防止成员公司之间的恶性竞争,同时也能够确保国内核承保能力不降低。另外,为了应对较大规模的核损

① 参见《核共体保险业务范围》,载核共体网:http://www.chinare.com.cn/zhzjt/458549/458955/459152/index.html,最后访问日期:2018年9月5日。

害赔偿,核共体可以站在成员公司整体的角度,自上而下地分摊核保险巨灾责任准备金,而不是自下而上地由各成员公司自行提取。因为核共体制定核保险巨灾责任准备金分摊方案是为了在发生较大规模的核损害赔偿时,核共体可以迅速作出反应,并提高赔付能力。然而,如果由成员公司自行提取,成员公司需要考虑自身保费收入、公司现金流等问题。这些都有可能导致各成员公司汇总的核保险巨灾责任准备金不足的情况发生。

2. 提高核第三者责任保险的保险金额,且防止保险金额"一刀切"的情况

由于我国核设施营运人的赔偿限额存在过低问题,从而牵连至我国核第三者责任保险的保险金额也过低。作为强制性的责任保险类型,试图提高核第三者责任保险的保险金额,关键还在于提高核设施营运人的赔偿限额。对此,国家应结合我国经济社会发展水平、国际经济发展水平和近年来发生的福岛核事故的赔偿实践,适时提高核设施营运人的赔偿限额,且实行动态化的管理。

另外,由于核设施营运人所持有的核风险本身存在大小差异,因此,建议在设置核设施营运人的赔偿限额时,在有核反应堆的情况下,则以核反应堆的装机容量大小来测算赔偿限额;对于从事乏燃料贮存、运输和后处理的核设施营运人,则按照乏燃料的数量来测算赔偿限额;对于其中仅从事运输乏燃料的核设施营运人在投保核第三者责任保险时,不以每一年作为保险期限,而以每一次的运输期限作为保险期限。除此之外,还可以参照美国的做法,财务保证额度还需考虑在反应堆周围合理区域内的人口密度因素。①

3. 配套建设巨灾风险体系,弥补重大自然灾害除外责任导致的保险断层

对于重大自然灾害出现的保险断层,其实最简单的办法是通过国家干预取消重大自然灾害作为核第三者责任保险的除外责任的规定。但这种国家替市场主体"做主"的行为似乎欠妥当,毕竟核第三者责任保险本身就是通过市场规律和国家干预建立起来的保险机制,国家仅起引导和监督作用,而并非保险人角色。对于核能科技的不确定性而言,重大自然灾害也具有不确定性,从当今频发的重大自然灾害事件来看,如果将重大自然灾害造成

① 傅济熙:《核损害的民事责任与赔偿》,中国原子能出版社2003年版,第57页。

的核损害赔偿也纳入核第三者责任保险的赔偿范围,势必增加保险人承担赔偿责任的概率。保险人作为理性经济人,它们更多地倾向于排斥该种情形。为了弥补因重大自然灾害除外责任导致的保险断层,建议我国尽快配套建设巨灾风险体系。

第五节　核巨灾责任保险制度的借鉴与应用

从上文可知,我国核共体的保险业务范围将重大自然灾害造成的核损害赔偿责任排除在可保范围外,从而导致在因重大自然灾害引发核事故时,尽管核设施营运人投保了核第三者责任险,也不能从中减轻自己的责任。从日本福岛核事故发生后,我们清醒地认识到,核事故的发生并非仅仅局限于人为的核风险,它还同时受制于非人为的自然灾害风险。对于核保险人而言,核风险在一定程度上其实已经被视为巨灾风险的范畴,如果再加上重大自然灾害风险,那么其承担全部赔付的可能性将大大增加。核共体成员公司作为商业性的市场主体,其积极回避此种情形发生的举措就是对重大自然灾害引起的核损害赔偿责任不予承保。另外,在实践中,核设施的设计本身就能够抵御一般的自然灾害。这也是核共体保险业务范围并不将所有自然灾害列为除外责任的原因。

其实,对于重大自然灾害造成的损害并非所有的保险类型都对其排斥,其中巨灾保险就是专门针对重大自然灾害风险而设置的保险类型。巨灾保险是指通过保险手段,对可能造成巨大损失的地震、洪水、台风等巨型自然灾害风险予以分散,对巨灾造成的损失予以补偿的风险管理机制。[①] 本书使用“核巨灾责任保险”一词,并非指这种保险是将核风险视为巨灾风险而予以分散,而是指在核能领域,利用保险对风险的分散功能,将核设施营运人因遭受地震、洪水、台风等重大自然灾害导致核风险实现,从而对第三人造成核损害赔偿的责任予以分散的保险类型。其特征在于:第三人的核损害是由核侵权行为(核辐射等)造成的,而核侵权行为的实施又是基于重大自然灾害引发的。由于核巨灾责任保险是为了弥补核第三者责任保险在重大自然灾害的情况下出现保险断层时而设计的,因此本书所指保险的标的仅

① 何霖:《中国巨灾保险法律制度研究》,中国社会科学出版社2017年版,第13页。

限于核设施营运人对第三人的损害赔偿责任,不包括核设施营运人自身的物质损失赔偿。

一、核巨灾责任保险制度的借鉴

(一)引入核巨灾责任保险制度的必要性

1. 核设施的地理分布易受巨灾影响

自然灾害不同于人为灾害,其发生不具有可控性,且预测难度大。首先,从占我国核设施重大比重的核电站分布情况来看,包括大亚湾核电厂在内的 17 个核电厂几乎全部处于东部沿海地带。从中国地震分布图来看,这些核电厂处于环太平洋地震带上,存有遭受地震威胁的风险。其次,从世界洋流分布图和气象条件来看,由于我国海岸线较长(约 1.8 万千米),处于我国东南沿海的核电站最可能受到强台风或者海啸的袭击。另外,核电站周围一般为我国经济较为发达的地区,人口密度大,一旦发生巨灾引起的核事故,损害较之于经济发展水平较低,人口密度较小的地区更严重。

2. 减轻政府、核设施营运人的财政负担

首先,从我国政府应对自然灾害的举措来看,呈现出以政府为主导的防灾减灾模式,由地方财政和中央财政共同以财政转移支付的方式直接拨付。其他社会主体参与到自然灾害的救助形式也主要体现为慈善捐助形式。在整个防灾减灾过程中,政府投入的资金比例占绝大多数,因此有人认为,我国的防灾减灾特色是只要发生灾害就由国家财政兜底。由于我国巨灾保险制度不完善,因此一发生灾害就由国家财政兜底也属正常。按照此种应对逻辑,如果核设施因巨灾造成核事故,在我国必然也是这样的应对方式,即政府财政兜底。但是,如果我国建立了核巨灾责任保险,将损害赔偿责任分散至社会中,那么这在一定程度上可以减轻政府的财政负担。

其次,在我国,核设施营运人并不因重大自然灾害而免责,在核第三者责任保险将重大自然灾害列为除外责任的情况下,核设施营运人则要安排其他资金予以赔偿。相较于购买责任保险支出的保费,其支出的赔偿金要明显高得多,因为赔偿金是以赔偿限额为标准的(我国当前是 3 亿元和 1 亿元的限额标准)。但在有核巨灾责任保险的情况下,由保险予以赔付,核设施营运人的财务负担将大大减轻。

3. 保障核受害人获得及时、充分且有效的赔偿

在发生核事故损害时，对受害人开展及时、充分且有效的赔偿实属必要，这种通过物质上的赔偿能够起到间接对受害人身体和心灵上创伤的慰藉作用。核设施营运人不像保险公司那样，会专门提取用于赔付的准备金。因此，只有在发生核事故损害赔偿时，才触发核设施营运人调动和筹集资金。但作为企业而言，流动资金一般都较少，主要以固定资产为主。有鉴于此，在出现巨灾引发核事故时，如果没有核巨灾保险，那么核设施营运人对受害人赔偿的及时性、充分性和有效性将会受到质疑。

4. 弥补核第三者责任保险的不足

从保险产品供给的充分性来看，核第三者责任保险仅对重大自然灾害以内的核事故损害赔偿责任予以承保，这导致对核损害赔偿责任进行承保的保险产品供给并不充分。核巨灾责任保险是专门对核第三者责任保险的除外责任进行承保的保险产品，一定程度上可以弥补核第三者责任保险不能承保重大自然灾害引起的核损害赔偿责任之不足。

（二）借鉴核巨灾责任保险制度的可行性

1. 巨灾风险具有可保性

如果按照传统风险可保性理论的要求，那么巨灾风险则不具有可保性。其理由在于：（1）保险经营中的大数法则难以在巨灾风险中发挥作用。大数法则是保险业经营的一个重要数理基础。[①] 保险则利用该法则，通过集中大量同质性的风险，然后对这些同质性风险可能造成的总损失进行估算，再将这些损失分摊到各个保险单位中去。这种法则发挥作用的前提是集合风险相关度足够低的众多同质风险，以便能够估算概率分布。[②] 由于这些集合风险的相关度相对较低，从而可以实现个别风险损失在其他风险单位得以分摊，这就是保险人利用大数法则盈利的方式。然而，巨灾风险不同于传统风险，其发生造成的损失具有高度的相关性，而且在空间上与巨灾风险的波及范围相同，一次巨灾风险的发生可能造成多个保险标的同时损失，从而造成保险人长期积累的利润丧失，影响其经营的稳定性。作为营利性的保险人，因承保巨灾风险会增加其经营的不稳定性，因此它们只好选择放弃承保巨

---

① 张艳辉：《保险经营中的大数法则与规模经济性》，载《财贸研究》2003 年第 3 期。

② 梁昊然：《论我国巨灾保险制度的法律构建》，吉林大学民商法学 2013 年博士学位论文，第 20 页。

灾风险。(2)投保人难以负担巨灾风险的高额保费。巨灾风险的发生以及造成的损失都具有很强的或然性,一般而言,巨灾风险一旦发生,则损失必然是巨额的。如果保险人承保巨灾风险,首先,它必须为这种难以预测的风险提供大量的流动资金作为保障,进而又给保险人增加了财政压力。其次,保险人为了盈利,它必然提高保险费率,这必然增加投保人的负担。对于投保人而言,由于巨灾风险可能发生也可能不发生,因此在高额保费面前,放弃投保为常态。但是,如果投保的人越少,基于大数法则的要求,保险人将更加会通过提高保险费率来分摊巨灾风险损失。(3)巨灾风险造成损失的巨额性使保险人很难提供足够的巨灾准备金。前面已述,巨灾风险损失具有高度的相关性,各个保险标的损失在一次巨灾中蜂拥似地出现。一般地,保险人为应对未来可能发生的赔付或者未决赔付,它们都会事前提取保险准备金。但巨灾风险损失的巨额特征使保险人难以提供足够的准备金。

但是,随着现代保险业的不断发展,可保风险和非可保风险的界限越来越小。对于传统保险中的不可保风险,渐渐地具有了可保性。这主要得益于现代保险业发展出了诸多促使巨灾风险具有可保性的机制,主要包括分保(再保)机制、共保机制和保险金融衍生工具。(1)分保(再保)机制。随着国内外巨灾保险的兴起和发展,保险人可以通过分保或再保机制将巨灾风险分散至不同的保险主体,这种分散既可以是国内范围的分散,也可以是国际范围的分散。这可以打破因局部区域范围内巨灾风险损失高度相关性而导致巨灾保险不符合大数法则的原理。(2)共保机制。对于一个巨灾风险,一个保险人的实力可能难以承保,但多个保险人共同承保时,一定程度上可以消除因一个保险人实力不足而无法承保的情形。(3)保险金融衍生工具。保险人可以利用金融衍生工具,将巨灾风险保险依法拟制成巨灾证券产品在市场上交易,从而实现风险的市场转移,如债权、期权等保险金融产品。这些机制的相互搭配和作用,既有利于形成巨灾保险的卖方市场,也有利于促进买方市场的形成。随着时间的推移和巨灾保险准备金的积累,完全可以实现巨灾风险在不同区域的风险主体之间和不同年份之间进行风险分散。

核巨灾风险是一个风险集合体,包括核风险和巨灾风险。从现实情况来看,核巨灾风险中并非是核风险不可保,而在于引起核事故的巨灾风险存在可保性的障碍。但从上述分析来看,随着现代保险制度和保险业的发展,巨灾风险逐渐成为可保风险,因此,核巨灾风险的可保性问题也随之迎刃而解了。

2. 国家政策的推动①

1996年中国人民银行发布的《关于印发〈财产保险基本险〉和〈财产保险综合险〉条款、费率及条款解释的通知》将暴雨等自然灾害风险列为承保范围。《防震减灾法》(1997年)提出,国家鼓励单位和个人参加地震灾害保险。2006年国务院发布的《关于保险业改革发展的若干意见》提出,建立国家财政支持的巨灾风险保险体系目标。2007年,国家发展改革委、中国地震局会同有关部门编制的《国家防震减灾规划(2006~2020)》提出,逐步建立和完善政府投入、地震灾害保险、社会捐助相结合的多渠道灾后恢复重建与救助补偿体制。2008年修订的《防震减灾法》增加了国家发展由财政支持的地震灾害保险事业。保监会先后发布了《巨灾保险数据交换规范(JR/T0054—2009)》《石油石化行业巨灾保险数据采集规范(JR/T0080—2013)》。2014年国务院发布的《关于加快发展现代保险服务业的若干意见》提出,研究建立巨灾保险基金、巨灾再保险等制度,逐步形成财政支持下的多层次巨灾风险分散机制,建立核保险巨灾责任准备金制度。2016年保监会、财政部印发了《建立城乡居民住宅地震巨灾保险制度实施方案》《中国保险业发展"十三五"规划纲要》。

核巨灾责任保险虽然在形式上与巨灾保险存在一定的差异,前者是对核设施营运人的赔偿责任进行承保,后者是对巨灾风险造成的损害进行承保,但从因果关系上讲,核设施营运人对第三人承担损害赔偿责任的原因还需归为巨灾风险,因此在实质上核巨灾责任保险仍隶属于巨灾保险体系。国家系列政策的出台在对巨灾保险制度推动的同时,也是对核巨灾责任保险形成的推动。

3. 国外巨灾保险实践的经验借鉴②

相较于国内,国外的巨灾保险制度发展更为迅速和完善。(1)在立法方面,巨灾保险制度发达的国家都制定了较为完善的巨灾保险立法体系,但由于各国主要的巨灾类型不同,故而巨灾保险立法的名称也有差异。例如,在

① 何霖:《中国巨灾保险法律制度研究》,中国社会科学出版社2017年版,第45~46页。

② 何霖:《我国巨灾保险立法研究》,西南财经大学出版社2014年版,第83~96页。

日本，对于地震保险，制定了《地震保险法》《地震再保险特别会计法》《地震保险法律实施规则》等；对于农业巨灾保险，立有《农业灾害补偿法》。在美国，对于洪水保险，立有《全国洪水保险法》《国家洪水保险计划》等；对于农业巨灾保险，立有《联邦农作物保险法》；对于地震保险，立有《加州地震保险法》。其他如新西兰、英国、法国、西班牙等国也制定了相应的巨灾保险法律。(2)在保险运作模式方面，采用"政府支持＋保险公司参与运作"的模式。在日本地震保险中，保险公司负责承保地震险，然后再全额再保险到日本地震再保险公司[①]。当出现初级巨灾损失时，由保险公司和再保险公司承担赔偿责任；当出现中级巨灾损失时，保险公司和再保险公司承担50%，剩余的50%由政府承担；高级巨灾损失时，则由政府承担95%，被保险人承担5%。[②] 在美国的洪水保险计划(National Flood Insurance Program，NFIP)中，联邦保险管理局负责管理NFIP，并直接承保洪水保险。保险公司只负责代售保险和处理索赔事务，获取手续费。其他国家除了英国是采取的纯商业模式外，其他如法国、挪威、西班牙、新西兰等国也都采取政府与保险公司合作的巨灾保险运作模式。(3)在保险限额方面，几乎都设置了最高限额。日本地震保险中，每次赔付总限额为5.5亿日元。美国洪水保险中，单个居民住宅性房屋限额为25万美元，室内限额10万美元；单个小型企业非住宅性房屋与室内财产各限额50万美元。[③] 挪威、西班牙、新西兰等国也都采用限额措施。

国外巨灾保险的发展给我国核巨灾责任保险的建立提供的经验借鉴主要有：一是立法先行。完善的法律制度在一定程度上能够起到引导、督促市场主体和国家正确参与和实施巨灾保险的行为。我国已在全国多省份开展了相当长期的试点(见下文)，积累了一定的实践经验，另外再结合国外巨灾保险发达国家的经验，在时机成熟之时我国应当开展相应的立法。核巨灾责任保险属于巨灾保险的一个组成部分，是弥补核第三者责任保险之不足的重要保险，为规范该保险的运行秩序，应当尽快对其进行立法，或者在巨

---

① 日本地震再保险公司(JER)是如本商业保险公司和政府共同成立的负责具体操作地震保险再保险业务的公司，即日本地震再保险株式会社。

② 许均：《我国巨灾保险法律制度研究》，华东政法大学法律硕士教育中心2008年硕士学位论文，第17页。

③ 吴惠灵：《我国巨灾保险体系构建研究》，西南政法大学政治与公共管理学院2012年硕士学位论文，第17页。

灾保险立法中专章规定。二是核巨灾责任保险的运行离不开政府的支持和保险公司的参与。巨灾风险不同于传统风险,一方面纯粹的商业性保险公司难以承保,或不愿意承保;另一方面投保人对巨灾风险的错误评估,致使他们没有投保的积极性。为解除这两方面的困境,政府参与巨灾保险的运行实属必要。另外,在可以实行保险限额的条件下,保险公司可以通过设定保险最高额的方式来实现减轻自己责任的目的。

4. 国内巨灾保险试点的经验借鉴

在国家系列政策的推动下,我国陆续开展了政策性农房保险试点,农业巨灾保险试点和政策性巨灾保险试点[①](详见表12)。这些试点的经验为我国建立核巨灾责任保险提供了实践经验,尤其是深圳市还将自然灾害引发的核事故风险纳入巨灾救助保险中。[②]

从试点的情况来看:首先,巨灾保险需要借助政府的力量来推动。相较于其他一般风险而言,商业保险公司并不倾向于承保巨灾风险。如果保险公司对该风险进行承保,也要收取较高的保费。但对于个人而言,他们对自身遭受巨灾风险的评估不足时常发生,个人主体一般不会自愿购买巨灾风险,从而出现逆选择的发生,导致巨灾保险的买方市场难以形成。但作为政府,它将衡量如果发生了巨灾,政府承担的巨额财政救灾拨款与代替个人投保所支出的费用。显然前者大于后者。此时,政府主动购买或补贴巨灾保险则有了动力。而且,为了降低保险公司在出险时的赔付压力,可以借鉴部分试点地区建立政府财政支持的巨灾基金的做法,由基金来赔付高于保险公司限额之上的赔偿。其次,巨灾保险离不开市场的运作。保险市场拥有其健全的分保、共保、保险金融等机制,承保保险公司可以利用这些机制进一步分散巨灾风险,同时也不影响其盈利。

总体来看,如果我国建立核巨灾责任保险,完全可以借鉴巨灾保险试点中采用的政府主导,市场运作的模式。纯粹的政府完全主导,而抛开市场运作的做法,以及只依靠市场运作,而忽视政府作用的行径,最终都是一个死胡同。

---

① 何霖:《中国巨灾保险法律制度研究》,中国社会科学出版社2017年版,第76~100页。

② 李画:《巨灾保险制度率先在深圳建立》,载《中国保险报》2014年1月6日,第1版。

表12　我国巨灾保险试点情况统计

地区	运作模式	投保人	保障对象	保额限额	配套措施
深圳市	政府购买，市场运作	深圳市政府	区域内所有自然人和住宅	人身:20 亿元;住房:7 亿元	财政支持的巨灾基金 + 个人巨灾保险
宁波市	政府购买，市场运作	市民政部门	区域内所有自然人和家庭财产	人身:3 亿元;财产:3 亿元	财政支持的巨灾保险基金
潍坊市	政府主导，市场运作	市民政部门	区域内所有自然人和家庭财产	人身:2 亿元;家庭住房:2 亿元	—
云南省	政府购买，市场运作	大理白族自治州民政部门	人身和农房	人身:0.8 亿元/年;农房:0.42 亿元/年	—
四川省	财政支持，市场运作	个人	城乡居民住宅	3 亿元或 5 倍保费收入之间取最高额	财政补贴保费 60% + 地震保险基金（政府拨款 + 保费计提 + 社会捐助）
广东省	政府购买，市场运作	省政府	人身和财产	23.47 亿元	—
黑龙江省	政府购买，市场运作	省财政厅	农业	23.24 亿元	—
厦门市	政府购买，市场运作	市政府	人身和财产	人身:20 亿元;住房:10 亿元	—
张家口市	政府购买，市场运作	市政府	住宅	楼房:5 万元/户;平方:2 万元/户	—

资料来源：本表数据根据政策性农房保险、农业巨灾保险、政策性巨灾保险试点文件整理所得。

二、核巨灾责任保险制度的应用

（一）核巨灾责任保险运作模式的选择

本书认为，核巨灾责任保险之所以没有开展起来，可以从供与需两个方面来进行分析，任何一个方面出现问题都会阻碍其顺利开展。一方面，核巨灾责任保险需求方面的问题。因为在我国，核设施营运人对于重大自然灾害引起的核损害赔偿责任是不予免责的，而且相较于购买核巨灾责任保险支付的保费，其承担的赔偿限额（3 亿元或 1 亿元）必然高得多。从节约成本的角度，核设施营运人必然有购买核巨灾责任保险的意愿。另一方面，核巨灾责任保险的供方方面的问题。核风险常被视为人为的巨灾风险，如果再加上重大自然灾害风险，那么核保险人承担赔偿责任的概率就明显增大了。作为营利性的市场主体，核保险人必然考虑成本问题。因此，在重大自然灾害引发核事故时，核保险人无承保意愿。从我国核第三者责任保险的运作模式来看，尽管具有强制性，但它仍是一种纯粹的商业运作模式。在核第三者责任保险的博弈过程中，免责条款的博弈结果是核保险人不对重大自然灾害引起的核损害赔偿责任进行承保。鉴于此，我们可以明晰核巨灾责任保险建立的障碍之源在于供方问题。本书认为核保险人作为地地道道的市场主体，政府不能通过强制力使其开设核巨灾责任保险产品。因此，解决问题的关键则指向如何选择核巨灾责任保险的运作模式了。

从国外的巨灾保险运行模式和国内巨灾保险试点模式来看，除英国是纯粹的商业运行模式外，其他均是以"政府参与+市场运作"的模式。在这种模式下，政府参与的形式，归结起来主要有立法支持、参与管理、参与再保险、财政补贴、承担部分赔偿责任、担保责任或者建立巨灾基金等；商业保险公司参与的形式主要是代售巨灾保险、承担部分风险、承担具体理赔事务或者进行保险证券化等。由此看来，核巨灾责任保险制度的建立既离不开政府的参与，亦离不开商业保险公司的参与。但由于商业保险公司并无承保核巨灾责任的意愿，因此，若要建立核巨灾责任保险，则只能赋予政府参与的主导性。最终形成"政府主导+商业保险公司运行"的核巨灾责任保险模式。

(二)核巨灾责任保险核心机构的选择

任何制度的实施都需要核心管理机构的组织、管理，巨灾保险制度也不例外。[①] 在我国建立核巨灾责任保险之初，政府主导该保险的最佳形式是建立核巨灾基金，由巨灾基金对核巨灾责任进行承保和赔偿。因为政府作为公共服务主体的特殊性要求，不宜直接担任保险人角色，故而需要创设一个核心机构来代其行使主导权利。而且考虑到地震、洪水等巨灾保险的准公共物品的属性，[②]因此该基金设立的性质应当是无亏无盈的带有完全公益性的保险机构。巨灾基金的启动资金由政府财政予以拨付，具体由中央和地方财政按比例共担组成。核设施营运人每年缴纳的核巨灾责任保险保费除

---

① 何霖：《中国巨灾保险立法研究》，西南财经大学出版社2014年版，第161页。

② 任自立：《中国巨灾保险法律制度研究》，中国政法大学出版社2015年版，第164页。

日常基本支出外,全部计入巨灾基金,逐年滚存,永不提取利润。另外,巨灾基金也接受社会捐助资金。在巨灾基金的日常运行上,由商业保险公司负责运行,如负责代销保险、分保、保险证券化、对被保险人定期检查、风险评估等业务,商业保险公司则只收取管理费和其他手续费。政府可以不参与直接管理,而只负责对巨灾基金的监督和账务审核。

由于核设施营运人承担核损害赔偿责任的限额是法定的,因此,核巨灾责任保险保额的最高限额也可以依据此限额。为了实现巨灾基金不亏,则有必要利用分保机制,将核巨灾责任保险保额全部分保至其他商业保险公司,尤其是国际商业保险公司。这样看来,核巨灾责任保险的政府主导性只是在巨灾基金建立之初体现得较为明显,而之后则主要体现为市场运作模式。

(三)核巨灾责任保险方式的选择

从一些发达国家巨灾保险的方式来看,可以划分为强制性的巨灾保险(如土耳其的地震险)、半强制性的巨灾保险(如美国加州地震险、新西兰地震险)、自愿性的巨灾保险(如英国洪水保险)。然而从我国巨灾保险试点情况来看,则没有那么多区分,仅有四川地震险是自愿性的,其他试点地区均由政府出资购买,谈不上是自愿性、强制性或者半强制性。在核能领域,出于对核受害人的保护,以及对和平利用核事业的保护,核第三者责任保险被设定为强制性的责任保险。同理,核巨灾责任保险也应当是强制性的。在强制性的核第三者责任保险和强制性的核巨灾责任保险的双重机制下,核损害赔偿营运人责任的实现将有望达到无缝隙衔接的目的。

第六节　非诉救济中受害人共同体设立制度的借鉴与应用

受害人共同体设立制度,是指在核损害赔偿的非诉救济中,为了实现损害赔偿的公平、效率和秩序价值,由核受害人群体设立的具有共同利益诉求的临时性团体的制度。

一、受害人共同体设立制度的借鉴

(一)受害人共同体设立的必要性

价值是标志着人与外界事物关系的一个范畴,它是指在特定历史条件下,外界事物的客观属性对人所发生的效用和作用以及人对之的评价。[①] 在核损害赔偿领域设立受害人共同体的必要性则在于对赔偿的公平价值目标、效率价值目标和秩序价值目标的追求。

1. 公平价值目标的追求

公平(fairness)即公正和平等之集合体,[②]亚里士多德曾经将公平直接划分为分配公平和矫正公平;伏尔泰(Voltaire)认为公平的具体外在表象是平等;佩雷尔曼(Perelman)也倾向于伏尔泰的观点,认为凡属同一范畴的人应受同等待遇。[③] 在法律上,公平是法所追求的基本价值之一。公是指大家,平是指平等,意指为大家平等存在。[④] 其实,尽管公平本身涵摄了公正和平等之义,但公平价值更多地还是集中在平等上予以体现。为了实现公平价值在不同阶段都能得到体现,因此公平价值的彰显应当包括起点的公平、过程的公平和结果的公平。

核受害人的救济既可以通过诉讼程序予以实现,也可以通过非诉程序予以实现,但往往都将诉讼救济作为最后的兜底渠道。从有关核损害赔偿的国际公约和国内立法来看,对核受害人的救济几乎倾向于诉讼程序予以实现,从而出现了单一法院管辖原则。此原则重在保障核损害赔偿的司法裁判统一,防止出现因不同法院管辖而造成的不公平性问题。在日本福岛核泄漏事故的救济中,从索赔人数看,向东京电力公司索赔的人数众多,其中政府命令疏散的人群达 16 万人,自主避难的人群达 150 万人;但从索赔案件数量上看,截至 2016 年 8 月,共收到 270 万份索赔申请,其中通过政府仲裁的案件约有 2700 起,通过法院裁判的案件约有 60 起,其他均为协商解决。[⑤] 实践证明,在核事故损害赔偿的救济途径选择上,其实通过诉讼途径来寻求救济的数量占比非常低(仅占十万分之二),主要还是通过非诉中的协商或调解渠道救济。既然通过诉讼渠道救济,如果不采用单一法院管辖原则将可能出现因司法裁判不统一而发生不公平的问题,那么在较为自由

① 付子堂:《法理学初阶》,法律出版社 2009 年版,第 66 页。

② 杨震:《法价值哲学导论》,中国社会科学出版社 2004 年版,第 197 页。

③ 张俊贤:《法公平价值与效益价值的冲突与调适》,黑龙江大学法学院 2016 年硕士学位论文,第 5 ~ 8 页。

④ 百度百科:https://baike.baidu.com/item/%E5%85%AC%E5%B9%B3/5723412?fr=aladdin,最后访问日期:2018 年 9 月 6 日。

⑤ 此数据由中国广核集团在核立法专题讲座中予以提供。

的协商和调解下的索赔,将更加容易出现因赔偿标准的不统一而发生不公平性问题。但是,受害人共同体的设立将有利于防止这些不公问题的发生,主要表现为:

首先,化解单个受害人与核设施营运人协商谈判中的弱势地位。单个受害人与核设施营运人相比,不论在经济实力还是在可利用的社会资源(如法律资源)方面,核设施营运人都占据绝对优势。核设施营运人拥有雄厚的资金和强大的法律服务团队,然而,作为刚受到核损害创伤的受害人,其本身不具备这些优越条件。这种由于各方面实力悬殊而引起的天然不平等是难以杜绝和避免的。但是,核受害人共同体则不同,它可以利用所有受害人的集体效应(类似于劳动者集体谈判),以受害人共同体的名义来与核设施营运人进行谈判,从而化解单个受害人与核设施营运人协商谈判中的弱势地位。

其次,保证受害人共同体内部的受害人之间赔偿标准的统一。从受害人个体来看,每个受害人都是一个单独的个体,他都有权单独与核设施营运人进行协商谈判,而且每个协商谈判的结果也是独立存在的。但是,如果采用这种单个受害人与核设施营运人进行谈判的方式,则可能出现不同受害人与核设施营运人谈判的结果存在差异,尤其是在损害赔偿标准的问题上。然而,在法律上,协商救济机制本身不杜绝、不否认这种差异化的存在。因此,此时将会出现同命不同价、同物不同价等情形。然而,受害人共同体的设立在一定程度上可以矫正上述不公平现象,保证受害人共同体内部的赔偿标准实现统一。

2. 效率价值目标的追求

"效率"(efficiency)一词在多学科中被使用。在经济学中,效率是指社会能从其稀缺资源中得到最多东西的特性。在不会使其他人境况变坏的前提下,如果一项经济活动不再有可能增进任何人的经济福利,则该项经济活动就被认为是有效率的。在管理学中,效率是指在特定时间内,组织的各种投入与产出之间的比率关系。我们在衡量某项投入是否具有效率时,通常采用的方法是看投入和产出之间的比例大小,如果投入大于产出时,我们称其为低效率或较低效率,反之则为高效率或较高效率。关于效率价值问题,一般地,我们将投入小于产出的高效率或较高效率行为才视为具有效率价值的行为。

受害人共同体设立制度适用于核损害赔偿非诉救济途径中，其效率价值主要体现在受害人共同体的集体协商谈判与单个受害人的协商谈判对比形成的效率优势上。首先，在时间成本上。受害人共同体可以代表所有核受害人与核设施营运人进行谈判，而无须由受害人个体一一与核设施营运人进行协商谈判，节约了时间成本。举例：在一次核事故造成10万人提起索赔案件中，按一次协商谈判的时间为3小时。如果由受害人共同体进行协商谈判，则一次谈判时间总计为3小时；如果由10万个受害人分别提出，则一次谈判时间总计为30万小时。而且，协商谈判不是一蹴而就的，需要进行多次交换意见和争辩才可能就某一事项达成一致。其次，在人力、物力成本上。受害人共同体可以集所有受害人的经济实力，聘请一到两名律师，即所谓的“集中力量办大事”。而这些分摊在各个受害人身上的律师费用将明显低于单个受害人自己聘请律师所花费的开支。从核设施营运人的角度，如果单个受害人分别与其协商谈判，其为了降低时间成本必然会增加人力和物力成本。

协商谈判的最终目的还是要回归于受害人获得及时、充分且有效的赔偿。由上文分析可知受害人共同体设立制度在时间、人力、物力等方面均体现了高效率，这必然有利于双方协商的最终达成。协商达成则有利于受害人能够获得及时、充分且有效的赔偿。因此，从受害人获得最终赔偿的时间效率上讲，受害人共同体的设立仍是高效率的。

3. 秩序价值目标的追求

秩序(order)，是指有条理地、有组织地安排各构成部分以求达到正常的运转或良好的外观的状态。在人类面前有两种秩序：一种是自然秩序；另一种是社会秩序。前者是由自然界的规律表现出来的一切自然现象的发生、发展和运作的秩序。后者则是连接和维系人类社会关系的纽带。[①] 秩序价值体现的是某种客观存在物能够给人带来一定的有用性，也体现出人对其的需求。同时，能从对立面得出该客观存在的正确性和合理性。在社会关系领域，我们强调得更多的是如何形成良好的社会秩序。在开放的系统内秩序的形成包括两种形态：一是系统内部形成稳定的结构；二是相关子系统之间通过协作的方式，形成一个较为稳定的大系统。

---

① 周旺生：《论法律的秩序价值》，载《法学家》2003年第5期。

首先,从整个核损害赔偿救济的外部秩序来看,核损害赔偿救济体系需要一个较为稳定的结构。受核事故损害的人数众多,单一的受害人与核设施营运人进行一一协商谈判是低效率的,而在这种低效率的谈判模式下,最终也将不利于受害人一方。因此,基于核损害人数众多的特殊性,非诉救济途径中,受害人一方有必要组成一个稳定的对外"发言人"(团体)与核设施营运人进行协商谈判。其次,从核受害人群体内部的秩序来看,受害人共同体对外进行协商谈判的前提是受害人内部需要达成一致意见。尽管核损害的受害人人数众多,但他们的利益诉求具有一致性,只是具体利益的数量存在差异而已。如果放在受害人共同体内部,则容易达成一致意见。

(二)受害人共同体设立的可行性

1. 受害人共同体的利益诉求一致

尽管核受害人的人数众多,但是他们在利益诉求上均具有一致性,即向核设施营运人索赔。如果用诉讼法的专有词汇描述的话,即为诉讼请求相同。他们只是在索赔的项目上或者赔偿的数额上可能存在差异,如有些是人身伤亡损害赔偿、有些是财产损害赔偿,还有些是环境损害赔偿;有些人身伤亡损害赔偿的标的额是500元,有些则是50万元不等。而这种相同利益诉求源自于各个核受害人均与核设施营运人之间因核事故而形成了相同的核损害赔偿法律关系。这在诉讼法中被称为诉讼标的相同。由于这个受害人共同体内的利益诉求是一致的,且相同的利益诉求是基于同一类型的法律关系,因此在进行非诉救济时的协商谈判具有很多相似性和共同的问题。若以受害人共同体形式与核设施营运人进行协商谈判,则可以将分散的相似性和共同性问题一并解决。站在受害人的角度上看,建立受害人共同体进行非诉救济与单个的受害人进行非诉救济相比,前者更加有利于他们在非诉救济的过程和结果中获得公平且有效率的赔偿。

2. 可以借鉴集团诉讼制度

其实,诉讼救济途径也同样会遇到当事人人数众多的情形,对此多国作了相应的规定来予以应对:[①](1)以美国为代表的退出制集团诉讼。退出制集团诉讼是指将具有同一事实或法律关系的不确定当事者拟制为一个群体,群体中的一人或数人有权代表整个群体提起诉讼,法院的判决对所有集

① 杨严炎:《群体诉讼研究》,法律出版社2010年版,第38~105页。

团成员（除声明退出者外）均有约束力。该制度的特色在于群体中的个人只有经特别声明退出集团，法院的判决对其才不具有效力。（2）以英国为代表的加入制集团诉讼。加入制集团诉讼是指将具有同一事实或法律关系的当事者（当事人通常是不确定的）通过登记、合并等方式确定下来，法院的判决对所有加入的集团成员有效。该制度的特殊性在于法院判决仅对加入集团的当事人有效。（3）以日本为代表的选定当事人制度。该制度是指有共同利益而非法人团体之多数人，与其共同利益有关之诉讼为当事人时，得选定其中一人或数人为全体起诉和被诉，而无须以全体为当事人，除被选定者外，其余之人则脱离诉讼。该制度的特点在于被选定者才是诉讼当事人，其他具有共同利益的人则不是，但要受法院判决的拘束。（4）对此我国民事诉讼法建立了共同诉讼制度，即因当事人一方或者双方为 2 人以上，其诉讼标的是共同的，或者诉讼标的是同一种类、人民法院认为可以合并审理并经当事人同意的，为共同诉讼。① 当一方当事人在 10 人以上时，则可称为人数众多。② 对于人数众多的诉讼，可以在当事人中选定代表人进行诉讼，判决效力及于其他当事人。③

从国内外应对人数众多的集团诉讼制度来看，其主要目的在于解决因人数众多而带来的诉讼不便。通过退出制、加入制、选定当事人以及代表人诉讼制度，可以提高诉讼的效率，同时也不影响公正判决。核损害赔偿的非诉救济途径与诉讼救济途径具有极度的相似性，受害人共同体设立制度可以有条件地借鉴。

二、受害人共同体设立制度的应用

（一）受害人共同体设立的程序

在上述不同的国内外集团诉讼制度中，本书认为，在核损害赔偿领域可以综合借鉴上述制度的优点来构建我国核受害人共同体设立制度。

1. 受害人共同体的成员确定

核损害具有很强的或然性，核损害的出现以及受害人的出现随着时间的变化而变化，因此从客观角度来讲，对于受害人的确定本身就是一件难

---

① 《民事诉讼法》第 52 条第 2 款。

② 最高人民法院《关于适用〈中华人民共和国民事诉讼法〉若干问题的意见》第 59 条。

③ 《民事诉讼法》第 53 条、第 54 条。

事。但考虑到在未授权的情况下,不能对他人享有的权利进行处分,同时他人具有保留个人以自己的意愿参加协商的自由,因此受害人共同体的成员确定方式不能像美国的退出制那样,只有声明后才可以退出该集团,否则默认为该集团成员。对此,可以借鉴英国的加入制度,即通过登记的方式来予以确定。一方面,对于已经发现其受到核损害的受害人,他们可以通过登记途径实现"抱团"效应,增强他们与核设施营运人协商谈判的实力;另一方面,对于还未发现其受到损害的准受害人或者不愿加入受害人共同体的受害人,他们不因受害人共同体的意思表示而处分其享有的对核设施营运人的损害赔偿请求权。

2. 受害人共同体的代表人选定

设立受害人共同体的目的就在于避免因受害人人数众多而导致索赔的不便,因此选定受害人共同体对外进行意思表示的代表人则尤为关键。由于日本的选定当事人制度会导致受害人当事人身份的丧失,这与我国的立法思想不符而不能入选。然而可以参照我国诉讼代表人制度中对诉讼代表人的选定规定,由登记加入共同体的受害人在规定期限内推选一定人数的代表人,如果在规定的期限内无法推选出代表人,则由有关行政部门与受害人共同体商定代表人。选定的受害人共同体代表人则可以依据我国《民事诉讼法》的规定委托一人至二人作为诉讼代理人。

3. 受害人共同体设立的形式

受害人共同体的设立与发生核事故损害赔偿有关,具有时效性,因损害赔偿纠纷发生而设立,因损害赔偿纠纷解决而解散。因此在设立形式上没有必要专门注册成立一个永久性的社会团体。其形式与我国共同诉讼一样,是通过法律拟制的一个临时性团体。

4. 受害人共同体对外达成协议的效力范围

由于受害人共同体是基于受害人的意愿加入成立的,而且共同体对外进行意思表示行为的代表人也是受害人共同推选产生的。因此,除非该协议存在违背法律、行政法规或规章的强制性规定的情形,否则受害人共同体对外达成的协议对内部所有成员均有法律效力。

5. 对受害人共同体代表人行为的监督

由于受害人共同体的代表人代表整个受害人群体对外进行协商谈判,其行为关涉整个共同体的利益。如果代表人的行为造成共同体的利益遭受损害，如低价、低标准接受核设施营运人的赔偿，放弃对核设施营运人某些损害项目的追偿等，那么占受害人共同体一定比例的成员可以通过行使罢免权来对其进行监督，罢免后则根据选定代表人的程序推选新的代表人。

（二）受害人共同体设立制度与共同诉讼制度的衔接

当出现受害人共同体与核设施营运人达不成协议的情形时，将面临两种选择：一是解散受害人共同体，由各个受害人分别提起核损害赔偿诉讼来实现其权益。由于核受害人群体的诉讼标的都是受害人与核设施营运人之间形成的损害赔偿关系，因此法院可以共同诉讼将各个诉合并审理。在审理之前则根据诉讼代表人选定程序来选定诉讼代表人。二是不解散受害人共同体，继续由受害人共同体代表人代表受害人进行诉讼。尽管这两种情况下提起的诉讼均是共同诉讼，但解散受害人共同体与不解散受害人共同体，在效率价值上存在差异。在解散的情形下，法院需要重新组织原告选定诉讼代表人，这必然需要消耗一定的时间成本。如果在规定期限内推选不出代表人，还要通过与原告商定才能选出。而且重新选定的代表人可能并非原受害人共同体的代表人。毋庸置疑的是，原受害人共同体代表人经历了之前与核设施营运人之间的协商谈判，对整个基本事实、证据等掌握得较为全面，能够准确抓住争议的焦点进行诉讼，更利于维护受害人的权益。然而解散受害人共同体将会增加选定代表人所消耗时间成本，与损害赔偿的及时性要求相违背。鉴于此，本书认为在出现受害人共同体与核设施营运人未达成协议的情形时，受害人共同体不解散。在进行诉讼时，不必重新推选共同诉讼的诉讼代表人，而直接由受害人共同体的诉讼代表人替代共同诉讼的诉讼代表人。

第四章　核损害赔偿社会责任

由于核风险是公共风险，公共风险应当公共承担，因此根据分配正义的路径，将对核受害人承担的核损害赔偿责任分配给了风险持有人（核设施营运人）、其他社会主体和国家，从而形成了核损害赔偿营运人责任、社会责任、国家补偿责任。核损害赔偿社会责任，是指核设施发生核事故造成核损害时，除核风险持有人（核设施营运人）以外的其他社会主体应承担的赔偿责任。实现该责任的关键在于如何确定社会责任的主体范围和采用何种形式来实现。

第一节　核损害赔偿社会责任的理论基础："谁受益，谁分担"理论

"谁受益，谁分担"理论（简称：受益分担理论）是指将核损害赔偿社会责任分担给那些因核能事业的发展而获得积极利益的主体的理论。依据此理论，其他社会主体承担核损害赔偿社会责任的基础则在于他们是核能事业发展的受益人。因此，承担核损害赔偿社会责任的性质并非承担侵权责任，而是承担社会法上的责任。

受益分担理论有两层含义：一是字面意义上的"谁受益，谁分担"，这可以为分担对象承担核损害赔偿社会责任提供理论支撑；二是隐含了"谁受益多，谁

分担多”,这可以为分担对象承担多大的核损害赔偿责任提供理论支撑。前者解决责任主体的范围问题,后者解决责任主体承担责任的大小问题。

核设施营运人作为核能事业发展的直接实施人,它们获得收益的同时,也要为核风险造成的损害承担赔偿责任,这符合外部性内部化的基本要求,即正外部性和负外部性都内部化。进一步推知,正外部性内部化与负外部性内部化是相辅相成的,获得正外部性则需要承担负外部性。但是核设施营运人所获取的收益并不能完全通过市场交易而全部实现,即正外部性不能全部内部化。这与核事业所隐含的公共属性有关,尽管核设施营运人是以营利为目的的市场主体,但核事业发展带来的公共社会效益外溢(正外部性)是不能由核设施营运人所控制的,更何况国家发展核事业本身就是为了给社会提供公共产品的。因此,核设施营运人的正外部性在客观上是不能实现完全内部化的。基于这种客观现实,如果采用强制获益的方式,由其他社会主体无偿获得这部分积极利益,那么对核设施营运人而言必然是不公平的。然而,让其他受益主体分担相应的赔偿责任,则符合外部性内部化的要求。

一般而言,社会责任是人(包括各类组织和个人)作为社会一员都可能被追究的责任。[①] 依照这一逻辑,从形式上看似扩大了责任承担的范围,更加有利于责任的分担,但实质上这种人人皆为责任人的追究形式,并不利于追究责任。然而,受益分担原则一定程度上将有利于准确确定分担的范围。受益分担原则的功能在于为确定承担核损害赔偿社会责任的其他主体范围提供依据,即以是否因核事业的发展而受益为依据来确定哪些主体可以被纳入“其他主体”的范围中。依据受益分担原则,本书认为,其他主体的范围包括但不限于:核能行业中的所有核设施营运人、核事业相关产品的消费者、核设施营运人的股东、核供应商、收取税费的当级政府和公众[②]等。核能行业中的所有核设施营运人因其从事核事业,从核设施营运过程中盈利而成为受益主体;核事业相关产品的消费者因其消费核产品而获得便利而成

---

① 刘水林:《风险社会大规模损害责任法的范式重构——从侵权赔偿到成本分担》,载《法学研究》2014 年第 3 期。

② 核事业的发展具有缓解我国能源紧缺、优化能源结构以及保护环境等正外部性,而不特定的公众消化了这些正外部性成为受益人。但由于公众是不特定的,需要由国家代表公众来承担社会责任。因此,这里的其他主体范围包括国家。

为受益主体（如核电用户）；核设施营运人的股东因其从核设施营运人处获得股利而成为受益主体；核供应商因其为核设施营运人提供核产品或服务获取利润而成为受益主体；收取税费的当级政府因与核相关的税费的增加提高了财政收入而成为受益主体；公众因享受了核能事业发展产生的对整个社会的积极效应（如生态环境质量提高、能源结构的优化等）而成为受益主体。

第二节　核损害赔偿社会责任的基本原则

核损害赔偿社会责任的基本原则贯穿整个责任实现的过程，其功能在于如何实现社会责任的再分担。需要特别强调的是，此处所指的分担并非是指其他社会主体对核设施营运人赔偿责任的分担，也不是对整个核损害赔偿责任的分担，而是特指在其他社会主体内部如何分担核损害赔偿社会责任。基于核损害赔偿社会责任实现的关键在于如何确定责任的主体范围（受益分担理论已解决），以及责任实现形式该如何运作，本书提出核损害赔偿社会责任的基本原则包括：平衡分担原则和责任限制原则。

一、平衡分担原则

平衡分担原则是与平均分担原则相对立的原则，它是指不同的责任主体因其在核事业发展中获益不同，以及对核风险的认知和控制力不同而承担数量上有差异化的责任原则。平衡分担原则不追求形式意义上的公平，而根据不同责任主体的实际情况来达到实质意义上的公平，因此在设置责任主体需要分担的具体责任大小时，并不主张“一刀切”的平均分担主义原则。该原则是“谁受益，谁分担”理论的具体体现，即谁受益多，谁分担多，反之亦然。

（一）平衡分担原则考虑责任主体在核事业发展中的获益

其他社会主体是一个整体性概念，由具体的社会主体组成。这些具体的社会主体在承担核损害赔偿社会责任时，需要考虑他们在核事业发展中的获益情况。一般而言，获益多寡应当与责任大小成正比。在核事业发展中获取的利益越大，说明其利用核事业或核风险的程度就越深，其承担核损害赔偿的责任就应越大。反之，对一个获益很少的主体课以较大的责任则不恰当。核设施营运人既是核能事业的直接获益者,也是最大的获益者。其他获益主体也只是因核设施营运人的营运行为而间接获益,而且从获益的大小来看,也小于核设施营运人。尤其是核事业相关产品的消费者和公众,其获益主要源于核事业发展而产生的利益外溢部分,他们更加关注核事业相关产品的使用价值而非价值。其实,以获益多寡来判断责任大小,也仅能得出承担核损害赔偿社会责任的主要承担主体和辅助承担主体,即核能行业中的所有核设施营运人是主要承担主体,其他主体是辅助承担主体。其他辅助承担主体中,其实很难区分孰为获益大的主体、孰为获益小的主体。核设施营运人的股东获益要依据公司是否盈利、是否分红或者股票是否上涨;供应商虽然处于核产业链上的一环,但其获益受制于核设施营运人;对于政府收取税费只是履行行政职责;核事业相关产品的消费者获益则要依据其使用的数量。总之,核能行业中的所有核设施营运人是核损害赔偿社会责任的主要承担主体,其他主体为辅助承担主体。在具体分担责任额时,应当差异调节。

(二)平衡分担原则考虑责任主体对核风险的认知和控制力

一般而言,对核风险的认知和控制力越大,其承担责任的数额则越大。由于核能科技具有不确定性,从而导致核风险也具有不确定性,其是否发生不以人的意志为转移,但这并不代表核风险不能被减小,这取决于主体对核风险的认知和控制力。从上述依据是否获益而推导出的核损害赔偿社会责任主体来看,核设施营运人对核风险的认知和控制力占绝对优势,其次为核设施营运人提供核产品和运营服务的核供应商。其他社会主体在核风险的认知和控制力上则几乎为零。因此,在分担责任额度时,可以适当提高核设施营运人和核供应商责任额的比例。

二、责任限制原则

此处所言责任限制原则与核损害赔偿营运人的责任限制原则所表达的意思相同,即承担有限的赔偿责任。这主要还是基于核风险的公共性特征要求,公共风险需要进行公共分担。按照分配正义的路径,核损害赔偿社会责任的主体也只是承担一定的赔偿责任,而非全部赔偿责任或者核设施营运人承担赔偿责任后的剩余责任。因此,为了使责任界限更加明晰,确定具体的赔偿限额有利于社会责任和国家补偿责任的衔接。另外,核损害赔偿社会责任的承担主体不像核损害赔偿营运人责任的主体那样，只有一个责任主体（核设施营运人），反而其主体具有多样性。因此，在核损害赔偿社会责任内部也要再次进行责任的分配，而分配的前提是核损害赔偿社会责任是确定的。

第三节 核损害赔偿社会责任的实现形式：建立核损害赔偿基金

核损害社会责任的承担主体范围是基于“谁受益，谁分担”的理论确定的。因此，在责任承担的主体范围上，核损害赔偿社会责任承担主体范围呈现多元化。尽管从保护核受害人的角度来看，承担责任的主体越多，则更有可能实现其完全赔偿。但是，这种主体多元化同时也带来了一些困扰，即这些社会主体是以其个体身份对外承担责任，抑或以社会主体整体身份对外承担责任。从前文确定的核损害赔偿社会责任的主体范围来看，这些主体分散性太强，且数量庞大。如果按照以个体对外承担责任的形式来赔偿的话，既不效率，也不实际。因此需要建立一个归集机制来规避这些问题，这个归集机制即为核损害赔偿基金机制。

一、建立核损害赔偿基金的基础理论

（一）核损害赔偿基金的概念

核损害赔偿基金是指专项用于赔偿核事故造成的人身、财产和环境损害的基金。有学者认为，基金具有传统民法上“财团法人”的一般属性。[①] 其实在现实中，有些主体为了应对临时性的目的也会设立具有一定数量资金的基金，而没有以固定的组织形式，如事后型损害赔偿基金（见下文）。然而对于为了长久性目的而设立的基金，一般都会经过注册，形成固定组织形式的法人，如天使基金之类。但在我国还存在由政府主导的政府性基金，如船舶油污损害赔偿基金，这类基金在法律属性上难以划分为财团法人，而仅作为政府的一种收入形式。从概念上来看，核损害赔偿基金设立的目的是赔偿核事故造成的核损害，具有专门性；赔偿的主体是基金，而非给基金支付

① 张新宝、葛维宝：《大规模侵权法律对策研究》，法律出版社2011年版，第50页。

资金的各个人。

(二)损害赔偿观点的转变及损害赔偿理论的更新

损害赔偿观念的转变经历了从“侵权损害转移”到“损害赔偿社会化”的观念变化。侵权损害转移是侵权法实现损害赔偿的主要途径,是指受害人的损害转由侵权人承担,从而实现矫正正义。侵权人承担损害赔偿责任是基于其主观上具有法律上的可非难性,即主观上有故意或者过失。随着保险制度的不断发展,侵权人对受害人的损害赔偿责任可以通过责任保险机制分散给其他社会主体承担,从而减轻了侵权人的赔偿责任。但是,这种保险机制对侵权人的责任分担也是建立在侵权损害转移的赔偿观念内的一种责任承担方式的体现而已。

随着人类活动的复杂化,很多特殊侵权行为如果按照传统的过错归责原则,则在法律上不具有可责难性,但又不能不对受害人的权益进行保护,从而出现了新的归责原则——无过错责任原则。在这种原则下,无论侵权人是否有过错都要承担责任。但是,在考究无过错责任原则背后的行为时会发现,这类行为所造成的损害风险并非私人风险,而是公共风险。公共风险以及公共风险造成的损害赔偿责任承担主体理论上应当包括但不限于侵权人,需要以损害赔偿社会化的观念来重新审视损害赔偿方案。然而,以侵权损害转移观念来架构的侵权损害赔偿制度则并不能解决损害赔偿的社会化问题。因为侵权法调整范围局限于侵权人与受害人的侵权法律关系。

需要明确的是,损害赔偿社会化并不是侵权法上所指的将侵权人的损害赔偿责任社会化,而是指因公共风险造成的损害赔偿责任予以社会化。简言之,前者是自己责任的社会化问题,后者是社会责任的社会化问题,两者讨论的非为同一问题,不能混淆。本书多次强调,核风险是公共风险,其造成的核损害引起的赔偿责任应当由整个社会来予以承担,其承担的理论工具是分配正义。在向社会主体分配核损害赔偿责任时,尽管前文已经以是否获益为标准罗列了承担责任的社会主体,但是由于这些主体较为分散,如果发生核事故损害赔偿时,再要求这些主体一一承担责任,其实并不具有效率可言。然而,通过建立核损害赔偿基金的形式,将上述主体的资金筹措到基金里,在发生核事故损害赔偿时,由基金统一对外承担赔偿责任,则可以避免因责任主体分散而导致的不效率问题。

二、建立核损害赔偿基金的必要性和可行性

(一)建立核损害赔偿基金的必要性

1. 我国核损害赔偿社会责任的承担机制单一

站在核受害人的角度,凡是提供一定限额的资金,专门用于保证其得到及时、充分和有效赔偿的机制都可以视为财务保证机制,而不局限于只有核设施营运人提供的财务保证。这个观点在有关核损害赔偿的国际公约和国家立法中均可得证。从我国现有的财务保证机制来看,应对核损害赔偿营运人责任的财务保证机制是核第三者责任保险,应对核损害赔偿社会责任的财务保证机制仅有国家的限额兜底赔偿。① 这种财务保证形式其实与有关核损害赔偿的国际公约规定具有相似性,《巴黎公约》体系、《维也纳公约》体系和《核损害补充赔偿公约》对缔约国国内的财务保证方面,均只规定了核设施营运人和国家提供财务保证两种形式。尽管公约规定的国内财务保证形式只有两级,但再加上缔约国国家之间提供的一级财务保证,则至少可以形成三级财务保证。因此,从公约释放的信号来看,建立多级财务保证机制是应对核损害赔偿的有效途径。

值得赞许的是,美国《普莱斯—安德森法案》创新性地引入了二级保险机制,即大型商用核动力堆的持证人必须参加"追溯性保费的保险计划",当一次核事故造成的核损害超过了核设施营运人所投的第一级保险时,大型商用核动力堆的持证人要为每次核事故缴纳延迟保费。② 其实质是形成了核行业领域内的互助保险机制。保险费的筹集实行的是事后触发机制,只在核事故损害发生后才筹集,事前不予筹集。核行业领域内的核动力堆的持证人尽管非为造成核事故损害的直接实施人,但其作为核事业的最直接也是最大获益者,同时还是核风险的直接持有人,他们有义务承担核损害赔偿的社会责任。这种行业互助保险机制也被我国立法所借鉴,我国《核安全法》第90条第3款也规定了核设施营运人应当参与互助机制。但是,除行业内的核设施营运人外,其他核供应商、核营运人股东、核相关产品消费者等均是核事业的获益者,以获益为标准可以将他们与核设施营运人纳入一个

① 参见国务院《关于核事故损害赔偿责任问题的批复》(国函〔2007〕64号)。

② 延迟保费总和按照大型商用核动力堆的持证人的反应堆个数乘以每个反应堆缴纳的延迟保费单价所得。

责任主体范围内。因此,本书并不建议在我国建立由核设施营运人组成的互助保险对核损害进行赔偿,而赞成将核设施营运人与核供应商等主体作为承担核损害赔偿社会责任的一个整体,由这些主体依据获益大小、核风险认知和控制力大小等标准来分摊资金,建立核损害赔偿基金,并将其作为独立一级的财务保证方式。这样既可以达到与行业互助保险机制一样的效果,同时还可以增加承担核损害赔偿社会责任的赔付能力,有利于解决社会责任承担机制过于单一的问题。

2. 应对核损害后果的巨额性特征

依据我国现有的二级财务保证总额来看,核损害赔偿可支付的最高总额为 11 亿元。但是从最近一次日本核事故造成的核损害来看,核损害后果的巨额性特征在此事故中表现得淋漓尽致。如果按照我国可提供的赔偿额度,那么核损害赔偿将是没有力度的,或者说是不具有效性的。尽管国务院《批复》规定,“对非常核事故造成的核事故损害赔偿,需要国家增加财政补偿金额的由国务院评估后决定”,但这种兜底责任实质上是增加了整个社会的压力。因为,国家的财政积累都是纳税人贡献的。因此,如果能在国家责任之前增加一级财务保证方式,那么将对国家责任也是一种缓和。

3. 保证核损害赔偿的及时性、充分性和有效性

核损害赔偿具有阶段性。在核事故发生之时,主要体现为核事故应急,此时最需要的就是组织人力、物力和财力进行人员疏散、伤员救治、财产转移等。尽管这个阶段体现不出明显的损害赔偿,但上述应急行为产生的费用是被纳入核损害的范围内的。不可否认的是,如果核事故应急阶段能够保证及时、充足的资金来组织人力、物力投入应急中去,那么有效的核应急一定程度上可以降低整个核损害的后果,从而减少赔偿数额。在核事故发生后,则主要体现为对受害人的核损害进行赔偿。在这个阶段,及时、充分和有效的赔偿资金供给也是非常必要的。核损害赔偿基金的建立则在保证各阶段核损害赔偿的及时性、充分性和有效性方面能够助其一臂之力。

(二)建立核损害赔偿基金的可行性

从世界各国来看,尽管在核能领域还没有建立核损害赔偿基金的尝试,但是在其他领域中已经有损害赔偿基金的实践。这些实践经验可为核损害赔偿基金的建立提供借鉴。

1. 损害赔偿基金的国外实践

国外损害赔偿基金依据设立时间的不同可以划分为：预设型损害赔偿基金、保证型损害赔偿基金和事后救济型损害赔偿基金。

（1）预设型损害赔偿基金

预设型损害赔偿基金是指在损害发生前就预先设立好损害赔偿基金，一般适应于特定行业造成损害的赔偿，其目的在于：一方面出于对行业的保护，另一方面出于对受害人的保护。

①美国——疫苗损害赔偿基金。

首先，在基金的设立方面。为了防止因儿童疫苗损害责任而影响到儿童疫苗的供应，美国国会于 1986 年通过了《国家儿童疫苗伤害赔偿法案》，该法案要求设立儿童疫苗损害赔偿基金。该基金承担因接种疫苗造成个体人身伤害的无过错责任，且排除侵权责任的适用。① 基金的资金来源于财政支持和每一疫苗针剂缴纳的附加税（如消费税税收）。其实在之前，美国对于因接种疫苗而遭受人身损害的救济是通过追究疫苗生产者的产品侵权责任来实现的，且产品侵权责任的归责原则采用严格过错责任原则。在这种产品侵权损害救济模式下，疫苗生产者很容易构成产品侵权责任。为了免于或者降低承担损害赔偿责任的风险，疫苗生产者则选择减少疫苗的市场供应，或者退出疫苗市场。但疫苗生产者的自保行为又将导致疫苗价格的上涨，很多儿童因此而没有进行疫苗接种，造成后续重大疾病的发生和蔓延。出于对疫苗具有公共产品属性的考虑，美国国会通过立法来设立疫苗损害赔偿基金。当发生疫苗损害时，由基金予以赔偿，而不追究疫苗生产者的产品责任。此种赔偿机制一度被认为是侵权赔偿机制的替代模式。② 再后来，儿童疫苗基金的适用范围也扩展至所有接受疫苗接种的人，基金名称也改为疫苗损害赔偿基金。

其次，在基金的使用规则方面。第一，获得基金赔偿需要满足一定的条件，即损害是基金规定的特定疫苗造成的；损害持续 6 个月以上；受害人死亡或达到损害严重的程度（包括必须住院或手术）。第二，受害人申请基金赔

---

① Benshoof, Janet, "Protecting Consumers, Prodding Companies and Preventing Conception: Toward a Model Act for No Fault Liability for Contraceptives", *New York University Review of Law & Social Change*, Vol. 23, Issue 3, 1997, pp. 99 – 156.

② Ibid., pp. 403, 415.

偿的方式包括表内申请(Table Claims)和表外申请(Off-table Claims)。表内申请只需要受害人提交的条件满足基金赔偿制度附表中规定的特定疫苗类型、副作用和病情发作时间即可,无须再证明疫苗接种行为与损害之间是否存在因果关系。表外申请是在不符合基金赔偿制度附表中规定的条件时采用的,受害人需要举证证明疫苗接种行为与损害之间存在因果关系。第三,受害人需向联邦索赔法院(Federal Claims Court)提起诉讼。联邦索赔法院的特别法官(Special Master)在受到诉讼之日起240日内作出是否给予赔偿的决定。受害人如果不服该法院的决定,则需上诉至联邦巡回上诉法院。第四,基金承担损害赔偿的限额为25万美元每人,包括实际损害和精神损害。

②日本——药品损害救济基金。日本是饱受药害之苦最为严重的国家,在1960年至1970年,相继出现了5起严重的药品事故。[①] 在斯蒙病、[②]氯喹诉讼[③]以及源于德国的"反应停"等药害事件后,日本国内开始倡导建立对药物副作用损害的特别救济的制度。首先,在基金的设立方面。1979年日本通过了《医药品副作用被害救济基金会法》,并在该法中设立了基金救济制度。该法在1988年修订为《医药品副作用救济·研究振兴基金法》,又在1996年修订为《医药品副作用救济·研究振兴调查机构法》,但药品损害救济基金一直保留至今。为了有效承担社会责任,经民间发起,由国家和企业合资设立了医药品机构作为基金的常设机构。该机构综合处理发生药品副作用时的救济业务。其次,在基金的来源方面。基金的来源由两大部分组成:一是政府国家补助金,由国家财政直接向其支出;二是医药制造业者的捐款。后者的捐款又分为两种:一是一般捐款,由医药制造业者上一年度的医药销售额乘以捐款率[④]所得的款额;二是附加捐款,由已经造成医药副作用的医药制造业者按规定[⑤]增加捐款。再次,在基金的使用规则方面。第

① 叶正明:《日本医药品副作用基金救济制度之法理基石与借鉴》,载《求索》2010年第3期。

② 由肠胃药奎诺仿(Chinoform)引发的亚急性脊髓视神经症。

③ 因服用了治疗肾炎的药物氯喹而遭受其副作用导致角膜症并引发失明的受害人提起的诉讼。

④ 捐款率由日本厚生省规定。

⑤ 依救济机构前年度已决定支付的救济金为计算标准决定附加捐款的数额。

一，基金承担救济责任的要件包括：损害需由医药副作用[①]引起，这个要件要求用药者使用的药品应当是合格之药品，且用药者依药品说明和医嘱正常使用药品；损害须达到法定程度，需要导致受害人疾病、[②]障害[③]及死亡的情形才可申请基金救济。第二，救济的除外情况包括：依法接种疫苗的[④]；赔偿责任主体明确的[⑤]；因急救而超量用药的；给主管机关审定的特殊疾病用药的。第三，受害人依申请能获得救济的程序：[⑥]受害人依法向基金提出基金救济申请，基金的管理机构（医药品机构）收到申请后呈交厚生省，厚生大臣则根据中央药事委员会意见作出是否给予基金救济的决定。最后，再由基金支付赔偿金给受害人，但不包括精神损害。

（2）保证型损害赔偿基金

保证型损害赔偿基金是指为了防止造成损害的侵权人不明确或者侵权人赔偿能力不足的情况发生，而由国家通过立法予以确立，由专门国家机关设立并负责管理的损害赔偿基金。当前述损害发生后，由基金承担一定的赔偿责任，具有担保的特征。

①美国——超级基金。首先，在超级基金的设立方面。由于《美国资源保护和回收法》（1976 年）有关危险废物产生与处置的规定并没有解决在其之前排放或处置的危险废物的责任的问题，而且拉夫运河事件、时代海滩事件和鼓谷事件后，造成人们对环境安全问题的恐慌。[⑦] 为解决污染场地的修复问题，美国国会于 1980 年通过了《超级基金法》（Superfund Law）。[⑧] 在该法中确立了通过设立超级基金来修复被污染的废弃场地。该基金在设立之初由危险物质反应信托基金和关闭后责任信托基金组成。但由于后一基金

---

① 《医药品副作用救济·研究振兴调查机构法》第 2 条：医药品副作用是指为适正使用目的而适正使用之许可医药品，所发现该医药品对人之有害反应者。

② 疾病必须达到住院接受医疗的程度。

③ 障害即不可逆转的人体功能性损害或残疾。

④ 因依法接受疫苗接种所致损害的情形，由《预防接种法》（1948 年）和《结核预防法》（1951 年）予以救济。

⑤ 因赔偿责任明确的情形，主要是指医药品生产者明确的情形，由《日本民法》和《制造物责任法》予以救济。

⑥ 徐蓉、邵蓉：《国外药品不良反应救济制度简介》，载《中国药事》2005 年第 9 期。

⑦ 桑东莉：《美国〈超级基金法〉责任条款的司法博弈》，载《法学评论》2013 年第 1 期。

⑧ 《超级基金法》全称为《综合环境反应、赔偿与责任法》（Comprehensive Environmental Response，Com-pensation and Liability Act，CERCLA）。

没有达到实施效果，从而在《超级基金修正及再授权法》(1986 年)中仅保留了危险物质反应信托基金，并更名为危险物质超级基金。其实，我们现在所称的超级基金即为危险物质超级基金。根据新法，超级基金制度授权美国环保局管理。① 其次，在基金来源方面。超级基金的来源起初包括政府的财政拨款②和税收，③后来还包括其他来源，如从污染责任者追讨的修复和管理费用、罚款、利息及其他投资收入等。④ 最后，在基金使用规则方面。第一，基金的使用范围包括：⑤对污染场地进行修复所需的费用，这又分为联邦政府进行修复所需费用和私人主体经联邦政府授权或许可进行修复所需费用；对污染设施进行评估、调研以及对政府进行补偿所需要的费用。第二，申请基金支付费用的条件为当事人用尽了所有救济途径，且仍不能获得赔偿才可申请基金支付污染场地修复费。第三，申请基金支付费用的程序。当事人应当首先向造成场地污染的危险物质释放设施的所有人、经营人、保证人等责任主体提出赔偿请求，如果在 60 日内仍不能获赔的情况下，才能向基金提出支付污染场地修复费申请。如果基金支付给当事人污染场地修复费，那么基金则享有对具体责任主体追偿的权利。

②日本——矿山损害赔偿基金。首先，在基金的设立方面。日本的矿山损害赔偿基金是根据日本《矿业法》《煤矿矿害赔偿担保等临时措施法》等立法而设立，其设立目的在于解决对遭受矿山污染受害者的救济不及时和低效率问题。基金的管理机构为经济产业省设立的新能源和产业技术综合开发机构。如果经过经济产业大臣许可，可将部分业务委托给金融机构管理和执行。⑥ 其次，在基金的来源方面。基金来源主要从矿业权人或矿业承租人处征收。征收的原则为比例原则和区分原则。比例原则是指基金的征

---

① 谷庆宝等：《美国超级基金制度及其污染场地环境管理》，载《环境科学研究》2007 年第 5 期。

② 联邦政府每个财政年度拨付给基金 2.5 亿美元。

③ 国内生产石油和进口石油产品税、化学品原料税、环境税全部计入超级基金。

④ Martin, Jeffrey N., "Superfund fact book", *Natural Resources & Environment*, Vol. 6, Issue 1, 1991.

⑤ 邢宏：《论大规模侵权损害赔偿基金》，华中科技大学社会学院 2013 年博士学位论文，第 74 页。

⑥ 根据《煤矿矿害赔偿担保等临时措施法》第 13 条的规定："可以委托给金融机构管理和执行的业务主要为：(1)矿害赔偿的担保管理；(2)矿害赔偿(包括复原工作的开展)所需资金的借贷；(3)矿害防止措施的必要资金的借贷。"

收与矿业权人或承租人的矿产量和矿产值成比例,多产多缴。区分原则是指根据不同矿业类型产生的污染风险程度设置不同的比例系数,造成污染风险越大,基金征收的比例系数越大,反之越小。[①] 最后,在基金的使用规则方面。第一,申请人的范围是因矿山污染而受到损害的人。第二,基金承担赔偿责任的条件是矿业权人或矿业权承租人构成侵权责任。第三,在申请程序方面。受害人既可以直接向责任人提起赔偿之诉,也可以向矿业协会提出赔偿申请裁决。裁决支持受害人申请的,由新能源和产业技术综合开发机构负责支付赔偿金。相较于矿业权人或矿业承租人的债权人,受害人可以通过矿业损害赔偿基金优先获得赔偿。[②]

(3)事后救济型损害赔偿基金

事后救济型损害赔偿基金是指在事故损害发生后,为了赔偿受害人的损害才设立的基金类型。此处仅梳理美国的达康盾产品赔偿基金。[③]

首先,在基金的设立方面。1971 年美国唯一生产妇女达康盾节育产品的罗宾斯公司,因达康盾节育产品造成使用人损害而遭受讼累。该公司于 1985 年 8 月 21 日向法院申请破产保护。对于如何解决因使用达康盾产品而遭受损害的受害人的赔偿问题,罗宾斯公司提出了两种具有衔接性的解决办法:一是未予以赔偿的受害人和潜在受害人须在拟订期限内提起诉讼;二是建立损害赔偿基金,由基金对受害人进行赔偿。对于第一个解决办法,法院根据该公司的动议决定原告提起诉讼的期限截至 1986 年 4 月 30 日前,之后不得再以相同理由寻求诉讼救济。对于第二个解决办法,法官指定专家预估达康盾产品造成的损害总额,预估结果为 24.75 亿美元。1988 年 3 月罗宾斯公司依据《国内税收法案》向法院申请设立达康盾产品赔偿基金,但基金额略低于预估总额。其次,在基金来源方面。罗宾斯公司向基金出支 22.55 亿美元后,则免于承担任何损害赔偿责任。该公司的关联公司和保险人共向基金支出 500 万美元。据此,达康盾产品赔偿基金最终以 22.6 亿美元成功设立。最后,在基金的使用规则方面,赔偿基金设置了三种赔偿方案,受害人可以根据其掌握的证据选择不同的赔偿方案,但选择其中一种方

---

① 佘少峰:《环境侵权损害赔偿中的财务保证制度研究》,载《时代法学》2006 年第 2 期。

② 贾爱玲:《环境侵权损害赔偿的社会化制度研究》,知识产权出版社 2011 年版,第 186 页。

③ 邢宏:《论大规模侵权损害赔偿基金》,华中科技大学社会学 2013 年博士学位论文,第 75 页。

案则排除其他方案的适用。第一种方案称为短期形式，针对损害较轻或者对是否使用过的证明证据不充分的情形而设置。该方案下，如果能够证明自己受到直接损害的获赔 725 美元；如果证明受到间接损害的获赔 300 美元；如果存在证据但证据间矛盾的，获赔 125 美元。第二种方案称为索赔形式，其针对已被医学证明使用达康盾产品后必然出现的损害，并编制了损害类型清单。如果受害人符合清单中的损害类型，并在充分的证据下，受害人可获得 400 美元至 5500 美元的赔偿。第三种方案称为完全形式，是针对个体差异性，且受害人不选择前两种方案而设置的。受害人需要提供非常完备的证据，尽管很耗时，但受害人可以获得较高的赔偿，即按实际损害赔偿。最后，在基金的管理方面。尽管达康盾产品赔偿基金由法院同意而设立，但具体的赔偿事务由基金的托管人负责，如损害评估、与受害人沟通、支付赔偿金等，具体的赔偿支付由基金托管人委托的托管银行支付。

2. 损害赔偿基金的国内实践

(1)船舶油污损害赔偿基金。为保护我国海洋环境，促进海洋运输业持续健康发展，财政部和交通运输部联合发布了《船舶油污损害赔偿基金征收使用管理办法》，根据该办法设立了船舶油污损害赔偿基金。

首先，在基金的征收方面。[①] 第一，征收对象为凡在中华人民共和国管辖水域内接收从海上运输持久性油类物质的货物所有人或其代理人，且应当向基金管理机构主动申报缴纳基金。第二，征收标准为每吨持久性油类物质 0.3 元，但财政部可根据情况（如赔偿需求、积累的基金数量等），会同交通部门进行确定、调整和停征。第三，征收主体为交通运输部所属海事管理机构。第四，基金的性质为政府性基金，因此征收的基金应当上缴国库，列为非税收入。

其次，在基金的使用方面。[②] 第一，基金使用的原则为专款专用，年末结余可结转下年度使用。第二，基金使用的范围包括：同一事故造成的损害总额超过责任人的法定限额时；责任人存有免责事由时；责任人不能履行或不具备履行条件时；无法找到污染船舶时。第三，基金的免责事由包括：因战争、敌对行为、军事行为造成的；索赔人不能证明因果关系的；损害是由受害人过错造成的。第四，基金赔偿的顺序依次为：应急处置费用、直接经济损

① 《船舶油污损害赔偿基金征收使用管理办法》第 5 ~ 13 条。

② 《船舶油污损害赔偿基金征收使用管理办法》第 14 ~ 27 条。

失、恢复措施产生的费用、监视监测费用。当基金不足以清偿对同一顺序的损失时，按比例受偿。第五，基金承担赔偿的限额为三千万元，但财政部可根据赔偿需求、积累的基金数量等因素，会同交通部门进行调整。第六，基金的申请及原则。申请人应当在法定期限内（主观时效 3 年，客观时效 6 年）向船舶油污损害赔偿基金管理委员会提出书面申请，且申请需符合以下原则：真实、损害既定、索赔适当且合理、损害与污染事故有直接因果关系、损失可量化、有证据。第七，基金的代位求偿权。基金管理委员会可以代为行使对责任人的赔偿请求权。

最后，在基金的管理方面。基金的管理机构为船舶油污损害赔偿基金管理委员会，由交通运输部等六部门与缴纳基金的主要石油货主代表组成，下设秘书处处理日常事务。

（2）道路交通事故社会救助基金。为加强道路交通事故社会救助基金管理，对道路交通事故中受害人依法进行救助，财政部等五部门联合发布了《道路交通事故社会救助基金管理试行办法》，根据该办法设立了道路交通事故社会救助基金。

首先，在基金的筹集方面。基金的来源包括：交强险保费按比例提取的资金、[①]地方政府的财政补助、[②]未按规定投保交强险的罚款、基金的孳息、对责任人的追偿资金、社会捐款。这些基金来源统一缴至省级救助基金特设专户，单独核算，专户管理。

其次，在基金的使用方面。基金的使用主要体现为垫付资金。第一，基金的垫付范围是道路交通事故中受害人人身伤亡的丧葬费用、部分或者全部抢救费用，但前提条件是出现以下情形之一：抢救费超过交强险的责任限额；肇事机动车未依法投保交强险；事故肇事者逃逸。第二，基金的垫付。第一种情况是公安机关交通管理部门通知基金垫付；第二种情况是医疗机构在抢救结束后，对未结清的抢救费向基金申请垫付；第三种情况是受害人亲属向基金申请丧葬费的垫付。

---

① 具体比例的幅度和确定按照如下操作：财政部会同中国保险监督管理委员会根据上一年度救助基金的收支情况，按照收支平衡的原则，确定当年从交强险保险费收入提取救助基金的比例幅度。省级人民政府在幅度范围内确定本地区具体提取比例。

② 地方政府的财政补助依据保险公司经营交强险缴纳营业税的数额和救助基金的收支情况来补助。

最后,在基金的管理方面。基金由省级人民政府设立,救助基金主管部门及省级以下救助基金管理级次由省级人民政府确定,主管部门则依法确定救助基金管理机构。从实践来看,救助基金的主管部门一般为省公安厅,管理机构一般为新设的基金管理中心。基金管理机构的职责包括:筹集基金,受理申请和垫付基金,向责任人追偿。管理机构的费用支出不在基金中列支,而由同级财政预算安排。

3. 小结:国内外损害赔偿基金实践的经验借鉴

(1)损害赔偿基金的设立应当有立法支持

上文介绍的所有损害赔偿基金的设立都具有一个共同的特征,即都是依法设立的。美国的疫苗损害赔偿基金依据《国家儿童疫苗伤害赔偿法案》而设立,日本的医药品损害救济基金依据《医药品副作用救济·研究振兴调查机构法》设立,美国超级基金依据《超级基金法》设立,日本的矿山损害赔偿基金依据《煤矿矿害赔偿担保等临时措施法》设立,美国的达康盾产品损害赔偿基金依据《国内税收法案》设立,我国船舶油污损害赔偿基金依据《船舶油污损害赔偿基金征收使用管理办法》设立,道路交通事故社会救济基金依据《道路交通事故社会救助基金管理试行办法》设立。首先,通过立法,可以为某些类型的损害赔偿提供新的救济途径,而不至于将所有的损害赔偿问题都诉诸侵权损害赔偿救济这一条渠道,从法律上将利于实现损害赔偿救济的分流。一般地,在法律文本中将基金的筹集、使用和管理等实体问题和程序问题予以规定,这能够起到规范损害赔偿基金的设立和运行。而且一定程度上可以起到引导人们行为的作用,让行为人对其行为有合理预期。其次,不同领域的损害具有不同的特征,而不同损害特征下的损害赔偿基金将承载不同的目的和功能。如果对损害赔偿基金的立法采用笼统的立法形式,则很难凸显和实现基金的目的和功能,也不利于具体操作。从本书引用的国内外基金来看,对基金进行规范的立法均彰显了该损害的特征和基金所欲实现的目的和功能。

我国目前在核损害赔偿的应对机制方面还没有设立核损害赔偿基金制度,从分配正义的角度来看,核损害赔偿制度其实是不完整的。因为现行制度仅体现了核设施营运人的赔偿责任和国家的补偿责任,其他获益主体还游离于核损害赔偿主体之外。因此,为了完善我国核损害赔偿制度,有必要借鉴国外的成功经验设立核损害赔偿基金,将其他获益主体依法纳入赔偿责任的主体范围内,但这样的前提是立法先行。另外,核损害赔偿基金制度是为了解决核损害赔偿社会责任实现的方式之一,由于核损害本身与其他领域的损害存在诸多质的差异,因此核损害赔偿基金制度不宜与其他损害赔偿基金制度笼统地规定在一个立法文本中。从国内外的基金设立规律来看,基本以事故或特殊损害类型来命名基金的名称,且通过单独立法来进行规范。有鉴于此,对于规范核损害赔偿基金的立法应当采用单行立法形式为宜,如参考《船舶油污损害赔偿基金征收使用管理办法》的形式,制定《核损害赔偿基金征收使用管理办法》。

(2)损害赔偿基金类型选择应当与基金设置之目的相匹配

本书根据基金设置的目的不同,将基金分为了三种类型:预设型、保证型和事后型。在预设型基金类型下,通常会发现某种行业的行为对社会有益,但行为的实施可能造成大规模的社会损害。从而出于既要对某种行业予以保护,又要对受害人予以保护的双重目的,在损害发生前就筹集好了基金。当损害发生后用基金来对受害人进行赔偿,防止因损害巨大而造成行为人破产。保证型基金类型下,尽管基金在损害发生前就已经筹集好了,但其设置的目的在于防止出现责任人无力赔偿或者责任人不明而导致受害人的救济落空问题,而并不考虑对行为人所属的行业进行保护。因此,该基金的设置目的重在保证受害人获得赔偿。事后型基金的设立本质上是责任人履行其损害赔偿义务的行为,但由于受害人人数众多,从而通过设立基金的形式来方便责任人履行赔偿义务。如果将船舶油污损害赔偿基金和道路交通事故社会救济基金纳入的话,两者均可归到保证型基金之列。因为此二种基金的目的均有防止出现责任人无力赔偿或者责任人不明而导致受害人的救济落空的目的。有鉴于此,在我国建立核损害赔偿基金制度时,对于类型的选择应当与该制度要实现的目的相互映衬。

核损害赔偿基金设置的目的应当与核损害赔偿制度的目的相一致。根据有关核损害赔偿国际公约的规定来看,核损害赔偿制度目的可以概括为:既要确保遭受核损害的人员得到适当的和公正的赔偿,同时也要确保和平利用核能的核事业不被阻碍。[①] 在这一目的下生成的众多制度和机制都应当与其保持一致。因此,核损害赔偿基金制度作为核损害赔偿制度中的一

① 参见《巴黎公约》(1960 年)前言中对公约制定的目的。

个小的制度构成，其目的应当也是既要保护核受害人的权益，又要保护核事业的发展。这恰好与预设型基金的设置目的一致，据此，核损害赔偿基金的设置类型应当属于预设型基金类型。

(3)损害赔偿基金的资金来源应当多元化

判断一个基金是否具有稳定性，我们不得不探讨其资金来源的稳定性问题，因为资金来源的稳定性决定了该基金的目的和功能是否会实现。从国内外基金的实践来看，任何一个基金的来源都不是单一的，均呈现多元化。但基金的来源需要有理有据，不能一味追求多元化而将非义务主体也纳入基金来源的给付主体范围中。因此在保证基金来源合法合理的前提下，当然是越多元越好。与此同时，各主体承担具体给付义务的数额应当以合法合理的标准来进行计量。

从形式上看，核损害赔偿基金是作为承担核损害赔偿社会责任的一个主体而出现的，但实质上它是代表核损害赔偿社会责任的义务主体对外统一承担赔偿责任。根据受益分担理论，核损害赔偿社会责任的承担主体包括但不应限于：核能行业中的所有核设施营运人、核事业相关产品的消费者、核设施营运人的股东、核供应商、收取税费的当级政府和公众等。由于核共体经营核第三者责任保险事业采取无亏无盈的原则，尽管这种无亏无盈的经营原则并不适合核第三者责任保险制度的发展，但在未改为营利性原则的情况下，保险公司尽管收取了保费，但也不应将其纳入责任主体的范围。但如果未来改变为营利性原则的话，保险公司则应当被纳入责任主体的范围。因此，核损害赔偿社会责任的承担主体包括但不限于上述主体，呈现动态性。在核损害赔偿社会责任主体的多元化的情形下，这样有利于保障核损害赔偿基金来源的多元化。另外需要强调的是，基金来源的多元化并不代表基金赔偿能力就具有充分性，这还需要基金制度的其他机制予以配合才能最终实现，如科学合理的征收标准机制。

(4)损害赔偿基金的使用应当规范

基金得以筹集只是基金可以发挥其功能的前提，而真正发挥其功能还重在基金的使用环节。综观国内外损害赔偿基金的使用规则，各基金均有一套规范的规则体系，包括基金的使用范围和除外情形、基金的申请、申请的审查和裁决、基金的支付等。如果没有规范的使用规则，那么最后可能造成基金赔偿的不公平情况发生，有违其保护受害人权益的目的。这些有益经验应当在我国核损害赔偿基金的立法中予以借鉴。

（5）损害赔偿基金的管理应当科学

基金的科学管理有利于基金目的和功能的实现。科学管理主要体现在管理机构的设置和职责的设定两个方面。首先，在管理机构的确定方面。除了事后型损害赔偿基金在存续的时间上较短外，预设型和保证型基金存续的时间都较长。因此，一般情况下事后型损害赔偿基金的管理人要么为基金的设立者本人，即损害赔偿责任人，要么为独立的第三方，如法院，当赔偿事务结束后则取消或解散。而预设型和保证型损害赔偿基金则要确定专门履行基金职责的管理机构。为了实现赔偿的公平性，基金管理机构的人员组成应当合理配置，对此核损害赔偿基金的管理机构设置可以借鉴我国船舶油污损害赔偿基金管理委员会的人员配置，由政府相关部门和基金给付人共同组成。其次，在管理机构职责的设定方面。一般地，该机构的主要职责包括：基金筹集、赔偿申请的受理和审查、与申请人协商、发放赔偿款等。除这些一般职责外，核损害赔偿基金管理机构的职责还可以根据具体需要来规定。

三、核损害赔偿基金的功能

核损害赔偿基金作为实现核损害赔偿社会责任的有效形式，赔偿功能应当是其首当其冲的功能。但核损害赔偿与核事故应急一样，同样具有应急性。因此，还应当赋予核损害赔偿基金在紧急情况下的应急功能。

（一）核损害赔偿基金的赔偿功能

赔偿功能是核损害赔偿基金最基本的功能，是指当一次核事故发生后，核设施营运人在其责任限额范围内承担赔偿责任后，仍不足以赔偿受害人的损害时，由核损害赔偿基金在其限额范围内对受害人进行赔偿的功能。首先，在基金对受害人进行赔偿的义务来源方面。核损害赔偿基金对核受害人的赔偿并非是对核设施营运人的赔偿责任进行分担，而是核损害赔偿基金本身就是核损害赔偿社会责任的主体，其赔偿行为本身就是履行其义务的表现。之所以这样说，是因为核损害赔偿基金充当了核损害赔偿社会责任主体对外直接承担责任的代表。因此，基金在对受害人进行赔偿后，它不能向核设施营运人进行追偿。其次，在基金赔偿功能实现的位序方面。一般情况下，只有当核设施营运人在其限额内不足以清偿造成的所有损害时才能启动核损赔偿基金。之所以选择此种位序,关键在于核事故是基于核设施营运人的行为造成的,核设施营运人承担第一位序的核损害赔偿责任具有合理性。尽管核风险具有不确定性,但核设施营运人是该风险的直接持有人,如果让一个没有造成核事故的主体承担第一位序的责任,则不符合分配正义的要求。这可能会出现当一次核事故造成的损害总额低于核损害赔偿基金赔偿限额时,核设施营运人将免于承担赔偿责任。最后,基金承担的是有限赔偿责任。这是基于核风险公共性特征的结果。核损害赔偿责任制度解决的是公共风险实现时的责任分配问题,而非私人风险实现的个人承担。该制度不像侵权责任法那样追求对受害人损害的完全填补,力求恢复至侵权前的状态,而它追求的是在不同责任主体间公平地分配责任。根据分配正义的路径将责任予以落实,即分别对核损害赔偿三种责任形式的责任主体分配不同的责任额。因此,核损害赔偿基金也只在核损害赔偿社会责任的限额内承担有限赔偿的责任。

(二)核损害赔偿基金的应急功能

一般的侵权损害波及的地域范围小、涉及的人员少,损害随着侵权行为的终了而被定格,因此在一般侵权事件中不会采取应急反应。但核事故造成的损害不同于一般的侵权损害,其或然性较大,而且基于核辐射的特殊性,损害的发生不会因核侵权行为的终了而结束,呈现出持续性的特征,损害反而会继续扩大。因此,核应急在核事故中就显得非常重要,其目的主要在于最大限度地减少损害。核损害后果具有巨额性,如果最终造成的核损害总额超过了核损害赔偿营运人责任、社会责任和国家补偿责任的赔偿总额,那么剩余未获赔偿的损害将由受害人自己承担。但是如果损害尽可能地被控制在限额的范围内,则有可能实现受害人的全额赔偿。有效的核应急需要充足的人力、物力保障,而人力和物力保障均需要充足的财力保障。从现行的核应急资金和物资保障来看,主要是由核设施营运人和地方政府共同承担。[①] 但核应急资金的数额是提前审定的,核设施营运人根据其核电厂容量和发电量承担一定比例的资金,剩余部分由地方政府承担。但是前文已述,核损害具有或然性,而提前审定的应急资金具有固定性,当应急资金不足以支持应急活动时,应急行动将很难最大限度地减少损害。因此,应

① 《核电厂核事故应急管理条例》第33~35条。

急资金应当是越充分越好。如果再增加核事故损害赔偿基金对核应急资金的保障,那么整个核应急资金将更加充分。对于基金支付的应急资金的核算,应当纳入核损害赔偿体系中进行。如果最终的损害总额低于核设施营运人的限额,则由核设施营运人向基金支付应急资金;如果超出了,则在基金的限额内进行核算。

四、我国核损害赔偿基金的制度构建

(一)核损害赔偿基金的设立

1. 立法先行:制定核损害赔偿基金的立法

立法先行是借鉴国内外其他损害赔偿基金的经验做法。首先,在立法的形式方面。由于核损害赔偿基金制度系属核损害赔偿体系中的重要组成部分,其承担着解决核损害赔偿社会责任的重要任务,因此核损害赔偿基金制度首先应该在《核损害赔偿法》中予以确定。然后采用授权性立法的方式,授权国务院相关部门制定专门的《核损害赔偿基金征收使用管理办法》来对基金的具体规范进行详细规定,对于国务院相关部门的选择应当与核损害赔偿基金具有关联性。其次,在立法先行的效用方面。如果让核事业的获益主体自发建立核损害赔偿基金或其他替代赔偿形式,几乎很难实现。因此,如果要切实保证核损害赔偿基金在核损害体系中作用的实现,则必须通过立法来强制性地推动核损害赔偿基金的建立。从这个方面来看,核损害基金具有一定的强制性。最后,在核损害赔偿基金的性质方面。有些学者将基金定性为财团法人,如果将核损害赔偿基金也定性为财团法人,那么基金的运行则需要依据民法原理来执行。但核损害赔偿基金的推行必须以强制性为前提,因此在立法上就不能将该基金定性为财团法人。结合国内外损害赔偿基金的实践和我国实际情况,将核损害赔偿基金定性为政府性基金最为适宜。由于在《核损害赔偿法》中确定了核损害赔偿基金制度,因此可以依照《政府性基金管理暂行办法》的相关规定申请设立核损害赔偿基金。

2. 核损害赔偿基金的类型

从国内外损害赔偿基金制度的实践经验可知,核损害赔偿基金的类型选择应当与该制度所要实现的目的相互匹配。毋庸置疑,核损害赔偿基金设置的目的应当与核损害赔偿制度的目的相一致。根据有关核损害赔偿国际公约的规定来看,核损害赔偿制度目的可以概括为:既要确保遭受核损害的人员得到适当的和公正的赔偿,同时也要确保和平利用核能的核事业不被阻碍。[①] 在这一目的下生成的众多制度和机制都应当与其保持一致。因此,核损害赔偿基金制度作为核损害赔偿制度中的一个小的制度构成,其目的应当也是既要保护核受害人的权益,又要保护核事业的发展。这恰好与预设型基金的设置目的一致,据此,核损害赔偿基金的设置类型应当属于预设型基金。

(二)核损害赔偿基金的征收

由于本书构建的核损害赔偿基金的性质为政府性基金,因此在一般民法中使用的"基金筹集"语词在此则应改称为"基金征收"。在基金的征收环节应当注重基金征收的原则、征收的对象以及征收的标准问题。

1. 核损害赔偿基金的征收原则

(1)比例原则。比例原则是指被征收对象缴纳的基金数额应当与其获益成正比的原则。简言之,获益越多缴纳的基金数额则越多。一般地,被征收对象在核事业发展中获益越大,相应地承担核损害赔偿社会责任将会越重,这符合受益分担理论的要求。对于这种责任的大小衡量则体现在被征收对象缴纳的基金数额上。也许不同的被征收对象获益的方式不同,但在比例原则下,根据获益的大小来作为缴纳基金数额的衡量标准,体现了公平价值理念。

(2)区分原则。区分原则是指在确定基金的征收标准时,根据被征收对象获益行为性质的差异和同种获益行为的风险程度差异来制定不同的标准。首先,在不同性质的获益行为之间,基于获益行为的性质不同,从而出现获益的目的也是不同的,有的行为体现为获得核事业发展带来的商品价值,有的行为则体现为获得核事业发展带来的商品使用价值,有的则是获得核事业活动产生的税费。在不同性质的获益行为下进行基金的征收,则需要找到平衡各种获益行为的支点,这些支点即为根据获益行为的差异而采用不同征收标准。其次,这里的同种获益行为主要是指核事业领域中核设施营运人的获益行为,尽管获益行为的性质相同,但基于核设施营运人所持有的风险程度不同,对未来造成核损害大小的可能性则不同。例如,营运

① 参见《巴黎公约》(1960 年)前言中对公约制定的目的。

500兆瓦核反应堆的核电厂发生核事故造成损害的大小必然比营运1000兆瓦核反应堆的核电厂造成的损害小。由于核事故损害赔偿基金的类型是预设型基金,它是对未来可能发生的核损害作赔偿预备,因此,对于持有不同程度核风险的核设施营运人设定不同的标准具有合理性。

2. 核损害赔偿基金的征收对象

根据核损害赔偿社会责任的基本理论——受益分担理论,核损害赔偿基金的征收对象包括但不限于:核能行业中的所有核设施营运人、核事业相关产品的消费者、核设施营运人的股东、核供应商和公众等。在法律上,对收取税费的当级政府收取基金不能用“征收”一词,而只能用“筹集”。因此,它们应称为基金的筹集对象。另外,基金的来源并不排斥其他社会主体的社会捐助。

3. 核损害赔偿基金的征收标准

核损害赔偿基金的征收标准是指在比例原则和区分原则的指导下,对被征收对象征收基金的规则。征收标准的设定关键在于确定两个要素:一是找到合适的可量化的项目,二是对项目设定具体的比例值。(1)对核设施营运人的征收标准设定。这可以先根据核设施营运人所持有的核反应堆功率大小进行分类,假设分为:一类核风险为单个核反应堆功率为10兆瓦至50兆瓦之间的,对其征收标准为1000元每兆瓦;二类核风险为50兆瓦至100兆瓦之间的,对其征收标准为1200元每兆瓦;以此类推,功率越大的,核风险越大,征收标准则越高。最终的征收数额等于功率总和乘以相对应的征收标准。基金缴纳周期可以借鉴核保险的保险期限,即1年。如果期限内存在增加核反应堆的情况,则按照征收标准计算补缴即可。(2)对核事业相关产品消费者的征收标准设定。由于在日常生活中,核消费产品主要是电力消费,所以此处以核电产品为例。对消费者的基金征收主要附加在电力价格中予以反映,如每度电的单价中包含核损害赔偿基金的项目(核电售价=核损害赔偿基金+核电成本+核电盈利)。征收的基金由核电经营企业代为收取后,统一上缴到基金中去。(3)对核设施营运人股东的征收标准设定。由于股东获益主要来自分红或股息,对此可以按股东所得红利或股息的一定比例进行收取,如按照红利或股息的10%的标准收取。(4)对核供应商的征收标准设定。对此可以借鉴德国哥丁根大学诺伯特·佩鲁尔(Norbert Perull)先生的提议,从核供应商每次进行交易的利润中按一定比例提取基金,如按照交易利润的10%的标准征收。(5)对收取税费的当级政府的收取标准。对此,可按一定比例的税费划入基金中,如按50%的比例标准。(6)对公众的基金征收标准。公众承担社会责任时,由于公众本身就是不特定的主体,如果一一对其征收基金势必存在困难。但是公众同时又是国家税收的纳税人,因此建议由国家代表公众承担核损害赔偿社会责任较为实际,即由国家通过中央财政预算的形式来支付给基金,具体操作则是以财政转移支付方式将款项划拨给基金。在征收的标准确定上,因为受益的价值是无法估量的,故而无法像前述几种情况那样以设定比例的方式来设定征收标准。因此,建议采取直接规定一个确数的方式来向基金划拨。

在确定标准比例时,可以根据核损害赔偿基金池的大小、核损害赔偿基金承担的赔偿限额、国内社会发展水平等条件来确定。对于已确定的标准,任何人不得随意改变,同时基金主管部门也应当根据前述条件适时作出调整。

(三)核损害赔偿基金的使用

1. 基金的使用范围及限额

基金的使用范围应当与可救济的核损害范围相一致,包括可救济的核损害的受害人范围和狭义的可救济的核损害范围。在基金赔偿的对象方面,尽管笼统地认为是核受害人,但在具体的案件中往往会出现直接受害人和间接受害人。同样的,在基金赔偿的损害范围方面,根据相关国际公约或国内立法可将其概括为人身损害、财产损害和环境损害,但在具体的案件中也会出现直接损害、间接损害和第二次损害的情况。对于具体的认定问题,可以采用前文关于可救济核损害范围的判断路径来予以认定。

在基金承担的赔偿额度方面,依据分配正义的路径,在核损害赔偿社会责任范围内,基金作为替代其他社会获益主体专门承担核损害赔偿社会责任的主体,其承担责任的额度应当以其他社会主体获益的大小为标准,超过或者过分低于其获益承担责任的都不具有合理性。因此,基金也仅承担有限度的核损害赔偿。

2. 基金承担责任的条件

由于核损害赔偿社会责任的主体并非直接实施核侵权行为者,因此这类主体与核受害人之间不能形成侵权法律关系。基金承担核损害赔偿责任是在当核设施营运人因其限额不足以清偿全部核损害时才启动的。一般来说,进入基金赔偿阶段的申请赔偿有可能会有两种情况:一种情况是核受害人已经向核设施营运人提起了赔偿请求(可能是协商,也可能是诉讼),因限额不足而申请基金赔偿;另一种情况是核受害人未向核设施营运人提起赔偿请求,但整个赔偿程序已经进入了基金赔偿阶段。对于第一种情况,因为提出申请者本身已经符合可救济核损害的条件,只是核设施营运人的限额不足以支付全部赔偿而已,因此在这种情况下,基金可以无须审查受害人的资格条件。但是对于第二种情况,由于提出申请者并未确定受害人资格和具体化损害,此时基金则需要对其进行审查。对于判定条件可以依据侵权责任的构成要件,如果该申请人与核设施营运人之间成立侵权关系,那么应当给予赔偿。最后在时效条件上,也应当沿用核损害赔偿营运人责任的时效。从前文结论来看,不设客观时效,只将主观时效确定为3年或更长即可。

3. 基金的申请、受理、审查和发放

在一次核事故损害发生后,凡是认为其受到核损害的受害人均可以向基金管理机构申请赔偿。在提出申请时应当提交证明核侵权关系成立和具体损害的证明材料。基金的管理机构在受理申请后一定期限内对提交的申请进行审查,如需补足证明材料的,应当通知申请人补足。在审查后,对于符合条件的申请人则在规定的期限内发放赔偿金,对于不符合申请条件的书面告知申请人。申请人在收到不予赔偿的通知后,可以通过向法院提起侵权之诉,确认其与核设施营运人存在侵权法律关系和损害赔偿的数额。如果法院判决确认存在侵权法律关系的,申请人可以再次申请基金进行赔偿,并将判决文书作为申请基金赔偿的证据。基金管理机构在收到该申请后无须再进行审查,直接发放赔偿金。另外,如果核损害赔偿制度中建立了受害人共同体制度的话,那么这里的申请人还可以是受害人共同体。

(四)核损害赔偿基金的管理

为了保障基金征收的畅通,核损害赔偿基金制度必须具有强制性,否则将形同虚设,故而该基金的性质最宜定性为政府性基金。根据《政府性基金管理暂行办法》的规定,政府性基金是指各级人民政府及其所属部门根据法律、行政法规和中共中央、国务院文件规定,为支持特定公共基础设施建设和公共事业发展,向公民、法人和其他组织无偿征收的具有专项用途的财政资金。根据外部性理论,核事业发展所产生的具有公共性质的正外部性有:为社会提供电力供给、改善能源结构、改善生态环境质量等。因此,从这个意义上讲核事业应当被纳入公共事业的范畴。而且在现实中，电力事业往往被定性为公共事业，而核电事业本身系属电力事业的范畴。是故，占核事业主导的核电事业也属于公共事业范畴。核损害赔偿基金制度的目的一方面在于赔偿核受害人的损失，另一方面在于保护和平利用核事业的发展。因此将该基金纳入政府性基金管理具有合理性，其管理机制也应当根据《政府性基金管理暂行办法》的规定执行。

值得借鉴的是，我国船舶油污损害赔偿基金即为政府性基金，核损害赔偿基金的管理机制可以参照其做法。(1)基金征收人(或筹集人)的选择。核损害赔偿基金的征收人或筹集人可以由环保部所属机构国家核安全局担任。因为核安全本身就包括核事故的预防和核损害的赔偿两个方面，而核安全局本身就具有负责核安全和辐射安全的监督管理职责，[①]所以由核安全局负责征收事宜较为恰当。(2)基金管理机构的组成。基金管理机构主要负责基金的赔偿事宜，因此出于专业性和公平性的考虑，其组成人员应当包括：相关行政部门、缴纳基金的代表、公益性环保组织、[②]法官、律师、会计师，以及核能相关专家等。管理机构名称可命名为核损害赔偿基金管理委员会。该委员会下设秘书处，负责具体赔偿等日常事务，如受理、审核赔偿申请，开展协商，发放赔偿款项等。但是由于核损害人数可能出现众多的情形，基金管委会将难以应付。因此根据实际需要，可以将除审核赔偿申请以外的事宜委托给其他社会组织完成，其中核共体最为适宜。因为核共体内的成员公司均为保险公司，它们具有庞大的人力、物力、技术支撑，可以高效地处理核损害赔偿事宜。(3)基金的资金管理。由于核损害赔偿基金是针对全国范围内的核损害赔偿，因此仅在中央一级设置基金即可，无须再往下进行分级。国家核安全局应当专门设立账户收取各责任主体缴纳的基金，并在收到基金当日将基金收入全额就地上缴中央国库。(4)基金的预决算管理。[③] 核损害赔偿基金的预算编制应遵循“以收定支、专款专用、收支平衡、结余结转下年安排使用”的原则。国家核安全局应当按照政府性基金预算管理的有关规定编制核损害赔偿基金的季度或年度收支预算，经核损害

---

① 参见国家核安全局网：http://nnsa. mep. gov. cn/zjjg/jgzn/，最后访问日期：2018 年 9 月 6 日。

② 需要说明的是，这里的公益性环保组织应当是非提起环境损害赔偿请求权的环保组织。

③ 参见《政府性基金管理暂行办法》第 26～30 条。

赔偿基金管理委员会审议通过后，报财政部审核。对于基金的支付，则按照财政国库管理制度的有关规定执行。①

（五）核损害赔偿基金的监督

核损害赔偿基金的征收（或筹集）、使用、管理等均应形成监督机制，任何人不得坐收坐支、截留、挤占、挪用核损害赔偿基金。首先，在征收（或筹集）阶段，国家核安全局应当定期在官网或媒体上公布核损害赔偿基金的收入情况，如基金征收标准、收入明细等。其次，在基金使用阶段。核损害赔偿基金管理委员会应当向社会公布基金的支出情况，如基金支出明细。最后，国家核安全局和基金管理委员会还应当建立内部财务审计制度，自觉接受财政、审计部门的监督检查。对违法犯罪者，依法追究其法律责任。

五、有益探讨——核设施营运人有过错时是否可被追偿

核设施营运人承担核损害赔偿责任的归责原则是无过错责任原则，通俗意义上理解无过错责任原则即不考虑侵权人主观是否存在过错，进一步而言，不论侵权人有过错抑或无过错，均要承担责任。核设施营运人承担无过错责任主要是考虑分配正义的要求、强调核风险预防的重要性以及衡平侵权人与受害人之间的法律地位。由于核设施营运人承担无过错责任，出于对和平利用核能的核事业的保护，因此，限额责任则适用于核设施营运人的赔偿责任中，以减少其“企业忧虑”。但核受害人的损害救济不因核设施营运人的限额责任而止步，从而出现了其他社会主体提供的多级财务保证方式，核损害赔偿基金即是其中的一级财务保证方式。由于核事故本身具有复杂性，因此对产生核事故的原因调查结果与损害赔偿程序的进行并非是同步的，但基于对受害人的及时救济，损害赔偿程序不能待核事故原因调查清楚之后才开始，而且不可否认的是有些核事故原因甚至永远也难以调查清楚。在此假设背景下，则会出现讨论核设施营运人有过错时，核损害赔偿基金是否享有追偿权的问题。其实解决该问题，关键在于解决如果核设施营运人有过错，其是否还享有限额保护的问题。因为核损害赔偿基金的

① 如《船舶油污损害赔偿基金征收使用管理办法》第25条关于基金支付的规定：“船舶油污损害赔偿基金支出按照规定填列《政府收支分类科目》第214类‘交通运输’，第68款‘船舶油污损害赔偿基金支出’下相关科目。”如果建立了核损害赔偿基金制度，则会在《政府收支分类科目》中设置“核损害赔偿基金支出”科目。

使用是在核设施营运人限额责任的前提下才存在的,如果其承担的是无限责任或全部责任,则不会进入基金使用阶段。

核能科技具有不确定性,再加之自然力(如自然灾害)的不确定性,从而导致核事故的发生也是不确定的。核损害赔偿责任制度的建立基础是核风险的公共性,从而应当采用分配正义的路径将核事故产生的损害赔偿责任进行公平的分配。但这种公平分配又倾向于对核风险“善”(正外部性)的一面的保护,其保护方式则是将核风险“恶”(负外部性)的一面在全体社会进行分配,其分配结果又可以实现对核受害人的保护。因此,核损害赔偿制度设计本身并不考虑核设施营运人即核侵权人主观上是否存在过错的问题,进而限额责任就顺理成章了,这也是相关国际公约、国家国内立法和学界达成的共识。对于核设施营运人的损害赔偿责任,无论当事人采取无过错责任下的三要件进行追责,还是以过错责任下的四要件进行追责,都不得因追责形式的不同而改变限额责任原则。核损害赔偿基金制度作为核损害赔偿制度体系中承担核风险“恶”的结果的重要制度,它承担责任不以核侵权人是否存在过错为前提,而是以核损害是否超过了核设施营运人的限额为条件。综上所述,尽管核设施营运人存在主观过错,核损害赔偿基金也不享有对核设施营运人的追偿权。

第五章　核损害赔偿中的国家补偿责任

核损害赔偿责任的实现还包括国家责任，但是在赔偿责任领域，国家赔偿责任有其严苛的条件要求。根据《国家赔偿法》的规定，国家机关和国家机关工作人员行使职权，侵犯公民、法人和其他组织合法权益并造成损害的，才由国家承担国家赔偿责任。在核损害赔偿中，核损害是由核设施营运人的侵权行为造成的，而非国家机关和国家机关工作人员行使职权的行为造成的。因此，核损害赔偿中的国家责任不能认定为是国家赔偿责任。另外，根据国务院《关于核事故损害赔偿责任问题的批复》（国函〔2007〕64 号，以下简称《批复》）的规定，在核损害赔偿中，国家承担的应当是补偿责任。①

通常意义上讲，国家补偿是指因国家机关及其工作人员合法行使职权的行为给特定主体的合法权益造成损害，而由国家依法对损害予以补偿的行为。②

---

① 《批复》规定："核事故损害的应赔总额超过规定的最高赔偿额的，国家提供最高限额为 8 亿元人民币的财政补偿。对非常核事故造成的核事故损害赔偿，需要国家增加财政补偿金额的由国务院评估后决定。"

② 参见杨建顺：《日本行政法通论》，中国法制出版社 1998 年版，第 591 页；[日]室井力：《日本现代行政法》，中国政法大学出版社 1995 年版，第 190 页；姜明安：《行政法与行政诉讼法》，北京大学出版社、高等教育出版社 1999 年版，第 475 页；马怀德：《行政法与行政诉讼法》，中国法制出版社 2000 年版，第 330 页；姚天冲：《国家补偿法律制度专论》，东北大学出版社 2008 年版，第 3 页。

国家承担的核损害补偿责任并非国家机关及其工作人员实施的行为造成的,而是由核设施营运人的行为造成的。因此,在不同语境下,本书所指的国家补偿与通常意义上的国家补偿并非同一概念,不能依葫芦画瓢地认为核损害赔偿中的国家补偿即为通常意义上的国家补偿,区分两者的关键在于核损害赔偿责任中国家补偿责任有其特殊的理论基础。本书所指的国家补偿,是指当核损害超过核设施营运人和核损害赔偿基金所承担赔偿的总限额时,而由国家依法对超额的核损害进行补偿的行为。实质上,国家补偿是国家干预原则的表现形式之一,国家干预原则包括调停责任和补偿责任。①

有学者认为在核损害赔偿领域,国家承担金钱给付的责任应当是补充责任。本书认为不然。因为补充责任是指当存在多个责任人时,在第一责任人的财产不足以承担其应负的民事责任时,负补充责任的人对不足部分承担的责任。前文已论证,核风险是公共风险,应当秉承公共承担的理念。另外,核事业具有正外部性,不仅能给核设施营运人带来经济效益,同时对整个社会而言都是有益的,如改善能源结构,提高环境质量等。因此,第一,依据分配正义划分出来的营运人责任、社会责任和国家补偿责任是对核风险和核损害赔偿责任的分担,而不是三责任之间的彼此分担;第二,核损害赔偿责任中营运人责任、社会责任,乃至此处的国家补偿责任都需要体现限制性要求。具体表现在责任的承担上即为都有固定的限额。营运人责任、社会责任和国家补偿责任三者的关系是递进关系,只有当前一责任主体履行完毕后,才启动后一责任。补充责任是第一责任人不足以承担其应负的责任时,其他责任人才承担该补充责任。就本书的核损害赔偿责任制度架构而言,国家履行金钱给付责任则是在社会责任履行完毕之后才被触发,而不是在核损害赔偿基金不足以承担分配给它的那部分赔偿责任时,由国家承担核损害赔偿基金的赔偿责任。总而言之,国家履行金钱给付责任是其分担核风险和核损害赔偿责任的具体表现,国家是在履行本属于自己的那部分责任,而不是对其他责任人不能履行其责任时的补充责任。有鉴于此,本书认为采用"国家补偿"一词较妥当。

---

① 李雅云:《核损害责任法律制度研究》,载《环球法律评论》2002年第3期。

第一节　核损害赔偿中国家补偿责任的国内外现状

在核损赔偿领域,国内外有核立法国家不约而同地设立了国家补偿责任,尽管存在责任大小、履行程序等差异,但就制度的建立而言,其步伐具有一致性。

一、国外——国家补偿责任的现状

从国外有关核损害赔偿中国家补偿责任的规定来看(详见表13),首先,在法律用语上,并非任何国家都使用“国家补偿”,还存在使用“赔偿、援助”的情形。但从立法的本义来看,“赔偿”实质上均为国家补偿之义。但是日本的“国家援助”则与“国家补偿”本义相去甚远。根据日本福岛核事故损害赔偿的情况来看,根据日本国会众议院通过的《关于福岛第一核电站核泄漏事故赔偿法案》规定新设立了“原子能损害赔偿支援机构”。该支援机构通过对东京电力公司进行注资、入股、购入公司债、债务担保等方式提供援助。但是,东京电力公司并非免费获得援助,它将根据之后的年营业收入向机构回填资金。① 其次,国家补偿存在前提,一般要求在超过核设施营运人的责任限额时,才可以适用国家补偿机制。而且,国家补偿也作为核损害赔偿体系中的一级赔偿机制。再次,国家补偿存在限额的规定,并非无限制地承担兜底责任。最后,国家补偿适用的条件相对宽松,部分国家对超过诉讼时效、重大自然灾害、战争等不可抗力、依国外法不能获得赔偿的情况都能获得国家补偿。

表13　国外有关核损害赔偿中国家补偿责任的规定

国别	法律名称	具体规定
美国	普莱斯—安德森法案	(1)核管会:对非盈利教育机构等未要求持有财务保证的机构造成核损害的,由核管会赔付; (2)能源部:能源部所有的核设施造成核损害的,由能源部提供全额赔偿; (3)国会:当赔偿总额超过限额时,国会评估后,总统提出全面赔偿计划

---

① 王蓓:《由后福岛时代看中国核损害赔偿财务保证制度的发展》,中国核学会会议论文,贵阳,2011年10月,第23页。

续表

国别	法律名称	具体规定
法国	核责任法	超过第一级责任限额时,启动第二级的国家援助(有限额)
德国	德国和平利用核能与防止危害法	(1)超过核设施营运人责任限额时,启动国家赔偿,其承担数额以不超过赔偿准备金的2倍为限; (2)其公民遭受国外核损害,但依外国法无法获得赔偿的,国家在其义务限额内予以补偿
英国	能源法	(1)超过核设施营运人的责任额时,由国家进行赔偿; (2)超过诉讼时效的索赔,由国家受理并索赔
加拿大	核责任法	核设施营运人的保险不足以赔偿,或出于公众利益需要,国家将发布公告启动特别程序,出面代赔。如无议会授权,国家赔偿限额为7500万加元
印度	核损害民事责任法	(1)超过核设施营运人责任限额的部分,由中央政府承担;(2)不能预见的自然灾害或战争等,由中央政府承担赔偿
日本	核损害赔偿法、核损害赔偿的补偿协定法、核损害赔偿机构支援法	(1)补偿协议:如果核设施营运人以保险方式来承担责任,则必须与政府签订补偿协议,当赔偿超过保险或其他财务保证时,政府补偿相当于保险的数额(覆盖的核损害:地震或火山喷发引起的,核设施正常运行引起的,受害人超过10年诉讼时效提起赔偿的,保险合同不能覆盖的)。 (2)国家援助:当损害超过财务保证额时,政府认为有必要的,经议会授权,可向核设施营运人提供国家援助,尤其是核损害由重大自然灾害引起的

资料来源:根据有关国家国内立法整理所得。

二、国内——国家补偿责任的现状

国内关于国家承担核损害补偿责任的规定主要包括在《批复》中(详见表14)。《批复》和上述有关国家核损害赔偿中国家补偿责任的规定几乎一致。国家补偿适用的前提条件为超过核设施营运人的限额时,才适用国家补偿机制,且有赔偿额度的限制。但是对于出现特殊情况——非常核事故,国家补偿的额度可以增加。

表 14 国内有关核损害中国家补偿责任的规定

规范性文件名称	具体规定
国务院关于核事故损害赔偿责任问题的批复	(1)核事故损害的应赔总额超过规定的核营运者最高赔偿额的,国家提供最高限额为8亿元人民币的财政补偿。 (2)对非常核事故造成的核事故损害赔偿,需要国家增加财政补偿金额的由国务院评估后决定

第二节 核损害赔偿中国家补偿责任的理论基础:国家保证论

综观学界的贡献,学者们提出了诸多支撑国家补偿的理论,包括:①特别牺牲说、②公共负担平等说、③结果责任说、危险责任说、不当得利说、④人权保障论、保障既得权利说、⑤社会协作论、社会保险理论、平均损失说、⑥社会职务说、⑦公用征收说⑧和恩惠说⑨等多达十三种学说理论。但是这些学说均是以国家合法行为侵犯公民合法权益为前提,其中大多学说是给国家征收行为寻找国家补偿的合理性。然而,核损害是基于核设施营运人的侵权行为造成的,非国家的行为造成的,因此上述理论难以运用于核损害赔偿领域中的国家补偿责任,进而我们需要区别传统的国家补偿责任和本书所指的补偿责任。简言之,此处的国家补偿责任不等于传统的国家补偿责任,仅用词相同而已。其实进一步思索会发现,在核损害赔偿中的国家补偿责任既是现实需要的特殊产物,同时又有其特殊的理论支撑。

---

① 司坡森:《论国家补偿》,中国法制出版社2005年版,第38~44页。

② 韩小平:《行政补偿制度的几个问题》,载《苏州大学学报》(哲学社会科学版)2001年第1期;另参见马怀德:《国家赔偿法的理论与实务》,中国法制出版社1994年版,第40~42页。

③ 姜明安:《行政补偿制度研究》,载《法学杂志》2001年第5期;另参见姜明安:《行政法与行政诉讼法》,北京大学出版社、高等教育出版社1999年版,第476页;

④ [日]南博方:《日本行政法》,杨建顺、周作彩译,中国人民大学出版社1988年版,第94页。

⑤ 陈鉴波:《行政法学》,台北,三民书局1979年版,第494页。

⑥ 彭诵:《论建立行政补偿制度的理论基础》,载《中国煤炭经济学院学报》2000年第1期。

⑦ 涂怀莹:《行政法原理》,台北,五南图书出版股份有限公司1987年版,第761页。

⑧ 崔卓兰、施彦:《国家补偿理论与法律制度》,载《社会科学战线》1996年第4期。

⑨ 董波:《浅析我国行政补偿制度》,载《浙江省政法管理干部学院学报》2001年第4期。

一、国家对其行为的担保

在不考虑国家政策的推动条件下，我们从经济学中的理性经济人假设来看，核设施营运人的投资人作为理性的经济人，其作为以营利为目的的市场主体，成本与收益将是衡量其目的是否实现的有效工具。投资人（市场主体）如果投资核能领域，那么核风险则伴随其投资行为而生成，如核风险的实现（核事故发生），以及因核事故发生而带来的核损害，这些核损害赔偿均会被列入核设施营运人的成本中。然而核能科技的不确定性使核风险更加神秘，这种神秘使投资人不知道将来可能发生多大的损害以及会有多大的成本支出。然而，近些年世界范围内发生的典型的核事故（苏联切尔诺贝利核事故、美国三里岛核事故和日本福岛核事故）告诉了具有投资核领域倾向的投资人，如果发生了这种小概率的核事故，他将可能面临破产。例如在我国法律体系下，按照我国《公司法》《侵权责任法》的规定，尽管投资人可以利用法律来使自己仅以其投资为限承担有限责任，对外由核设施营运人的全部资产承担无限制责任，但是在这种一发生核事故就可能以破产为代价的结果面前，核能投资人只能望而却步，而公众对核事故则是“谈核色变”。因此，核事业的发展如果完全按照市场规律调整，那么核能事业是无法形成的，更谈不上推进或发展了。但这有一个好处——没有核风险的威胁。

然而在能源结构单一、环境污染不断恶化的社会背景下，发展核能事业既有利于缓解能源供应紧张的问题，为市场提供多样化的商品，又能减少污染物的排放，为环境污染治理助上一臂之力。对此，可以说核事业如果因纯粹按照市场规律而阻碍了核能事业的形成和发展的话，也许要“责怪”于市场失灵，此时政府的适当干预则显得必要。但是作为自由市场主体，其仍然难以逾越一发生核事故就可能招致破产这道坎。因此，核能事业的形成和发展仅凭自由市场主体之力是难以成气候的，而必须由国家掌舵。对此，我国在诸多方面作了相应的准备：在核损害赔偿责任方面，分别有国务院的1986年《批复》和2007年《批复》；在核能政策方面，自2002年以来我国出台了《核安全文化特征》等14项政策；在核能规划方面，自2007年以来我国出台了《核安全与放射性污染防治“十三五”规划及2025年远景目标》等4个规划；在相关立法方面，自1986年以来我国颁布了《核安全法》等35部法律（广义）；在核相关标准方面，自1987年以来发布了《电磁环境控制限值》

(GB 8702—2014)等71个标准;在核事业发展的执行人选择方面,就核电业而言,国家通过设立国有企业的形式,将核电事业发展的执行人选定为中广核集团、[①]中国核工业集团、[②]国家电力投资集团[③] 3家,国家资本占全部比例。尽管在《核电管理条例(送审稿)》第6条中,国家鼓励核电站投资主体多元化,支持各类国有企业、民间资本、境外投资者参股投资核电项目,同时支持各类资本参股、控股核电装备制造、技术服务等领域。送审稿第24条的准入条件要求,控股股东或者实际控制人应当是国务院国有资产监督管理机构履行出资人职责的企业。因此,从我国核事业发展的行径来看,国家的推动起了决定性的作用。故而,有人认为,核电不是企业的核电,而是国家的核电。

尽管在这些政策、规划、立法、标准的支持下,我国核能发展跃居世界前列,尤其是核电业的发展,但是伴随世界前列光环的同时,我国社会整体核风险的程度将直线攀升。这与国家推行核事业的行为直接相关,是国家设定了危险状态或者将人置于危险状态,[④]在出现核事故损害时,如果核损害达到核设施营运人和核损害赔偿基金难以承受的额度时,国家的补偿机制则应当为国家行为引进的核风险后果起到保障作用。如日本的《原子能损害赔偿支援机构法案》规定,政府对推进原子能政策负有社会责任,要在赔偿方面采取万全措施。[⑤] 因此,有学者提出核损害赔偿中的国家补偿责任还可以定性为保证责任,[⑥]即国家保证政策、规划、立法、标准等文件的实施带来的不利后果能够得到赔偿,对此本书也赞同国家补偿责任是国家对其行为后果所负有的保证责任。当然也有人认为是政策的代价。但需要注意的是,不能因国家承担补偿责任后就认为国家补偿责任是最终责任。[⑦] 因为核

---

① 中广核集团的股东为国务院国有资产监督管理委员会和广东恒健投资控股有限公司,而广东恒健投资控股有限公司为国有独资企业,股东为广东省人民政府国有资产监督管理委员会。

② 中国核工业集团为国有独资企业,其股东为国务院国有资产监督管理委员会。

③ 国家电力投资集团直接由国务院主管。

④ [荷]威廉·范博姆、米夏埃尔·富尔:《在私法体系与公法体系之间的赔偿转移》,黄本莲译,中国法制出版社2012年版,第264~266页。

⑤ 王蓓:《由后福岛时代看中国核损害赔偿财务保证制度的发展》,中国核学会会议论文,贵阳,2011年10月,第23页。

⑥ 尹颖舜:《核事故损害赔偿中的国家补偿责任问题研究》,武汉大学法学院2014年博士学位论文,第54页。

⑦ 在最终责任原则下,其他承担责任的主体可以享有对承担最终责任者的追偿权。

事业的发展同时又具有社会有益性，核设施营运人和核损害赔偿基金在其限额范围内承担责任后，仍不足以清偿赔偿时，才会启动国家补偿机制，而非一开始就先国家补偿。

二、国家对受害人的救济保证

核事业具有公共产品属性，国家通过政策、规划等行为推动核事业的发展，为全体社会提供了核事业公共产品。但是这种具有公共产品属性的核事业同时又具有两面性。简言之，有益性和有害性。因此，国家推行核事业时，必须既要保证其有益性的提高，又要保证其有害性的降低，甚至消除。就其有害性而言，即是核安全问题。核安全的保证非任何个体所能承受，此角色非国家莫属。核安全包括了对受害人的救济，因此需要国家为受害人的救济提供保证。然而，国家补偿行为即是国家履行核安全保证的外在表现。

国家对受害人的救济保证是国家对其行为进行担保的延续。国家补偿机制启动的顺次是在核设施营运人和核损害赔偿基金在其限额范围内对核受害人承担赔偿责任后才启动的。因此，如果核事故损害超过了第一、二层级的财务保证，而进入第三层级的国家补偿时，可想而知核事故造成的损害已经相当严重了。损害越严重，说明对核受害人的创伤就越大，此时对核受害人的救济就显得越发重要。核受害人对核风险也是极其厌恶的，但为了社会公共利益的考虑，核受害人的特别牺牲应当仅限于对核风险一定程度范围内的容忍。其实核受害人也是核事业的受益人群，因此他们也应当对核事故损害承担一定的赔偿责任。但对此责任他们已经在核损害赔偿基金中由国家代替其承担了相应的责任。如果在第一、二级财务保证救济用尽但仍不能满足核受害人赔偿的情况下，缺乏进一步赔偿的话，那么将会形成无辜核受害人对核损害后果埋单的情形。此种局面对核受害人极为不公平，从获益的角度来看全社会都是获益的，但核受害人却比其他人支付了更大的代价。如果代价达到一定的程度，则很可能产生社会不稳定因素，进而造成社会恐慌。更为严重的是，国家公信力在社会民众心里的地位将大打折扣。为矫正这种不公平，维护社会和谐，国家应当启动补偿机制来对核受害人进行补偿。

第三节　核损害赔偿中国家补偿责任的履行

从国内外关于核损害赔偿中国家补偿责任的制度设计上看,其仅处于一次核损害赔偿链条中的一个环节而已。在核损害赔偿中,国家并没有实施核侵权行为,而是由核设施营运人直接实施的,但为何要承担补偿责任,其缘由已在上文中予以阐释。国家履行补偿责任是在国家已存在补偿责任前提下的另一个话题,即如何具体实现该责任。此处着重选择论述国家补偿责任履行的条件、主体、范围和额度。

一、国家补偿责任履行的条件

由于核损害赔偿领域中的国家补偿责任不同于传统的国家补偿责任,它无所谓责任构成要件之说,故而本书将对责任构成要件的分析转变为对履行条件的分析,包括基础条件和前提条件。

(一)基础条件:核设施营运人构成侵权

其实不难发现,对国家履行补偿责任的基础条件的分析,应当站在核受害人的角度来分析则更加适合。从而可以将其转化为核受害人申请国家履行补偿责任的基础条件。在一次核事故中,核受害人获得损害赔偿的权利基础在于其与核设施营运人之间形成了侵权法律关系,而侵权法律关系的成立则需要进一步证成核设施营运人构成侵权。相同地,核受害人在向国家申请补偿时,也应当以核设施营运人对其已经构成侵权为基础条件。就核损害赔偿而言,对于非为核设施营运人的核侵权行为造成的损害,不能由国家来承担补偿责任。

(二)前提条件:核损害超过核设施营运人和核损害赔偿基金承担的总额

国家履行核损害补偿责任时,并非一上来就进入这一级的补偿。其与核损害赔偿基金履行赔偿责任的前提相同,当前面所有赔偿环节履行完毕后仍不能清偿所有赔偿时,才启动后一级赔偿或补偿,即只有当核损害超过核设施营运人和核损害赔偿基金承担的总额时,才可以启动国家补偿机制。

二、国家补偿责任履行的主体

当然国家补偿责任履行的主体就是国家,但国家是抽象的,其行为的实施还应借助具体的机构。国家履行补偿责任，最关键的就是由谁支付补偿金的问题。在分税制背景下，这就涉及补偿金是由中央财政支出，还是由地方财政支出，或者是中央财政和地方财政共同支出。本书认为，核损害赔偿中国家补偿责任的进一步定性应当是国家的保证责任，保证的对象是国家行为，包括规划、政策、立法等行为。然而，从实践来看，这些国家行为都是中央层面的，地方政府也仅是执行或者配合中央的决定。另外，从核事业发展的审批权限来看，几乎都是收归中央的。鉴于此，本书认为在核损害赔偿中国家补偿责任的履行主体应当为中央政府，即国务院。

三、国家补偿责任履行的范围

由于国家补偿机制是继核设施营运人和核损害赔偿基金之后的另一级财务保证方式，因此，国家对核受害人履行补偿责任时，仍应当遵照前两级财务保证方式赔偿的范围。其实归结起来，最终还是落实到核设施营运人承担的核损害范围，即前文所指的可救济的核损害的范围，其具体类型包括人身损害、财产损害和环境损害。一般来说，赔偿推进到国家补偿阶段时，核受害人的各项损失已经计量清楚了，此阶段主要是对核受害人进行金钱上的给付。

四、国家补偿责任履行的额度

关于国家补偿责任履行的额度，这里主要探讨是否限额的问题。从国内外核损害赔偿中国家补偿责任的额度规定来看，仅有少数国家未明确规定是否有限额外，多数国家规定了国家补偿是限额的。对此，本书赞同我国现行的做法，即原则性地规定国家补偿责任的限额额度的同时，又规定特殊情况下不受限额规定的限制。在本书看来，国家补偿的限额问题应当从以下几个方面来理解：

第一，限额是处理核损害的不确定性与国家财政的有限性的工具。前文已述，核事故造成损害具有时空动态性的特征，在时间上，核损害在不同时间段表现出的损失是变化着的，在空间上，核损害随自然作用力而不断扩散，具有不稳定性。据此，其实可以大胆地推测，核损害是不可能确切计量的，例如也许 10 年后再来统计日本福岛核事故损害的损失，则又是新的数字。相反，国家的财政收入在具体时刻又是确切的，而且财政收入还需要支付其他公共事业的开支。因此,从核损害不确定性与国家财政有限性的关系来看,对国家补偿进行限额具有合理性。

第二,限额是规定国家的义务,其重在保护受害人的权益及时、充分和有效受偿。国家财政开支采用预算制度,强调收支平衡。但是,如果因为核损害的不确定性而不对核损害赔偿中国家补偿责任承担额作财政预算的话,那么当出现重大核事故损害,且损害总额超过核设施营运人和核损害赔偿基金总共承担的限额时,国家补偿机制将难以迅速发挥效用。因此,在财政预算制度下,对国家补偿责任额进行限定更加有利于进行财政预算,从而保护核受害人的权益。其实不难发现,我们所说的限额问题主要是指额度的高低问题。的确,我国国家补偿责任的限额仍处于较低水平,进而国家补偿机制的效用必将受到质疑。因此该限额也应当参考国家经济发展水平和国际经济发展水平适时提高,使其呈现动态性。

第三,规定特殊情况下可以调整限额并不等于国家承担兜底责任或无限责任。站在社会整体的角度,核事业的存在是利大于弊的。因为从核事业带来的社会利益与小概率的核事故损害相比,前者才是常态的结果,而后者仅为非常态的附带品。在应对核风险方面,尽管核风险是必然存在的,但国家可以采取措施进行风险规制,甚至实现规避风险的可能。其实我们可以利用核事故的小概率和核损害的不确定性,因为不可否认的是,核事故及其损害存在太大的或然性,核事故概率并非不可降低,核损害并非一发生核事故就是巨大的。国家可以通过改进核能科技(如我国自主知识产权的华龙一号反应堆研发成功),加强核设施的核安全监管(如核安全局24小时无缝隙、不间断地入驻监测监管核电站情况),完善我国上层建筑(如规划、政策、立法、标准等),提高核事故应急水平(如先后组织代号为“神盾—2009”“神盾—2015”的国家核应急联合演习)等,将核事故概率降到更小,核损害降到最少。况且,迄今为止从世界上发生的几起核事故来看,核事故的发生均是人为所致,而且这些人为因素是在可控制范围内的。因此,可以说通过系列的改进,人类是可以有效降低核事故发生的概率和减少核损害的。有鉴于此,在分析核损害赔偿时不能将核事业的贡献给抹灭掉,还应抓住主流。

从理性经济人的角度来看,国家同样可以纳入理性经济人的范畴。国家对其推行核事业的行为(规划、政策、立法等)承担保证责任,其目的不在于获取多大的经济收益(如税收),而是为了社会公共利益,即改善能源的结构和紧张状态,改善环境质量,提高人们的生活质量等。如果一发生核事故就由国家承担兜底责任或者无限责任,那么国家也会如同纯粹的市场规律下的投资人那样,放弃推行核事业。因此,国家补偿责任的有限性也是推动国家为社会谋福利的有效工具。况且规定限额并不等于国家补偿责任就不能做任何调整。从国务院2007年《批复》来看,在特殊情况下国家补偿责任的限额是可以作调整的,即调高补偿水平。因此,我国并不否认限额的动态性。

第四,限额有利于与国际核损害赔偿机制接轨。从核损害赔偿制度的发展趋势来看,在全球性的核风险社会背景下,核损害赔偿责任的承担将可能呈现出在个别有核国家之间进行分摊发展为在全球各国之前进行分摊的趋势。各国试图获得他国的帮助的内在驱动必然促使世界各国抱团迎接、对抗、承担核风险。因此,可预计在未来也许《巴黎公约》、《维也纳公约》和《核损害补充赔偿公约》三大公约体系的成员国数量将更加庞大。有鉴于此,为了与国际核损害赔偿机制接轨,国内承担核损害赔偿责任的数额则需要确定。进而国家补偿机制作为国内核损害赔偿的最后一道财务保证方式,也应当是数额确定的。

第四节　小　　结

在对核设施营运人的限额、核损害赔偿基金的限额和国家补偿责任的限额进行汇总后可知,核损害赔偿责任其实是限额责任。按照本书设计的三种财务保证方式类型,截至国家补偿责任后,核损害赔偿责任制度的赔偿功能则发挥完毕。但此时又要回到一个“死磕”的问题,即基于核损害后果的巨额性特征,当核损害总额超过前述三种责任限额之总和时如何对核受害人进行救济的问题。本书认为,可以紧接着在国家补偿责任的后面,实现核损害赔偿责任制度再与国家社会保障机制的有效衔接,如与社会保险制度、社会救助制度进行衔接。首先,在保障水平上。社会保障机制对核受害人的保障水平应当以保障核受害人的基本生活水平为限。其次,在保障对象上。一般情况下,在经过核设施营运人、核损害赔偿基金以及国家补偿三种赔偿/补偿后,核受害人几乎已经得到了相应的救济。但是由于核损害的高潜伏性，以及因国外核事故造成核损害而无法得到救济等情况下，核受害人可以依法向国家提出社会救助。

总之，就社会保障目的看，凡遭受核事故损害的受害人均有权获得基本的生活保障。

第六章　核损害赔偿责任制度的运行

上文已将核损害赔偿责任划分为核损害赔偿营运人责任、社会责任和国家补偿责任，并论证了不同责任类型的有效实现形式。核损害赔偿营运人责任的有效实现形式包括核第三者责任保险机制和核巨灾责任保险机制；核损害赔偿社会责任的有效实现形式为核损害赔偿基金机制，核损害赔偿中国家责任的实现形式为国家补偿机制。据此，我国核损害赔偿责任的国内承担构筑了三级财务保证：第一级为保险、第二级为基金、第三级为国家补偿。但是，各个责任类型以及各个责任类型下的实现形式都是孤立存在的。它们就像一个个独立的环一样，还缺乏将这些环串起来的线。如果试图将各个环紧密相连而发挥各自和整体的效用，则必须找到能够串联这些环的线，而这根线即为核损害赔偿责任制度的运行机制。需要注意的是，该机制并非仅适用于核损害赔偿营运人责任制度的运行机制，也非仅适用于核损害赔偿社会责任或国家补偿责任的运行机制，而是总揽核损害赔偿责任制度的运行机制。

第一节　问题的提出

一、立法上重核事故预防，但忽视了核损害赔偿

尽管我国核能立法还有待完善，但现行立法中仍

有相当数量的立法可以对核事故及因核事故产生的法律关系进行调整，如《核安全法》《核电厂核事故应急管理条例》《突发事件应对法》《突发环境事件应急管理办法》等。在《核安全法》中，该法用专章规定了“核事故应急”：(1)在核事故应急体系方面。我国形成了“国家—省级—核设施营运人”三级核事故应急体系。在国家一级设立核事故应急协调委员会，组织、协调全国的核事故应急管理工作，并由国务院核工业主管部门承担国家核事故应急协调委员会日常工作，牵头制定国家核事故应急预案。在省一级由省级政府根据实际需要设立核事故应急协调委员会①，组织、协调本行政区域内的核事故应急管理工作，并由省级政府指定的部门承担核事故应急协调委员会的日常工作，负责制定本行政区域内场外核事故应急预案。而核设施营运单位则负责制定本单位场内核事故应急预案。(2)在核事故应急准备方面。在国家一级建立核事故应急准备金制度，保障核事故应急准备与响应工作所需经费。核设施所在地省政府指定的部门，应当开展核事故应急知识普及活动，按照应急预案组织有关企业、事业单位和社区开展核事故应急演练。在核设施营运单位内，其按照应急预案，配备应急设备，开展应急工作人员培训和演练，做好应急准备。(3)在核事故应急救援方面。核设施营运单位应当按照应急预案的要求开展应急响应，实施应急响应支援，减轻事故后果。国家核事故应急协调委员会按照国家核事故应急预案部署，组织协调国务院有关部门、地方人民政府、核设施营运单位实施核事故应急救援工作。中国人民解放军和中国人民武装警察部队按照国务院、中央军事委员会的规定，实施核事故应急救援工作。(4)在核事故发生后，各级政府及其有关部门、核设施营运单位等按照国务院有关规定和授权，组织开展核事故后的恢复行动、损失评估等工作。核事故的调查处理，由国务院或者其授权的部门负责实施。核事故场外应急行动的调查处理，由国务院或者其指定的机构负责实施。

从《核安全法》规定的整个核事故应急过程来看，只字未提核损害赔偿的问题。尽管不能就此认为核损害赔偿不重要，但是根据《核应急白皮书》对核应急目的的规定来看，核应急更加重视如何控制核事故、缓解核事故和减少核事故后果。与此相同的，在《核电厂核事故应急管理条例》、《突发事

① 由于并非所有的省份都建有核设施，或者都会招致核事故的影响，因此省一级的核事故应急协调委员会不是各个省份都应当设立，而需要根据实际需要设立。

件应对法》和《突发环境事件应急管理办法》中，也是更加侧重于对事件的应急，并没有重视损害赔偿问题。从这些系列的立法来看，我国不仅对核事故，而且对众多的安全事件(故)的态度都是重预防而轻损害赔偿的。当然，能够将安全事件(故)扼杀在摇篮中固然是好，但是对于那些虽采取预防措施后仍造成损害的情况，则不得不面对损害赔偿问题。在核能领域，由于核安全本身就包括核事故预防和核损害救济，因此确保核安全问题不应当仅停留在核事故的预防层面，还应当包括核损害的赔偿。

尽管在核事故应急中规定了核应急准备金制度，但是这些资金是专门用于核应急的经费开支，并非核受害人的损害赔偿之用。因此，如果按照这种重核事故预防而轻核损害赔偿的模态，当出现核损害赔偿时则很可能导致如下问题：(1)在核事故发生前，核受害人因难以获得经济援助而造成更大的核损害发生。如因缺乏经济援助而导致无避难场所、食品、医疗等，进而造成二次损害发生。(2)在核事故发生时或者发生后，核受害人因寻求救济而集体向核设施营运人直接索赔，或者向法院起诉，甚至向政府施压。由于核事故的受害人数众多，在没有秩序的索赔机制引导下，核受害人的索赔将很难保证及时、充分和有效性，严重的可能诱发社会不稳定因素。

二、实践中缺乏核损害赔偿的应急演练

从我国发展核能事业至今，除2010年5月23日大亚湾核电站发生过反应堆的核泄漏事件外，没有发生过任何核事故。但是按照国际核事件分级表的规定，此次事件也仅属于较低的第一级的异常事件，并未造成场外核损害。因此，在我国并没有核损害赔偿的亲身实践经验。然而在我国对于核应急的演练则是常态化的，例如为应对可能发生的严重核事故，在我国已有25支核应急救援分队的基础上，还将另行组建一支由320人组成的国家核应急救援队(由6支救援分队组成，分别是指挥协调与技术支持分队、突击抢险分队、工程抢险分队、应急监测与辐射防护分队、去污洗消分队、医学救援分队)，主要承担复杂条件下重特大核事故突击抢险和紧急处置任务，并参与国际核应急救援行动。福岛核事故以来，中国各级核应急组织举办培训班110多期，培训近万人次。另外，以“共筑核应急核安全防线、共促核能事业科学发展”为主题，多次组织全国范围核应急宣传活动，国内外受众面

达到10亿人次。[①] 然而,对于核损害的演练至今还未提上议程。

其实不难发现,在核事故发生前的核应急就可能产生核损害,故而事实上的核损害赔偿就已经开始了,紧接着的核事故发生时和发生后阶段当然也存在核损害赔偿问题。由于核事故涉及的人数众多,核损害的评估鉴定复杂,从而导致核损害赔偿事宜需要充沛的人力资源和专业的评估鉴定团队才能胜任,但是依靠现行的事后救济制度根本难以胜任。例如,按照现行的诉讼制度,对于先行起诉并且其诉求得到判决支持的受害人可能获得全额的索赔。然而,在后面提起诉讼的受害人可能只获得较少的索赔,甚至不能得到赔偿,因为核损害赔偿责任是限额责任。由此可见,由于现行救济制度的运行问题,将导致核损害赔偿制度追求的对核受害人赔偿的及时性、充分性、有效性以及公平性很难得到实现。

我们不能像日本那样,在发生1999年茨城县核事故后才重视核损害赔偿应急机制的设计。[②] 当然,茨城县核事故中对核损害赔偿方面教训为之后福岛核泄漏事故中较为顺畅的核损害赔偿提供了实践经验。这个教训也是我国应当吸取的。尽管我国没有相关的实践经验,但对于核损害赔偿制度运行机制的建立和完善,可以在常态化的演练过程中予以实现。

三、理论上缺乏对核损害赔偿制度运行的研究

在理论与制度的关系上,不可否认的是理论上的证成对制度的形成会起到关键作用。关于核损害赔偿制度运行的理论研究现状,本书主要通过两种途径来获得,一是借助知网等文献搜索工具,二是查阅专业书籍。在知网搜索引擎中输入“核损害”关键词后,经筛选得出相关的论文数量为90篇;输入“核损害赔偿”关键词后,经筛选得出相关的论文数量为66篇。[③] 相关专业书籍仅有傅济熙的《核损害的民事责任与赔偿》(2003年)、徐原和陈刚的《世界原子能法律解析与编译》(2011年)以及蔡先凤的《核损害民事责任研究》(2005年)三部。但遗憾的是,尽管总数上相对可观,但是在上面著述中,仅有一篇论文对核损害赔偿制度的运行作了简短分析,该文为杨尊

---

① 参见人民政协网:http://www.rmzxb.com.cn/c/2016-01-27/682615_2.shtml,最后访问日期:2018年9月6日。

② 在茨城县核事故的正式损害赔偿工作直到2000年5月26日才步入正轨。

③ 此次搜索的截止日期为2019年4月5日。

毅、王军的《建立我国核损害赔偿制度探讨——福岛核事故损害赔偿的启示》(2013 年)。由此可见,学界的理论研究方向也是随着国家的导向而变化的。近年来,国家注重核安全及其立法,因此学界的论证也主要集中在核安全立法方面。尽管在核损害赔偿方面有学者进行了专门论述,但是大致集中在对有关核损害赔偿国际公约的介绍、核损害赔偿原则的论述、核第三者责任保险制度介绍方面,对于核损害赔偿整个制度的运行还没有触及。

由于理论上对核损害赔偿制度的运行理论缺乏充分而有力的证成,这导致实践中该制度运行机制的建立没有理论保障。一般认为,学界通过理论的研究对国家制度设计的倡导作用还是非常明显的。核损害赔偿制度是一个涉及内容非常广泛的制度体,从形式上看,尽管挖掘出正当且合理得多级核损害赔偿方式是该制度的重中之重,但从整体上看,核损害赔偿制度该如何运行仍是关键。

第二节 核损害赔偿责任制度运行的模式假设与抉择

由于核损害赔偿责任制度运行的理论研究在学界还未有累积性的成就,故而很难找到既有的理论参考。为此,本书选择从核损害赔偿责任制度运行的推动力视角来探讨该制度的运行模式,按照制度是否因外界力量的推动而运行为标准,可以将核损害赔偿制度运行的模式划分为当事人主义模式和行政主导模式两种。如果没有专门的核损害赔偿责任制度运行机制,那么该制度的运行则应当纳入我国现行的损害赔偿纠纷解决制度的运行机制中。我国现有的纠纷解决制度较为多元化,包括和解、调解、仲裁[①]和诉讼四种。在当事人主义模式、行政主导模式与不同纠纷解决制度相互结合的环境下,核损害赔偿责任制度的运行将呈现不同的效果。需要特别说明的是此处所指的纠纷解决机制仅是针对民事纠纷而言的,不包括行政纠纷和刑事纠纷。

---

① 在我国仲裁制度大致包括:商事仲裁(受理合同纠纷和其他财产权益纠纷)、劳动仲裁(受理劳动纠纷)、人事争议仲裁(受理公务员、事业单位工作人员与单位的人事纠纷)等。由于核损害赔偿涉及人身损害和环境损害,并不都体现为财产权益的纠纷,因此不宜将核损害赔偿纠纷纳入仲裁制度中解决,从而下文也不对仲裁制度作阐释。

一、核损害责任制度运行之当事人主义模式假设

(一)当事人主义模式下的和解

"和解"一词自古就有,在《荀子·王制》中就有"和解调通"之说,具体指宽容、宽和,后引申为平息争端,重归于好,[①]因此传统意义上的和解被理解为"私了",是一种旨在说服的交流和对话。[②] 在法律上,和解则是指根据当事人的意思表示,通过达成和解协议的形式来实现定分止争的纠纷解决机制。因此不难发现,和解纠纷解决机制本身就蕴含了当事人主义的意思。这里也需要说明的是,尽管调解的最终结果也是希望促成当事人之间达成和解,但此时的和解已不再具有纠纷解决机制的意义了,而是仅作为调解的目的而存在。而作为纠纷解决机制的和解是没有中立第三人予以调处的和解形式,整个和解过程仅有当事人主体参与。

和解不像仲裁和诉讼那样有专门的程序规则,它的规则柔性较大,可以由当事人双方约定,其目的主要是实现便利、迅捷地解决纠纷。其具体运行过程表现为:(1)在启动和解程序上,由于纠纷对当事人而言都是厌恶的,因此,在启动和解程序上,并不要求某一方当事人才有权启动,而是双方当事人都可以提出以和解来解决纠纷。但是从实践来看,在任何纠纷解决机制下受害人一方更有提起纠纷解决的主动性。(2)在证明责任上,受害人的举证责任并不要求非常严格,只要对方当事人认可即为实现了证成目的。对于有争议或者不确定的事实,也可以借助其他鉴定机构予以证实。(3)在适用法律上,由于整个过程主要体现的是双方当事人的讨价还价或者说谈判,该过程尊重当事人的意思自治,因此只要和解达成的协议不违背法律、行政法规和规章的强制性规定,则协议视为有效,此时和解协议受《合同法》的调整。(4)在事实认定上,只要双方当事人无异议,则可以认定事实存在。因此,和解并不强调追求必然的客观真实性,而追求的是主观的可接受性。(5)在赔偿标准上,双方当事人既可以依照法定的计算方法来确定赔偿标准,当然也可以互相让步,[③]自拟赔偿标准。(6)在结果保障上,由于该和解

---

① 王利明:《论和解协议》,载《政治与法律》2014 年第 1 期。

② [印]马海发·梅隆:《诊所式法律教育》,彭锡华等译,法律出版社 2002 年版,第 114 页。

③ 庄加园:《和解合同的实体法效力——基于德国法视角的考察》,载《华东政法大学学报》2015 年第 5 期。

协议受《合同法》的调整,因此它可以起到确定双方当事人权利义务的功能,若一方当事人违约,则另一方当事人可以依法提起诉讼。因此,和解协议是非终局的纠纷解决方式,还可能发生和解协议之诉。[①] 另外,当和解失败时,双方当事人还可以诉诸诉讼等纠纷解决机制。

在核损害赔偿领域如果采用当事人主义模式下的和解纠纷解决机制,按照上述运行过程,核设施营运人或者核受害人均可以提出和解,在协商谈判的过程中,对于核损害的事实、证据,核损害赔偿的标准等问题,只要双方无异议则可以形成和解协议。从便利性和迅捷度来看,这个过程相比仲裁和诉讼纠纷解决机制更加优越。

(二)当事人主义模式下的调解

调解是指双方或多方当事人就争议的实体权利和义务,在中立的第三方的主持下,通过劝解、疏导、调停等方式,促成各方达成协议、解决纠纷的办法。我国的调解制度被誉为"东方经验",早在西周时期就设有"调人""胥吏"官职负责纠纷的调解工作。[②] 发展至今,调解制度已经形成了民间调解(人民调解)、行政调解(如治安调解、交通事故调解)和司法调解(法院调解)三位一体的纠纷解决机制。调解作为纠纷解决方式之一,是私力救济和公力救济相融合的产物,因此属于社会型救济。[③] 在不同调解形式下由于调解主体的差异,从而体现的公与私的程度有所不同,行政调解和司法调解比民间调解的公力救济程度强。由于调解机制以不同的形式出现,因此在当事人主义模式下,不同形式的调解机制的运行亦存在差异,故而分项论之。

1. 当事人主义模式下民间调解机制的运行

民间调解即人民调解,是指人民调解委员会通过说服、疏导等方法,促使当事人在平等协商基础上自愿达成调解协议,解决民间纠纷的活动。[④]

(1)人民调解的启动阶段。这个阶段已经体现了明显的当事人主义特征。调解的启动既可以由当事人提出申请,也可以由人民调解委员会主动调解。但后一种启动情形下,如果当事人一方拒绝调解的,则不得调解。另

① 赵秀举:《论民事和解协议的纠纷解决机制》,载《现代法学》2017 年第 1 期。

② 张晋藩:《中国古代诉讼制度通论》,载《法制与社会发展》1996 年第 3 期。

③ 徐昕:《论私力救济》,中国政法大学出版社 2005 年版,第 317 页。

④ 参见《人民调解法》第 2 条。

外还存在移交给人民调解委员会调解的情形。[①] 实践中主要表现为当事人将纠纷提交到有关党委、政府及政府部门、法院时，这些收到纠纷的主体认为纠纷的解决更加适宜以人民调解方式来进行的，则告知当事人可以向人民调解委员会申请调解。但是否选择调解，还应当征得各方当事人的同意。总之，在程序的启动上，任何一方当事人均掌握了绝对权，只要有一方当事人拒绝都不能启动。

（2）人民调解的审查与受理阶段。这个阶段主要解决人民调解委员会的纠纷受理范围与管辖范围问题。在受理范围的确定方面，《人民调解工作若干规定》第 20 条和第 22 条作了明确规定。在管辖范围的确定方面，《人民调解工作若干规定》第 21 条作了明确规定。因此，该阶段当事人主义的作用难以体现出来。

（3）人民调解的准备阶段。这个阶段的主要工作包括指定或选定调解人员、预防矛盾激化、调查纠纷情况和纠纷事实、拟订调解方案。在这个阶段，当事人主义仅能对选定调解人员起到作用，其他几项工作为调解人员依法行使的工作内容，应保持中立和客观性，不应受当事人主义的影响和干涉。调解人员的产生有两种情形：一是指定，二是选定。对于第二种情形，当事人可以选择 1 名，也可以选择数名调解员进行调解。[②]

（4）人民调解的进行阶段。人民调解员作用在于促使当事人在平等协商、互谅互让的基础上提出纠纷解决方案，帮助其自愿达成调解协议。[③] 当事人主义在此阶段能够发挥作用的地方主要表现在：[④]第一，选择或者接受人民调解员。尽管在准备阶段当事人就可以行使调解员的选择权，但是这并不妨碍在调解进行阶段当事人还可以重新选择调解员，如出现调解员与当事人存在利害关系而影响调解公正性的情形。对于调解委员会指定的调解员，当事人可以接受，也可以不接受。第二，接受调解、拒绝调解或者要求终止调解。这是当事人主义在人民调解中体现得最淋漓尽致的地方。不论调解处于哪个阶段，如果当事人接受调解，则调解继续进行，但是一旦发生任何一方当事人提出拒绝或者终止调解的意思，调解要么重新进行，要么终

---

① 参见《人民调解法》第 18 条。

② 参加《人民调解法》第 19 条。

③ 参见《人民调解法》第 22 条。

④ 参见《人民调解法》第 23 条。

止。第三,要求调解公开进行或者不公开进行。由于调解涉及的民间纠纷存在一定的隐私性,因此当事人可以要求公开或不公开。第四,自主表达意愿、自愿达成调解协议。无论是何种形式的救济机制都必须尊重当事人自主表达意愿的权利,人民调解也不例外。但是对于人民调解协议是否达成,则完全取决于当事人的意思表示。调解协议是人民调解成效的体现,但这又是建立在当事人主义之上的。如果达不成调解协议的,要么继续进行调解,耐心说服各方,要么终止调解,并告知当事人可以通过其他救济方式解决。①

(5)人民调解结束阶段。人民调解具有期限性,必须在1个月内调解结案,且不能延期。因此在规定的期限内,人民调解的结果只能是要么达成调解协议,要么未达成。然而达成与否完权取决于当事人的意思。

(6)人民调解协议的履行阶段。在达成人民调解协议后,当事人可在调解协议生效之日起30日内共同向法院申请确认其效力,从而赋予了该人民调解协议的强制执行力。② 但申请法院确认调解协议效力时,需要当事人共同申请,而非单方申请。因而此时也可以展现当事人主义在人民调解中的作用,即当事人一方对达成的协议有异议的,可以放弃申请调解协议的效力,转而就协议的争议向人民法院提起诉讼。综上所述,可以毫不夸张地说,当事人主义把控着人民调解的始末。

在核损害赔偿领域,由于核损害赔偿纠纷也可以视为民间纠纷,因此也可以采用当事人主义模式下的人民调解纠纷解决机制。按照上述运行程序,核受害人或者核设施营运人可以共同启动人民调解程序,在人民调解委员会的调解下达成调解协议,然后履行协议的内容。对于有争议的,还可以通过提起诉讼的形式来予以保障。这种当事人主义下的人民调解机制如同和解一样,既能够保证当事人的意思自由,又能够实现损害赔偿纠纷的高效解决。

2. 当事人主义模式下行政调解机制的运行

行政调解是指国家行政机关在行政管理过程中,对其职权范围内发生的民事纠纷,以政策、法律、人情常理等为依据,通过居中进行沟通、调停、提供意见甚至调查事实等方式,促成当事人达成调解协议,从而解决民事纠纷

---

① 参见《人民调解法》第26条。

② 参见《人民调解法》第33条。

的行政事实行为。[①] 从我国行政调解的实践来看,行政调解可以划分为自治性行政调解和裁断性行政调解。[②] 前者是指完全由纠纷当事人起主导作用的、由行政机关出面组织的民事调解,如工商管理部门根据《合同争议行政调解办法》对合同纠纷进行调解。后者是指在行政调解过程中,行政机关有责任调查取证、查明事实、分清是非责任,作出相应的行政决定,并在此基础上建议当事人通过调解方式(或因当事人申请而启动调解进程)解决与其职权管理活动相关的民事纠纷的调解活动,如交通事故损害赔偿行政调解。由概念可知,并不是所有行政调解都充满了行政主导性的。自治性的行政调解蕴含了深刻的当事人主义意蕴,而裁断性的行政调解中的当事人主义非常弱,反而体现着非常强的行政主导性。因此,在此处探讨当事人主义模式下的行政调解要属自治性行政调解最恰当。

自治性行政调解的全过程都贯穿着当事人主义,行政机关在其中仅扮演组织角色,对纠纷双方进行劝导或提供相关意见,并为整个调解过程提供政策、法律依据,以及对最后达成的调解协议是否存在违法问题进行把控。然而,对于调解的启动与否、调解是否继续、调解中涉及的实质性问题(如事实认定、证明责任、赔偿标准等)等均由纠纷双方自主决定,行政机关并不主动对事实问题进行调查取证和审查。因此,自治性行政调解无异于纠纷当事人的自行和解,只是纠纷解决过程中多了中立第三人而已。

如果核损害赔偿领域采用自治性行政调解机制来解决,那么首先应当确定有权对核损害赔偿纠纷进行调解的行政机关。从行政调解的概念来看,该行政机关需在行政管理过程中,解决其职权范围内发生的核设施营运人与核受害人之间的损害赔偿纠纷。对此,本书坚持认为,核安全包括核事故预防和核损害的救济,因此,对于核损害赔偿纠纷应当是发生在该行政机关的核安全管理过程中,根据国家机关的行政职能范围,该机关只能是国家核安全局。为此,当发生核损害赔偿时,当事人可以向国家核安全局申请自治性的行政调解。在此种调解下,形式上尽管有行政机关居中进行沟通、调停和提供法律意见,但对于纠纷的实质问题,则需要当事人自主决定,行政机关无权干涉。因此与和解无异,故而达成的调解协议也如和解协议一样,

---

① 赵银翠:《行政过程中的民事纠纷解决机制研究》,法律出版社 2012 年版,第 100 页。

② 吴德昌:《我国诉讼外纠纷解决机制通论:基于纠纷解决方式为中心的专题分析》,江西人民出版社 2015 年版,第 140 页。

只要不违反强制性法律的规定,协议应当认定为有效,当事人一方如果不履行的,另一方可以向法院提起诉讼维权。

3. 当事人主义模式下司法调解机制的运行

司法调解即法院调解,是指在法院主持下,双方当事人自愿达成协议从而解决纠纷的一种方式。在我国法院审理工作"案多人少"的矛盾下,[①]自2012年最高人民法院发布《进一步贯彻"调解优先、调判结合"工作原则的若干意见》后,我国法院大调解背景逐步形成。因此在实践中,法院调解并不仅仅出现在案件审理过程中,还可能出现在案件审理前,故而法院调解可以分为庭前调解和诉讼调解。庭前调解主要发生在立案阶段和庭前证据交换阶段,总之首次开庭前的调解都应被纳入庭前调解中。而对于诉讼调解则是《民事诉讼法》专章规定的调解。

(1)对于庭前调解。如果庭前调解发生在立案阶段,则往往案件还未予以立案。立案人员认为案件事实清楚、证据充分、责任明确的,由立案庭设立的庭前调解组织(一般是人民调解工作室)来调解,但前提是征得当事人同意。在调解过程的始终,当事人主义体现得非常明显,是否达成协议完全依赖于当事人的意思自治,调解人员只是起居间斡旋,提供法律意见的作用。如果当事人达成协议的,则可以起到息诉的作用。反之,则由立案庭给予立案,移交相应的审判庭。如果庭前调解发生在立案后,此时案件一般已经移交到相应的审判庭。如果承办人员认为案件事实清楚、证据充分、责任明确的,也可以向当事人主动提出给予调解,但是否调解也必须征得当事人的同意。此时的调解与立案阶段的调解一样,当事人主义也体现得非常明显。如果达成协议的,原告则撤回起诉;对于未达成协议的,案件则进入审判程序。其实,庭前调解无论发生在立案阶段还是已经立案但未开庭前阶段,在案件事实的认定方面追求的是当事人的认可,而非法律上的真实性,不必然要求调解人员进行案件调查和收集取证等。因此,整个过程并没有诉讼调解那么严格,从而体现了高效率的优势。

(2)对于诉讼调解。这是我国《民事诉讼法》第93条至第99条规定的诉讼调解纠纷解决机制。在诉讼调解程序中当事人主义体现得也较为明显。首先,在调解的启动方面,当事人掌握了绝对权。诉讼中的调解既可以

---

① 徐炳煊、庄治国:《调解前置:多元化纠纷解决机制的优化路径选择》,载《延边大学学报》(社会科学版)2017年第5期。

由当事人申请提出，也可以由法院依职权提出，但后者需要征得当事人的同意。有一方当事人不同意的，诉讼调解则难以启动。因此，诉讼调解也遵循自愿原则。其次，调解方案或调解协议一般由当事人提出，必要时可以由审判人员提出调解意见，但是否采纳和认同完全取决于当事人的意思。达成调解的除法律规定可以不制作调解书的情形外，法院应当制作调解书。除上述两点外，当事人主义则很难体现了。如对于事实和责任的认定，调解与审判的程序要素、证据资料基本一致，[①]法院必须查明事实、分清是非；对于调解书的效力，一旦经双方当事人签收后，即具有法律效力。如果一方当事人不履行的，则另一方当事人可以申请法院强制执行。

在核损害赔偿领域，如果采用法院调解机制解决纠纷，那么首先应当选择起诉的法院。按照单一法院管辖原则，由核事故发生地法院管辖。但是由于核损害往往数额巨大，而且核损害还夹杂着人身、财产和环境损害，必然发生环境公益诉讼，因此建议至少由中级以上人民法院管辖。但是为了保护核受害人上诉权、申诉权以及上诉、申诉的便利性，同时体现法院管辖的单一性，本书最终建议将核事故发生地法院定位为中级人民法院。核损害赔偿纠纷的当事人（核设施营运人和核受害人）都有权提起诉讼，如果存在可以庭前调解和诉讼调解的情形，且当事人同意的，则可以采用调解来化解纠纷，这样做具有明显的高效性。

（三）当事人主义模式下的诉讼

诉讼是解决纠纷最常见的机制。随着我国司法改革的不断深入，我国民事诉讼的模式也从坚持职权主义模式逐渐转变为追求当事人主义模式。当事人主义诉讼模式是指在诉讼过程中以当事人为中心，法官仅处于消极的中立的裁判者地位，诉讼的启动、继续和发展主要依赖于当事人。在理论上一般认为，当事人主义诉讼模式的基本内涵体现为约束性辩论原则和处分原则。[②] 约束性辩论原则又称为辩论主义，其表现为：（1）直接决定法律效果发生或消灭的要件事实，只有在当事人的辩论中出现才能作为判决的基础，法院不得将当事人没有主张的事实作为判决的基础。（2）法院应将当事人之间没有争议的要件事实作为判决的基础。（3）法院进行证据调查的范

① 郝振江：《论我国法院调解与审判的程序分离》，载《暨南学报》（哲学社会科学版）2017 年第 9 期。

② 张卫平：《民事诉讼基本模式：转换与选择之根据》，载《现代法学》1996 年第 6 期。

围只限于当事人提出的证据。[1] 约束性处分原则又称为处分权主义,其表现为:(1)诉讼程序的启动权由当事人控制,包括起诉、上诉和申诉。(2)法院裁判的范围、形式以及限度以当事人的诉请事项为准。(3)当事人可以通过撤诉、放弃诉讼请求或承认对方的诉讼请求以及和解等方式终结诉讼程序。[2] 当事人主义诉讼模式发展到今天,与其说是赋予当事人权利,不如说是对法院进行权力限制。给一方赋权同时就是给另一方限权,这也是为什么前文会出现辩论主义又可以称为约束性辩论原则,处分权主义又可以称为约束性处分原则的原因。在当事人主义诉讼模式下,两造处于完全对立的状态,而法官则处于不偏不倚的中立状态,法官根据两造举证和辩论结果来作出法律上的正确裁判。

由于我国诉讼模式本身就是当事人主义的诉讼模式,因此如果核损害赔偿纠纷的当事人以诉讼方式来解决纠纷,则无须再强调当事人主义在诉讼中的作用。相较于当事人主义下的和解、调解而言,当事人主义诉讼模式中个人的主观性较小,意思自治的范围较窄,因而得出的结论相对公正。

二、核损害赔偿责任制度运行之行政主导模式假设

以行政机关在纠纷解决中的作用大小为标准可以将行政主导模式定义为行政机关在纠纷解决过程中起主导作用的模式。在上文阐释的几种纠纷解决机制中,和解、自治性行政调解和诉讼均是排斥行政机关占据主导作用的,然而裁断性行政调解机制并不排斥行政机关的主导作用,反而行政主导本为裁断性行政调解的题中之义。裁断性行政调解在纠纷解决过程中会分两步走:第一步,是行政机关在调查取证、查明事实、分清是非责任的前提下,对当事人的责任认定问题作出行政决定,该行政决定具有一定的事实认定效力。第二步,在第一步的基础上建议当事人之间的纠纷通过调解来解决,或由当事人申请该行政机关对其纠纷进行调解。其具体运行程序如下:

1. 事故发生后行政机关依职权介入。一般地,在裁断性行政调解前有一个背景因素,即发生了某起事故,而且该起事故与某个行政机关的行政管理活动有关。此时,该行政机关应当依职权介入该事故中,实施事故救援、

---

① 张卫平:《我国民事诉讼辩论原则重述》,载《法学研究》1996 年第 6 期。

② 张卫平:《民事诉讼处分原则重述》,载《现代法学》2001 年第 6 期。

事故调查、责任认定等活动。

2. 行政机关依职权作出事实认定的行政决定。行政机关介入事故后应当对事实情况进行现场勘察，询问当事人和证人，对于需要进行鉴定的可申请鉴定机构进行鉴定，总之其目的在于查明事实。在查明事实后，行政机关会针对该事实作出一个行政决定，并交给事故当事人。在该行政决定中除了载明事实情况外，还会根据事实载明该行政机关对事故责任的认定，如谁负主要责任，谁负次要责任。

3. 行政机关介入调解。行政机关（一般为原作出行政决定的行政机关）根据查明的事实情况可以主动提出为事故当事人进行调解，也可以由当事人申请进行调解，但前者需要征得当事人的同意。对于当事人均不同意行政机关介入调解的，可以向法院提起诉讼来解决该纠纷。但是，对于法律规定行政调解前置情形的，则必须先经行政调解，对行政调解不服或达不成调解协议的才能再提起诉讼。例如，我国《道路交通事故处理办法》确立的交通事故行政前置的纠纷解决机制。

4. 达成调解协议。在调解的过程中，行政机关应当在充分听取当事人的意见后，根据事故认定情况和相关法律的规定来计算和确定损害赔偿额。当事人对行政机关确定的损害赔偿额有异议的，可以继续进行协商，互相让步，以致达成调解协议。若达不成调解协议，当事人可以向法院提起诉讼，从而终止调解。

如果核损害赔偿领域采用这种裁断性行政调解机制来解决核损害赔偿纠纷，则可以利用行政机关的主导性来查明核事故事实，并根据查明的事实和相关法律的规定来确定损害额，具有相当的客观性。如果双方对损害额有异议，还可以在行政机关的调解下互相让步达成调解协议，体现了高效率。

三、核损害赔偿责任制度运行模式的国外立法与实践启示

（一）国外立法启示

国外有些国家也意识到核损害赔偿与一般的损害赔偿存在较大差异，从而制定了有别于有关核损害国际公约或部分有核国家国内法崇尚当事人主义的核损害赔偿运行模式，转而采用了行政主导的核损害赔偿模式，这些国家主要为加拿大、日本和印度。

在加拿大,《核责任法》建立了核损害赔偿的分离模式。核损害赔偿总体上由司法系统和行政系统共同处理,但是对于小事故引发的核损害赔偿,则由司法系统进行处理,对于大事故引发的核损害赔偿(主要核损害总额超过核设施营运人的最高责任额时),则采取特殊赔偿措施,由行政系统负责处理,具体由核损害赔偿委员会受理。

在日本,其核损害赔偿立法体系较为完备,这也为福岛核事故损害赔偿较为顺利地解决提供了法律支持。其中在《原子能损害赔偿支援机构法》(2012 年)和《平成 23 年原子能事故造成损害的紧急措施法》(2012 年)两部法律中,有力地体现了政府在核损害赔偿应急中的作用。《原子能损害赔偿支援机构法》(2012 年)规定,原子能损害赔偿支援机构在原子能损害赔偿超出保险理赔金额的情况下,对原子能事业者提供赔偿资金援助。《平成 23 年原子能事故造成损害的紧急措施法》(2012 年)规定了由国家迅速临时垫付东京电力公司应当支付的赔偿金的制度。①

在印度,《核损害民事责任法》(2010 年)在司法救济之外设立了一套准司法意义上的行政裁决制度,较强地展现了政府在核损害赔偿中的主导作用。其一般处理流程为:②原子能监管委员会在核事故发生之日起的 15 日内公告该核事故→中央政府任命的理赔专员采用其认为适当的方式进行宣传,并收集对核损害提出的索赔申请→受害人在知晓遭受核损害之日起 3 年内提出索赔申请→理赔专员通知营运人→理赔专员在收到索赔申请 3 个月内作出裁决。对于中央政府认为核事故涉及公众利益的,可以设立核损害理赔委员会来代替理赔专员处理,其流程同前。只是此种情形下,委员会可以对索赔进行听证,并以此作出裁决。

综上所述,从加拿大、日本和印度的立法中得到的启示是:在核损害的或然性、高潜伏性、快速性和灾难性(巨额性)特征面前,核损害赔偿责任制度的运行模式应当不同于一般损害赔偿责任制度的运行模式。进言之,核损害赔偿救济不应当单恋于被动且滞后的司法救济而忽视了具有主动性的行政救济。

---

① 张钰羚:《论环境法律体系中原子能灾害财政应急机制的构建——以福岛核事故财政应急工作为中心的考察》,中国环境资源法学研究会 2015 年年会暨 2015 年全国环境资源法学研讨会论文,上海,2015 年 7 月,第 366 页。

② 刘江:《印度 2010 年〈核损害民事责任法〉》,载《国外核新闻》2011 年第 9 期。

（二）国外实践启示

迄今为止，世界范围内发生的可查证的重大核事故非常少，由于信息搜集的困难，现仅展示日本的两起核事故的损害赔偿，即1999年9月30日东海村核燃料加工厂的临界事故（以下简称JCO事故）和2011年3月11日福岛核泄漏事故。对同一国家先后发生的核事故损害情况进行展示，至少可以形成前后对比。

在JCO事故发生时，核事故应急效果比较突出。在事故发生后45分钟即向科技厅报告，并相继成立了东海村紧急响应总部、科技厅对策总部、现场对策指挥部、核安全委员会铀加工厂临界事故调查委员会、首相领导的事故特别小组。在具体措施上，对10公里范围内的学校暂时关闭、农业暂停采收；对74633位居民进行免费体检。在核损害赔偿方面，于10月4日设立联络点，接受受害人关于受害情况的申请表。于10月22日科技厅成立核损害赔偿争端调解委员会和核损害调查研究组。前者由具备相关知识的法律专家、大学教授、核能专家组成，后者负责调查事实，制定赔偿标准。在估算赔偿数额时，核保险共同体作为咨询机构参与其中。[①] 尽管在核损害赔偿工作方面反应非常迅速，但是具体的损害赔偿工作是由JCO公司主导的，其根本不具备处理核损害赔偿的能力和人员，核保险共同体同样缺乏相关经验。这导致正式的赔偿工作直到翌年5月26日政府主导的核损害赔偿指南出台后才开始进入正轨。[②]

在福岛核泄漏事故发生时，政府与东京电力公司重点着力于核应急工作，对于核损害赔偿事宜也被推迟到2011年4月。在此次核损害赔偿过程中，政府起了举足轻重的作用：（1）资金援助。由于日本此次福岛核事故是由异常的自然灾害引起的，因此核第三者责任保险是免责的。基于此，日本政府根据《核损害赔偿协议法》向东京电力公司支付1200亿日元的赔偿款。又根据《原子能损害赔偿支援机构法案》日本政府新设立原子能损害赔偿机构（以下简称支援机构），同时政府发行总额5万亿日元的无息交付国债并转交支援机构，如果支援机构需要对东京电力公司进行支援，则可以持国债要求政府变现。另外，政府为支援机构提供不超过4万亿日元的担保，支援

---

① 傅济熙：《核损害的民事责任与赔偿》，中国原子能出版社2003年版，第114页。

② 参见《核安全立法知识读本》编委会：《核安全立法知识读本》，人民交通出版社股份有限公司2015年版，第190页。

机构向东京电力公司注资需要资金时,可以享受政府担保和低息贷款。在紧急情况下,国家还可以为东京电力公司垫付赔偿金。(2)主导赔偿事务。文部科学省是核损害赔偿的主管部门。另外根据《核损害赔偿法》还设有原子能损害赔偿纠纷审查会(以下简称审查会)和核损害赔偿争端调解中心(以下简称调解中心)。审查会主要职责是制定核损害范围及赔偿指南和调解损害赔偿中的争议。调解中心是审查会的下属机构,专司争端调解一职,促成核损害双方达成赔偿协议。于2011年至2013年,审查会共发布了六版核损害赔偿指南,共同组成了应对核损害赔偿的整体方案。截至2016年8月,在约270万份索赔中,仅有约60起起诉,2700起由政府仲裁,剩余全部为协商解决。这不得不归因于政府主导赔偿模式的功劳。

综上所述,日本JCO事故的赔偿与福岛核事故的赔偿相比,福岛核事故的赔偿显得更加顺利。这两次核损害赔偿实践给我国的启示包括:(1)核损害赔偿并非始于核事故发生之后,在核事故发生时甚至发生前就会产生核损害赔偿问题,核损害赔偿事宜应当尽早开展,因此,核损害赔偿应急是存在的。JCO事故的正式赔偿始于核事故发生后近9个月,造成了受灾群体的严重不满;而福岛核事故的正式赔偿则始于事故发生后的次月,尽管如此,还是因赔偿不及时而招致受害群体的不满和愤怒。[①] (2)核损害赔偿中政府干预不应停留在国家补偿上,行政主导性的核损害赔偿仍是题中之义。首先,在发生核事故后,核设施营运人与核受害人之间的关系本身存在敌对态势,如果缺乏主动进行调停和斡旋的第三人进行调解,那么双方的关系将势必会更加僵硬。这种态势的结果,一方面,对于理性的受害人来说,则可能寻求诉讼途径来维权;另一方面,对于非理性的受害人而言,则可能与核设施营运人发生冲突,甚至引发群体事件,造成第二次伤害和增加社会不稳定因素。其次,核设施营运人作为核能营运企业,在核能营运上堪称专业化,但是对于核损害赔偿事宜则未必能够胜任。核损害工作需要庞大的人力、物力和结算体系,同时还存在协商和诉讼要应付,核设施营运人本身就难以驾驭,迫切需要能够对事件进行宏观驾驭的政府主动出马。(3)行政主导的核损害赔偿模式并不等于政府大包大揽,将所有事情做完,还应发挥核设施营运人和其他社会力量的作用,如核保险共同体、律师事务所、会计师事务

① 参见《核安全立法知识读本》编委会:《核安全立法知识读本》,人民交通出版社股份有限公司2015年版,第191页。

所、相关专业的大学教授、专家等。政府的主导性主要体现在实现核损害赔偿的公平性、效率性和秩序性。(4)在损害赔偿模式的选择上，应当将行政主导与核损害赔偿应急融合起来，形成完整的核损害赔偿责任制度运行模式。

四、二模式之抉择：建立政府主导的核损害赔偿应急机制

前文对核损害赔偿责任制度的运行模式作了两种假设，即当事人主义模式的假设和行政主导模式的假设。然后再结合核损害赔偿责任制度运行模式的立法启示和实践启示，本书选择了三个标准来判断适合我国核损害赔偿责任制度运行的模式类型。此三标准包括：公平性标准、效率性标准和秩序性标准。

(一)基于公平性标准的判断

公平性标准是指核受害人群体内的各个受害人在最终获得赔偿的数额上应当是公平。在当事人主义模式下的和解与调解以意思自治为原则，充分尊重当时人的意思表示，然而从核受害人整体而言很难实现公平。(1)索赔讲求一对一，而非整体性索赔。在当事人主义模式下，受害人各执己见，立场孤立，试图通过单打独斗的形式与核设施营运人单独进行索赔交涉。这往往会出现当第一个索赔成功之后，后面接连进行索赔的受害人都希望比前一个索赔的额度高。由于不是以受害人整体作为索赔的主体，可能导致虽然损害相同但是获得的赔偿不相同的情形。(2)索赔过程主观性太强。索赔需要确定实际损害的大小和损害赔偿的标准，然而当事人主义下这两项都不具有客观性，呈现出“你情我愿”的结果。只要双方对结果没有意见，哪怕高于实际损害和一般赔偿标准进行赔偿(如漫天要价)，核设施营运人接受，则可达成协议。相应地，哪怕低于实际损害和一般赔偿标准进行赔偿，只要受害人接受，也可达成协议。这个过程尽管体现了互谅互让的和谐赔偿关系，但主观性太强必然又会产生公平性问题。(3)索赔过程缺乏对公平性的监督。其实在当事人主义模式下，索赔的整个过程完全尊重当事人的意思表示，具有一定的封闭性。尽管在人民调解和自治性调解中有中立第三方的参与，但是最终协议的达成是以“你情我愿”为基础的，只要协议内容不违反法律的强制性规定，则应当被视为有效，而调解人并不实质性审查当事人之间是否存在公平性问题，以及核受害人整体获得的赔偿是否相同。

相应地，在当事人主义下调解和诉讼的公平性问题都很难保证。因为

此处所指的公平是站在核受害人群体而非单个核受害人角度而言的。司法遵循“不告不理”原则,法院不能强行要求当事人进行调解。确切地说,实践中不可能出现所有核受害人或者说绝大部分受害人都通过诉讼来进行索赔。

相比之下,在行政主导下的裁断性行政调解则能够保证核受害人整体索赔的公平性。(1)行政主导性的调解是主动进行的,而非被动申请调解。裁断性行政调解的启动有两种情况:一是根据调查情况建议当事人调解,二是依当事人的申请调解。在行政主导模式下,行政机关的主动性更加突出,不需要依当事人申请而由行政机关主动提出对核损害赔偿纠纷进行调解。(2)行政机关针对受害人整体发出调解建议,而不针对某个单独的受害人。因此最终达成的协议类似于劳动法中的集体谈判达成的协议,适用的损害赔偿标准都是一样的。(3)行政机关进行调解的事实依据是经其调查查明的事实,具有客观真实性。在索赔过程中不容许当事人以随意性的“你情我愿”来认定事实。这样一来,在赔偿标准能够保证一致的前提下,整个核受害人获得索赔额的公正性已足矣。

(二)基于效率性标准的判断

效率性标准是指进行损害赔偿工作所耗费的成本标准。一般判断效率与否必然涉及投入和产出两个要素。投入越少,而产出越大则越有效率或者在结果相同的情况下,哪种方式投入的成本越低,就认为该方式更有效率。

从形式上看,当事人主义模式下的和解、调解是最高效的,因为索赔的过程体现了互谅互让和“你情我愿”,并不需要严格的要求。在事实认定上不追求客观真实,而讲求主观真实;在赔偿标准确定上不追求完全按照法律标准,而讲求主观的可接受性。在这种模式下双方当事人最容易达成协议。但是,事实上,在核损害赔偿领域采用当事人主义模式下的和解、调解其实是最低效的。原因很简单,核受害人人数众多,而且每个人的损害情况还有差异,在这种基数如此庞大且案情复杂(如因果关系难以认定)情形下的一对一的和解、调解必然增加索赔的时间、物质成本。对此前文“非诉救济中受害人共同体设立制度”部分已有详细的阐释。

诉讼纠纷解决机制有其法定的程序和原则,当事人和法院都不能逾越,否则会因程序违法或瑕疵而导致裁判无效。其实诉讼是最能保障当事人权益的兜底性救济手段，但缺陷是效率较低，具体表现为：(1)诉讼的时间成本较高。这是通常认为诉讼效率低下的最主要原因。我国《民事诉讼法》规定了多种期限，如审理期限(一般为6个月，特殊情况可以延长6个月)、公告期限(不少于30日)等，而且为了查明事实进行鉴定所花费的时间还不计算在审限内。(2)诉讼经济成本较大。这里的费用包括法院的受理费和当事人的律师费等。核损害赔偿诉讼是普通共同诉讼，其诉讼标的是同一种类的，因此各个起诉都是独立的。故而法院将根据受害人数量来分别收取诉讼费，而非将不同的起诉视为一个起诉来收取诉讼费。如果当事人聘请律师，还要支付一定的律师费用。除此之外，还有原被告双方为准备诉讼而花费的其他差旅费等。总之，从受害人整体来看，大大增加了他们的诉讼经济成本。(3)法院是被动审理案件，且案件审理过程中的能动性也很有限。在发生核事故后，法院不得为了尽快解决当事人的纠纷而违背当事人的意愿，以强行或者游说方式将纠纷收入法院进行裁判。况且，法院发挥其能动性的范围应当局限于审判过程中，而不能在审判程序之外发挥其能动作用。最后在审理过程中，法官也应当遵守约束性辩论原则和处分原则。

然而，行政主导模式下的裁断性行政调解则具有高效性，具体表现为：(1)时间成本低。第一，无须再花时间对主要事实进行调查，只需对有异议的受害人提供的损害事实进行审查。裁断性行政调解中，行政机关本身就负有调查核损害事实的职责。在进行调解前，该机关就已将主要事实调查清楚了，因此无须在调解阶段再花时间对主要事实进行调查，节省了调解时间。对部分受害人提出的损害事实有异议的，则个别进行调查。第二，调解的启动是行政机关主动为之，节省了受害人寻找救济手段花费的时间成本。行政机关可以根据查明的事实情况主动提出解决方案，快速开展索赔。如对核损害进行登记、审核和估算，为下一步的索赔做好准备。第三，行政机关可以依职权要求核设施营运人、核保险人以及其他社会力量配合核损害的赔偿，尤其是索赔所需要的资金到位问题和处理索赔的人力问题。行政机关可以根据其对核损害事实的调查情况，初步预估损害金额，并判断核损害是否达到各级财务保证的赔偿限额，然后再根据预估额通知核保险人、核损害赔偿基金、国家财政部门(支付国家补偿资金)将赔偿金准备到位。在参与索赔工作的人力资源充足的情况下，核损害的索赔有望迅速解决。(2)经济成本低。既然是行政主导性的裁断性行政调解，那么该行政机关从事调解则具有义务性，因此全过程都是免费的，为当事人双方节省了不必要的费用开支。

（三）基于秩序性标准的判断

此处的秩序性标准应当理解为损害赔偿的整个过程具有良好的秩序，不会发生不稳定因素。

在当事人主义模式下的和解，尽管和解讲求互谅互让，以和为贵，但往往在缺乏中立第三方引导的情况下，这种本身象征良好秩序的和解反而会因过分强调当事人意思自治而激化矛盾。如受害人要求赔偿 50 万元，一分不能少；而核设施营运人只赔偿 30 万元，一分不能多。在这种矛盾状态下，对立情绪必然会越来越重。而且一旦某个受害人发现与其所受损害相当的受害人获得了更多的赔偿时，又会导致原来的协议被摧毁。在这种反反复复的和解过程中，各方的耐性也会被磨灭，从而累积不稳定因素。相同地，调解也会遇到这样的情况。诉讼纠纷解决机制有严格的诉讼程序予以保护，在法院审判过程中一般能够保持良好的秩序，但是在庭审之外则难以保证。究其原因还应归于核损害涉及的人数众多，且涉及公共利益。

行政主导下的裁断性调解机制主要是发挥行政机关在调解中的作用，既要实现核受害人获得公平赔偿，又要实现赔偿的高效率。其实只要能够满足核损害的公平性和效率性，损害赔偿过程的秩序性就有保障。从现实中出现的一般赔偿事件恶化成社会问题的根本原因来看，要么就是因为赔偿不及时，要么就是赔偿不公平。然而，从上文分析可得，行政主导下的裁断性行政调解可以实现赔偿的公平性和效率性。故而可以断言，该机制也是具有秩序性的。

（四）小结

综上所述，根据公平性、效率性和秩序性标准来判断，我国核损害赔偿责任制度的运行模式以行政主导模式为宜。然而，与行政主导模式最为契合的纠纷解决机制则是裁断性行政调解。另外，从核损害赔偿实践来看，核损害赔偿也与核应急一样，仍然存在应急性。在核事故发生之前、发生之时和发生之后都存在核损害赔偿，尤其是核事故发生之前和发生之时的及时赔偿，一方面可以减少核损害，另一方面可以及时安抚受害人，防止引发进一步的社会问题。因此，我国核损害赔偿责任制度的运行还必须体现应急性要求。归结起来，本书将我国核损害赔偿责任制度的运行机制界定为行政主导的核损害赔偿应急机制。

第三节 行政主导的核损害赔偿应急机制的可行性

前述系列论述同时也强有力地证明了我国建立行政主导的核损害赔偿应急机制的必要性,然而是否可行,还需考察我国现行的制度环境和制度空间。

一、在制度环境上具有可行性

2013 年 11 月 12 日,党的十八届三中全会通过的中共中央《关于全面深化改革若干重大问题的决定》提出:"全面深化改革的总目标是完善和发展中国特色社会主义制度,推进国家治理体系和治理能力现代化。"由此可见,国家治理现代化的外延包含两个方面的内容,即国家治理体系的现代化和国家治理能力的现代化。① 所谓国家治理体系和治理能力的现代化,就是使国家治理体系制度化、科学化、规范化、程序化,使国家治理跟上时代步伐,创新治理方式。② 当前阶段我国正处于从国家管理向国家治理的过渡时期。从国家管理到国家治理,最大的区别就在于治理主体由单中心向多中心转变,治理手段由刚性管制向柔性服务转变,治理空间由平面化向网络化转变,治理目的由工具化向价值化转变。其特征可以归纳为三个方面:一是实现国家权力向社会的回归;二是主体趋于多元化;三是以合作与协商为治理方式。③ 但是从形式上看,国家治理最核心的问题是实现治理多元化,或者如有些学者提出的实现多元共治。④

国家治理现代化的对象具有宽泛性,核安全治理也是国家治理现代化的对象之一。核安全包括核事故预防和核损害赔偿救济,因此,核损害赔偿

① 江必新:《国家治理现代化基本问题研究》,载《中南大学学报》(社会科学版)2014 年第 3 期。

② 同上。

③ 姜晓萍:《国家治理现代化进程中的社会治理体制创新》,载《中国行政管理》2014 年第 2 期。

④ 吴汉东教授认为,"多元共治"的核心问题在于重构公共治理系统,实现治理权能的分化和转移,即由"政府"、"企业"、"社会组织"和"公民"对"公共事务"的共同治理。参见吴汉东:《国家治理现代化的三个维度:共治、善治与法治》,载《法制与社会发展》2014 年第 5 期。

救济也系属国家治理现代化的对象。国家治理现代化强调治理体系和治理能力的现代化,因此可以从这两个方面来考究我国现行的核损害赔偿救济体系和救济能力。其实我国的损害赔偿救济体系应算得上丰富,包括和解、调解(人民调解、自治性行政调解)、仲裁和诉讼。但是这些救济机制更多地体现为当事人主义,不是公平性难以保证,就是效率性难以保证,或是秩序性难以保证。这些救济机制难有兼得的,而且在面对核损害的不确定性、后果的灾难性、救济的应急性(及时性)时,当事人主义下的前述救济机制显得毫无力气。因此,在国家治理现代化环境下,针对核损害的特殊性以及救济的要求,还应当再挖掘切实可行的救济机制,而行政主导的核损害赔偿应急机制更为符合。

二、在制度空间上具有可行性

(一)有实践借鉴

在我国,建立行政主导的核损害赔偿应急机制最值得借鉴的要属交通事故损害赔偿行政调解机制。公安机关交通管理部门对其行政管理活动中发生的交通事故进行事实调查,并作出责任认定。然后根据事实调查情况,向当事人提出行政调解的建议。另外,在发生重大交通事故时,公安机关交通管理部门还充当了救助人的角色,如将受害人送往医院,通知交通事故社会救助基金垫付抢救费等。行政主导的核损害赔偿应急机制除了在具体内容设计上有较大差异外,在运行程序上大致与此相同,值得借鉴。

(二)有嵌入空间

我国核事故应急机制的立法和演练都相当成熟,但是缺乏核损害赔偿应急机制的规定。核损害赔偿应急与核事故应急同属于核安全保障问题下的两个分支,为了有效确保核安全的实现,核损害赔偿应当伴随核事故应急同步产生。为了提高应急效率,核损害赔偿应急可以嵌入核事故应急中去,实现一套班子做两件事。

(三)有制度保障

行政主导的核损害赔偿应急机制下,如果核受害人认为行政机关有失公允,调解人员存在违法犯罪的情形,我国有相关监督机制予以保障,如受害人可以向有关部门反映和举报。对于不接受行政机关调解的情形,我国有诉讼制度予以保障,如受害人可以就核损害赔偿纠纷起诉到法院。

综上所述，行政主导的核损害赔偿应急机制在我国有生长的沃土，具备良好的制度环境和宽松的制度空间，具有建立该机制的可行性。

第四节　行政主导的核损害赔偿应急机制的设计

一、行政主导的核损害赔偿应急机制的基本原则

（一）效率与公平兼顾原则

由于核损害赔偿涉及的人数众多，案情复杂，按照一般的纠纷解决机制则要耗费较大的时间成本和经济成本。在行政主导模式下，则应当充分发挥行政机关在资源调动方面的优势，尽可能将纠纷解决的时间成本和经济成本降至最低，实现高效率。但是，由于核损害赔偿涉及的人数众多，案情复杂，因此核损害赔偿往往具有社会公共性，如果发生损害赔偿不公的情形，很可能导致社会问题。鉴于此，在追求高效率的同时仍然要兼顾公平性，当然也不能将公平性作为赔偿低效的借口。

（二）行政调解前置原则

在前文分析的基础上，其实不难发现，核损害赔偿公平性、效率性和秩序性的实现，关键在于核受害人能否以集体的形式进行索赔。如果是单一的索赔，则很难保证公平性、效率性和秩序性。这里的单一索赔既包括一对一的分散索赔，又包括不同受害人采取不同救济机制索赔。可以借鉴加拿大、日本和印度的立法，以及日本两次核事故的赔偿实践。本书认为，可以采用行政调解前置的方式，实现行政调解与诉讼在核损害赔偿纠纷解决中的案件分流，防止大量案件积压至法院。同时，还可以防止当事人主义模式下纠纷解决机制的主观随意性。从日本福岛核事故270万份索赔中，仅有极少数案件进入诉讼，其他案件均在政府主导的赔偿下得以解决来看，若能保证赔偿的公平性和效率性，行政调解前置应是可行之举。

（三）受害人声明放弃原则

受害人声明放弃原则是伴随行政调解前置原则而来的，是指行政机关组织核受害人集体与核设施营运人进行调解达成的协议，除非个别受害人声明放弃，否则该协议对所有核受害人有效。这样可以对核受害人进行整体性的保护，而不是对个别受害人进行保护。因为在实践中很可能会出现受害人尽管受到了核损害，但由于客观原因没能参与到核损害调解中。如

果不采用受害人声明放弃原则,那么这部分受害人事后再去寻求救济,则又是劳神费力之事。另外,由于行政机关组织调解达成的协议并不具有强制执行力,是否遵守和履行,决定权在当事人手上,一般情况为核受害人一方。只要受害人声明放弃协议的效力,则可以向法院提起诉讼来索赔。但从日本的赔偿实践来看,受害人声明放弃的情形都比较少。总而言之,问题的关键还在于行政机关的调解是否具有公平性和效率性。

二、行政主导的核损害赔偿应急机制的内容

(一)核损害赔偿应急的管理体制

为实现核损害赔偿应急与核事故应急的同步进行,核损害赔偿应急管理体制应当与核事故应急管理体制有所衔接。根据《核安全法》关于核事故应急的管理体制来看,其形成的是“国家—省级政府—核设施营运人”三级应急管理体制,相应的核损害赔偿应急管理体制也可以对应匹配。在具体的机构设置上,有两种方案:一是在核事故应急管理体制外,再单独设立新的管理体制,设置新的机构;二是在现有的核事故应急体制内,将核损害赔偿应急管理体制嵌入核事故应急管理体制中去,不设置新的机构。考虑到核事故发生的概率非常低,核损害赔偿的非常态化;新设机构的成本高(办公场地、人员配置等);新设机构与核事故应急机构对接问题。本书建议采取第二种方案,将核损害赔偿应急管理体制嵌入核事故应急管理体制中,增加原核事故应急管理部门的核损害赔偿应急职责,从而实现“两块牌子一套人马”的管理体制,具体表现为:在中央层面,国家设立核损害赔偿应急协调委员会,仍由国务院核工业主管部门承担该委员会的日常工作,牵头制定核损害赔偿应急预案;在省级层面,省级政府设立核损害赔偿应急协调委员会,由政府指定的部门承担该委员会的日常工作。核设施营运人也应当设立本单位的核损害赔偿应急部门与省级核损害赔偿应急协调委员会对接。

核损害赔偿应急问题可以化繁为简成两点:一是定损;二是支付赔偿金。本书欲设计的核损害赔偿的财务保证方式包括核第三者责任保险、核损害赔偿基金和国家补偿。后两种财务保证方式的资金都是由中央财政支出的(财政部支出),为了核损害赔偿资金的快速到位,以及考虑到部门之间的平行对接效率更高。因此,本书认为,可以将核损害赔偿应急的具体实施交由国家设立的核事故应急协调委员会,省级核事故应急协调委员会和核

设施营运人的核损害赔偿应急部门则负责配合定损和支付赔偿金工作。故而,省级政府和核设施营运人无须制定自己的核损害赔偿应急预案,国家一级的核损害赔偿应急预案已足矣。

(二)核损害赔偿应急的演练

核损害赔偿应急的演练是为了防范将来可能发生核损害赔偿而提前做的准备,其意义如同核事故应急。首先,演练可以发现问题。通过演练可以发现核损害赔偿应急中可能产生的问题,然后通过论证将发现的问题予以解决,以免发生核事故时核损害赔偿工作不能及时开展。其次,演练可以使各相关部门对核损害赔偿程序更加熟练。通过定期和不定期的核损害赔偿应急演练,不仅可以提高各相关部门对赔偿程序的熟悉程度,同时还能够增进它们的默契程度,有利于赔偿的顺利开展,包括核事故应急部门和核损害赔偿应急部门之间的衔接,核损害赔偿应急体系内部各主体之间的衔接。最后,演练可以创新赔偿活动。在应急演练中除了可以发现问题外,还可以通过对比多种核损害赔偿应急方案的优劣,从而筛选出更优的方案。总之,核损害赔偿应急演练的重要性不亚于核事故应急演练,应当一并重视。

(三)核损害赔偿应急的准备

针对可能发生核事故的情形,国家核损害赔偿应急协调委员会应当做好应急部署。首先,保证核损害赔偿资金到位。由该委员会向核保险共同体、核损害赔偿基金管理委员会和国家财政部(因国家补偿)发出可能发生核事故的通知,要求这些单位做好核损害赔偿资金的准备工作。其次,保证核损害赔偿工作的人力、物力配给。在定损工作的准备上,可以由该委员会组建包括具备相关知识的法律专家、大学教授、核能专家、保险人、会计人员等在内的若干定损工作小组,负责核损害赔偿的定损工作。在支付赔偿金工作的准备上,可以请求金融机构协助,保证赔偿金及时支付。在纠纷调解工作的准备上,委员会建立由人民调解员、法官、律师、大学教授等在内的若干调解小组。对于其他准备事项,可以向有关部门发出协助通知。

(四)核损害赔偿应急的响应

根据核事故发展演变的特点,核损害赔偿应急可分为三个阶段:[①]第一阶段为事故预警阶段或者事故前阶段,该阶段的损害赔偿工作主要是在第

① 杨尊毅、王国军:《建立我国核损害赔偿制度探讨——福岛核事故损害赔偿的启示》,载《保险研究》2013 年第 9 期。

一时间给公众提供紧急经济援助,如交通、食品、避难、医疗等。第二阶段为事故阶段,该阶段的核损害赔偿工作主要是制定损害赔偿方案,及时告知核受害人可获得赔偿的损害类型和行使索赔权利的途径和方法,组织人力、物力进行索赔登记、损害评估、调解、提出赔偿方案(调解方案)、达成协议和发放赔偿金。第三阶段为事故后阶段,该阶段主要是管理一些中长期核损害的赔偿工作,如生态恢复等。

核损害赔偿应急协调委员会在进行损害调查、登记、评估时,如果发现核损害总额超过核设施营运人的责任限额、核损害赔偿基金的限额以及国家补偿限额之总和时,那么在制定损害赔偿方案(调解方案)时应当遵循人身损害赔偿优先于财产损害赔偿和环境损害赔偿,环境损害赔偿优先于财产损害赔偿的原则。在此原则基础上再制定相应的损害赔偿标准。

(五)核损害赔偿应急的结束

从应急的角度来看,核损害赔偿应急的结束可以核损害赔偿应急协调委员会制定的赔偿方案(调解方案)的落实为标志,而不苛求每件核损害赔偿纠纷都解决完毕。对于部分核受害人不接受调解协议内容的,受害人声明后,由该委员会出具《不予调解证明》,此时受害人可以向法院提起诉讼进行索赔。但是,这部分受害人的损害赔偿金,应当按照赔偿方案的标准计算出来,并由法院提存。对于未使用完的损害赔偿金,应当原数退还至相应的资金提供方。

第七章 核损害赔偿责任制度体系的构建

第一节 核损害赔偿责任制度的单行立法选择

在我国法律体系中,核损害赔偿制度的内容分布于《民法总则》《侵权责任法》《放射性污染防治法》《产品质量法》《核安全法》以及国务院两个《批复》中。尽管如此,问题依然存在,其中最突出的是这些规定过于原则化,可操作性不强。这也是学界批判最多的地方。考虑到保护核受害人利益、促进核工业发展以及核工业的国际合作,加强核损害赔偿责任制度的立法势在必行。然而,核损害赔偿责任制度立法首当其冲的是立法形式的选择。一般认为,立法形式分为单行立法和分散立法。单行立法是将核损害赔偿责任制度的所有内容在一个法律文本中予以表达,而分散立法则是将该制度的内容分散于不同的法律文本中。从有关核损害赔偿的国际公约和有核国家国内立法情况来看,既有采用单行立法形式,也有采用分散立法形式的,但是单行立法是主流。如国际公约有《巴黎公约》体系、《维也纳公约》体系以及《核损害补充赔偿公约》体系。国内立法有美国的《普莱斯—安德森法案》、法国的《关于核能领域第三方责任法》、加拿大的《核责任法》、日本的《核损害赔偿法》以及印度的《核损害民事责任法》等。虽然如此,我国核损害赔偿责任制度立法形式的选择，还需要分别分析不同立法形式的利弊才能得出。

分散立法的好处在于核损害赔偿制度中需要固化的法律条文，根据现有法律文本的框架布局，将其嵌入已有法律文本中，只需要修改法律，而不需要重新立法。尽管此种立法形式成本较低，但是否适用，则需要对其适用效果进行论证。倘若采用分散立法形式，则首先需要找到分散立法的空间，即分散到哪些法律文本中去。本书多次强调，核安全问题包括两个部分：一是核事故预防；二是核损害救济。前者解决的是如何预防核事故的发生，后者解决的是如何对发生的核损害进行救济。有学者坦言，如果这两个方面不能同时得到解决，任何国家的核能利用活动都无法大胆且顺利地展开。核损害赔偿责任包括核损害赔偿营运人责任、社会责任和国家补偿责任，对于营运人责任则可以囊括到民事侵权损害范畴中，因此我国《民法总则》和《侵权责任法》将成为其分散立法的对象。由于核损害还系属放射性污染损害的范畴，因此《放射性污染防治法》也是其分散立法的对象。从这三个法律文本来看，首先，《放射性污染防治法》的立法目的重在防治放射性污染，偏重于公法责任，对于民事损害赔偿责任的法律表达并不明显。就立法目的观之，不宜将核损害赔偿内容分散至该法中。其次，《民法总则》作为民事法律制度的总领，其法律规范具有高度的原则性。而核损害赔偿责任制度的困境就在于已有的条文规范过于原则化而缺乏可操作性，其更需要制度的细化以实现可操作性，因此该制度也不宜在《民法总则》中分散。但是这并不妨碍在该法中规定较为原则性的核损害赔偿规范，这个推断在《民法总则》的规定中可以得到印证。从《民法总则》的规定来看，其似乎已经默认了《民法通则》第 123 条和第 124 条对核损害赔偿作出的原则性规定。然而，《侵权责任法》是专门针对解决民事主体间纠纷的立法，该法可以成为核损害赔偿营运人责任分散立法的对象。从《侵权责任法》的文本框架来看，第五章至第十一章专门规定了 7 种特殊侵权类型。其中第九章“高度危险责任”中囊括了核损害侵权。因此，如果要分散至《侵权责任法》的话，建议在此章节中规定核损害赔偿营运人责任的具体内容。但是这样做又存在两个弊端：一是核损害赔偿责任制度需要具体化的内容较多，从有关核损害赔的国内立法来看，少则十几条，多则几十条。如果在该法第九章中予以嵌入，或者单列一章来规定，则不可避免地会出现该章内容相比其他章节内容偏多的问题，有重此轻彼之嫌。同时还会冲击《侵权责任法》的其他一般侵权原理或原则性规定，使《侵权责任法》被核损害赔偿责任制度所奴役。二是核损害赔偿责任是一种综合性责任，只将核损害赔偿营运人责任部分分散至《侵权责任法》，那么核损害赔偿社会责任和国家补偿责任部分将分散至何法呢？纵观我国所有立法，难以找到能够兼得核损害赔偿社会责任和国家补偿责任部分的立法。因此，如果要采用分散立法形式，那么必须找到同时兼具核损害赔偿营运人责任、社会责任和国家补偿责任的法律文本，遗憾的是，还无法找到这样的法律文本，故而分散立法将无法实现。这里需要强调的是，核损害赔偿责任制度虽不宜分散至《侵权责任法》，但并不妨碍核损害赔偿营运人责任的追究和实现采用《侵权责任法》的相关原理。

单行立法是指将核损害赔偿责任制度的全部内容规定在一部单独的法律文本中。这种立法形式的优势在于简洁明了，便于迅速查找，同时也能体现国家对该领域的重视程度。但是弊端在于立新法的成本较大，需要进行长期的调研、考究和论证。从核能领域的立法情况来看，我国还没有制定该领域的基本法，因此有学者戏称我国核事业发展处于“裸奔”状态。在十二届全国人大常委会立法规划中，《原子能法》被纳入其中。2012 年国务院《核安全与放射性污染防治“十二五”规划及 2020 年远景目标》提出，要抓紧研究制定《原子能法》和《核安全法》。基于这种背景，我国核损害赔偿责任的单行立法可以在《原子能法》中对相关的制度作原则性的规定。与此同时，还应该尽量减少过渡性立法，最好能一步到位，直接由全国人大常委会制定和颁布《核损害赔偿法》。[①] 在《核损害赔偿法》中规定核损害定义和范围、承担核损害责任的条件、免除核损害责任的条件、责任限额、责任保险和财政保证、国家责任诉讼管辖权和诉讼时效等内容。[②] 有鉴于 2016 年 10 月 31 日《核安全法（草案）》第 82 条对核损害民事责任作了指引性规定——对造成他人核损害的，依照国家核损害责任制度承担赔偿责任，[③]以及刚颁布的《核安全法》对核损害赔偿责任制度原则性的规定可以推断，我国在核安

---

① 蔡先凤：《我国核损害赔偿立法的完善》，载《中国地质大学学报》（社会科学版）2017 年第 2 期。

② 李雅云：《核损害责任法律制度研究》，载《环球法律评论》2002 年第 3 期。

③ 尽管在最终通过的《核安全法》中将此条删除，但也可以由此看出国家试图以单行立法形式来表达核损害赔偿责任制度的态度。

全立法中,倾向于将核损害赔偿责任制度采用单独立法的形式,即制定《核损害赔偿法》。

此处有必要言明,之所以建议制定《核损害赔偿法》一步到位,是因为本书考虑到如下因素:第一,按照常规立法进程顺序,应当先行制核能领域的基本法律——《原子能法》,然后再分别制定相关法律。但是,实际上却是先行制定了相关法律——《核安全法》,然后再制定《原子能法》。第二,《核安全法》的立法目的侧重于核事故的预防与应对,对于核事故造成的损害赔偿问题仅有寥寥两条原则性的规定。本书再三强调,核安全应然地包括了核事故预防和核损害救济两个范畴。按理说,《核安全法》应当将这两个方面的内容都予以细化。然而该法仅细化了前者,后者仅是原则性的规定。对此,我们是否能说《核安全法》就是核损害赔偿法律的上位法呢?本书认为不然。《核安全法》在法律名称上尽管使用了语义较为宽泛的语词,但其侧重点还是在核事故的预防与应对。因此,该法仅解决了核安全的第一个范畴。既然我国立法态度是将第一个范畴由全国人大常委制定法律,那么可以顺理成章地认为,对于第二个范畴也应对应着由全国人大常委制定的法律才匹配,而不是制定《核安全法》的下位法,如条例。第三,制定《核损害赔偿法》本身既是与国际接轨的需要,同时也是与国际接轨的结果。

第二节 核损害赔偿责任制度的制度固化

综观全文对核损害赔偿责任制度的论述,本书认为,在《核损害赔偿法》中应当将以下制度予以固化:核损害赔偿责任三元制度,核损害赔偿营运人责任下的唯一责任原则、责任限制原则、强制财务保证原则、单一法院管辖原则、受害人共同体设立制度,核损害赔偿社会责任下的核损害赔偿基金制度,核损害赔偿中的国家补偿制度,行政主导的核损害赔偿应急制度等。

对于这些制度在法律中的具体表达详见如下核损害赔偿责任立法建议稿(见表15):

表 15　核损害赔偿责任立法建议稿①

序号	制度名称	立法建议稿
1	核损害赔偿责任三元制度	第×条:核损害赔偿责任包括核损害赔偿营运人责任、核损害赔偿社会责任和国家补偿责任。第×条:国家建立递进式的三级财务保证机制来承担核损害赔偿责任,承担核损害赔偿营运人责任的财务保证方式为核第三者责任保险和核巨灾责任保险,承担核损害赔偿社会责任的财务保证方式为核损害赔偿基金
2	核损害赔偿营运人责任	第×章　核损害赔偿营运人责任
	无过错责任原则	第×条:因核事故造成他人人身伤亡、财产损失或者环境损害的,核设施营运人应当按照国家核损害责任制度承担赔偿责任,但能够证明损害是因战争、武装冲突、暴乱等情形造成的除外
	唯一责任原则	第×条:为核设施营运人提供设备、工程以及服务等的单位不承担核损害赔偿责任。核设施营运人与其有约定的,在承担赔偿责任后,可以按照约定追偿
	强制财务保证原则	第×条:核设施营运人应当投保核第三者责任保险和核巨灾责任保险,确保能够及时、有效履行核损害赔偿责任
		第×条:建立核保险巨灾责任准备金制度。国家探索建立由财务支持的核巨灾责任保险制度
	限额原则	第×条:核设施营运人承担限额责任,具体责任额由国务院专门制定,至少每五年调整一次
	单一法院管辖原则	第×条:在中华人民共和国境内发生核事故造成核损害而引起的诉讼,由核事故发生地的中级人民法院受理
	诉讼时效制度	第×条:核受害人向人民法院请求保护民事权利的诉讼时效期间为三年,但不受客观诉讼时效的约束
	受害人共同体设立制度	第×条:国家鼓励核受害人通过成立受害人共同体的形式进行索赔

① 特别强调:《核损害赔偿责任立法建议稿》是对本书论证分析结果的展示,不代表《核损害赔偿法》。

续表

序号	制度名称	立法建议稿
3	核损害赔偿社会责任	第×章　核损害赔偿社会责任
	核损害赔偿基金制度	第×条:国家建立政府性核损害赔偿基金制度。具体内容由相关部门制定《核损害赔偿基金征收使用管理办法》(包括:基金的设立、征收、使用、管理核监督)
4	核损害赔偿中的国家补偿责任	第×章　核损害赔偿国家责任
	国家补偿机制	第×条:核事故损害的应赔总额超过第一级和第二级财务保证规定的最高赔偿额的,国家提供一定限额的财政补偿,具体责任额由国务院专门制定,至少每五年调整一次。 对非常核事故造成的核事故损害赔偿,需要国家增加财政补偿金额的由国务院评估后决定
5	核损害赔偿应急机制	第×章　核损害赔偿应急
		第×条:国家建立行政主导的核损害赔偿应急机制
		第×条:核损害赔偿应急工作应当与核事故应急工作同步进行,由核事故应急管理部门负责日常事务,开展应急演练,制定应急预案。发生核事故时,按照应急预案进行应急准备、应急响应工作

参考文献

一、中文参考文献

(一)著作类

1.[德]格哈德·瓦格纳:《损害赔偿法的未来——商业化、惩罚性赔偿、集体性损害》,王程芳译,中国法制出版社2012年版。

2. 徐银波:《侵权损害赔偿论》,中国法制出版社2014年版。

3.[日]平井宜雄:《损害赔偿法的理论》,东京大学出版社1971年版。

4.[日]潮见佳南:《债权各论Ⅱ·不法行为法》,信山社2005年版。

5.[德]乌尔里希·贝克:《风险社会》,何博闻译,译林出版社2004年版。

6.[德]乌尔里希·贝克:《世界主义的观点——战争即和平》,杨祖群译,华东师范大学出版社2008年版。

7.[德]乌尔里希·贝克、约翰内斯·威尔姆斯:《自由与资本主义》,路国林译,浙江人民出版社2004年版。

8. 杨雪冬:《风险社会与秩序重建》,社会科学文献出版社2006年版。

9.[英]安东尼·吉登斯:《失控的世界》,周红云译,江西人民出版社2001年版。

10. [美]约翰·法比安·维特:《事故共和国:残疾的工人、贫穷的寡妇与美国法的重构》,田雷译,上海三联书店2008年版。

11. [英]安东尼·吉登斯:《超越左与右》,李惠斌、杨雪冬译,社会科学文献出版社2000年版。

12. 邓正来:《法律与中国》(第6卷),中国政法大学出版社2001年版。

13. 李惠斌:《全球化与公民社会》,广西师范大学出版社2003年版。

14. [德]克雷斯蒂安·冯·巴尔:《大规模侵权损害责任法的改革》,贺栩栩译,中国法制出版社2010年版。

15. [德]克雷斯蒂安·冯·巴尔:《欧洲比较侵权行为法》(下卷),焦美华译,法律出版社2004年版。

16. 张民安:《法国现代侵权责任法研究》,法律出版社2003年版。

17. 傅济熙:《核损害的民事责任与赔偿》,中国原子能出版社2003年版。

18. 梁慧星:《民法总论》,法律出版社2001年版。

19. [德]考夫曼:《法律哲学》,刘幸义等译,法律出版社2004年版。

20. [美]约翰·罗尔斯:《正义论》,何怀宏等译,中国社会科学出版社2009年版。

21. [古希腊]亚里士多德:《尼各马可伦理学》,廖申白译,商务印书馆2003年版。

22. [美]塞缪尔·弗莱施哈克尔:《分配正义简史》,吴万伟译,译林出版社2010年版。

23. [美]E.博登海默:《法理学——法律哲学与法律方法》,邓正来译,中国政法大学出版社2004年版。

24. [奥地利]海尔姆特·库齐奥:《侵权责任法的基本问题(第一卷):德语国家的视角》,朱岩译,北京大学出版社2017年版。

25. [英]拉罗尔·哈洛:《国家责任——以侵权法为中心展开》,涂永前、马佳昌译,北京大学出版社2009年版。

26. 黄本莲:《事故损害分担研究——侵权法的危机与未来》,法律出版社2014年版。

27. [美]罗宾·保罗·麦乐怡:《法与经济学》,孙潮译,浙江人民出版社1999年版。

28. [美]理查德·A. 波斯纳:《法律的经济分析》(上),蒋兆康译,中国大百科全书出版社 1997 年版。

29. 杨立新:《侵权责任法》,法律出版社 2012 年版。

30. [德]玛克西米利安·福克斯:《侵权行为法》,齐晓琨译,法律出版社 2006 年版。

31. 宗志翔:《侵权责任与赔偿研究》,中国政法大学出版社 2016 年版。

32. 王利明:《侵权行为法归责原则研究》,中国政法大学出版社 1992 年版。

33.《法国民法典》(下册),罗结珍译,法律出版社 2005 年版。

34.《国际比较法百科全书·侵权行为·为自己行为之责任》,纽约海洋出版公司 1979 年版。

35. 王卫国:《过错责任原则:第三次勃兴——民事归责原则的历史发展、基本原理及立法对策研究》,浙江人民出版社 1987 年版。

36. 高圣平:《中华人民共和国侵权责任法,立法争点、立法例及经典案例》,北京大学出版社 2010 年版。

37. 张新宝:《侵权责任法》,中国人民大学出版社 2013 年版。

38. 张新宝:《侵权责任法原理》,中国人民大学出版社 2005 年版。

39. 程啸:《侵权行为法总论》,中国人民大学出版社 2008 年版。

40. 王利明:《侵权行为法研究》(上卷),中国人民大学出版社 2004 年版。

41. 杨立新:《侵权法论》,人民法院出版社 2005 年版。

42. 张民安、杨彪:《侵权责任法》,高等教育出版社 2011 年版。

43. 王利明:《民法·侵权行为法》,中国人民大学出版社 1993 年版。

44. 中央政法干部学校民法教研室:《中华人民共和国民法基本问题》,法律出版社 1958 年版。

45. 王利明:《民法侵权行为法》,中国人民大学版社 1993 年版。

46. 王家福:《中国民法学·民法债权》,法律出版社 1991 年版。

47. 王利明:《侵权责任法研究》,中国人民大学出版社 2010 年版。

48. 杨立新:《侵权损害赔偿》,法律出版社 2010 年版。

49. 杨立新:《侵权行为法专论》,高等教育出版社 2005 年版。

50. 张新宝:《侵权责任构成要件研究》,法律出版社 2007 年版。

51. [德]汉斯·海因里希·耶赛克、托马斯·魏根特:《德国刑法教科书》,徐久生译,中国法制出版社 2001 年版。

52. 朱岩:《侵权责任法通论》(上册),法律出版社 2011 年版。

53. 徐原、陈刚:《世界原子能法律解析与编译》,法律出版社 2011 年版。

54. 郭锋、杨华柏、胡晓珂、陈飞:《强制保险立法研究》,人民法院出版社 2009 年版。

55. 马克思、恩格斯:《马克思恩格斯全集》(第 1 卷),人民出版社 1956 年版。

56. 丁凤楚:《机动车交通事故侵权责任强制保险制度》,中国人民公安大学出版社 2007 年版。

57. 何霖:《中国巨灾保险法律制度研究》,中国社会科学出版社 2007 年版。

58. 何霖:《我国巨灾保险立法研究》,西南财经大学出版社 2014 年版。

59. 任自立:《中国巨灾保险法律制度研究》,中国政法大学出版社 2015 年版。

60. 付子堂:《法理学初阶》,法律出版社 2009 年版。

61. 杨震:《法价值哲学导论》,中国社会科学出版社 2004 年版。

62. 杨严炎:《群体诉讼研究》,法律出版社 2010 年版。

63. 张新宝、葛维宝:《大规模侵权法律对策研究》,法律出版社 2011 年版。

64. 贾爱玲:《环境侵权损害赔偿的社会化制度研究》,知识产权出版社 2011 年版。

65. 杨建顺:《日本行政法通论》,中国法制出版社 1998 年版。

66. [日]室井力:《日本现代行政法》,中国政法大学出版社 1995 年版。

67. 姜明安:《行政法与行政诉讼法》,北京大学出版社、高等教育出版社 1999 年版。

68. 马怀德:《行政法与行政诉讼法》,中国法制出版社 2000 年版。

69. 姚天冲:《国家补偿法律制度专论》,东北大学出版社 2008 年版。

70. 司坡森:《论国家补偿》,中国法制出版社 2005 年版。

71. 马怀德:《国家赔偿法的理论与实务》,中国法制出版社 1994 年版。

72. [日]南博方:《日本行政法》,杨建顺、周作彩译,中国人民大学出版社 1988 年版。

73. 陈鉴波:《行政法学》,台北,三民书局 1979 年版。

74. 涂怀莹:《行政法原理》,台北,五南图书出版股份有限公司 1987 年版。

75. [荷]威廉·范博姆、米夏埃尔·富尔:《在私法体系与公法体系之间的赔偿转移》,黄本莲译,中国法制出版社 2012 年版。

76. [印]马海发·梅隆:《诊所式法律教育》,彭锡华等译,法律出版社 2002 年版。

77. 徐昕:《论私力救济》,中国政法大学出版社 2005 年版。

78. 赵银翠:《行政过程中的民事纠纷解决机制研究》,法律出版社 2012 年版。

79.《核安全立法知识读本》编委会:《核安全立法知识读本》,人民交通出版社股份有限公司 2015 年版。

80. 王军:《侵权损害赔偿制度比较研究》,法律出版社 2011 年版。

81. 郭星华:《社会转型中的纠纷解决》,中国人民大学出版社 2013 年版。

82. 吴德昌:《我国诉讼外纠纷解决机制通论:基于纠纷解决方式为中心的专题分析》,江西人民出版社 2015 年版。

83. 胡铭、赵骏、周翠:《转型社会多元纠纷解决》,知识产权出版社 2012 年版。

84. 谢冬慧:《纠纷解决与机制选择:民国时期民事纠纷解决机制研究》,法律出版社 2013 年版。

85. 刘加良:《当下中国纠纷解决的基本立场》,北京大学出版社 2014 年版。

86. 周友军:《侵权责任认定:争点与案例》,法律出版社 2010 年版。

87. 严存生:《法的价值问题研究》,法律出版社 2011 年版。

88. 刘玉林:《大规模侵权责任保险基本问题研究》,世界图书出版广东有限公司 2016 年版。

89. 杨帆:《风险社会视域中侵权损害赔偿与责任保险的互动机制》,中国社会科学出版社 2016 年版。

90. 王竹:《侵权责任分担论》,中国人民大学出版社 2009 年版。

91. 李中原:《多数人侵权责任分担机制研究》,北京大学出版社 2014 年版。

92. [德]乌尔里希·马格努斯:《社会保障法对侵权法的影响》,李威娜译,中国法制出版社 2012 年版。

93. 晏景:《侵权责任中的因果关系认定》,人民法院出版社 2014 年版。

94. 姜战军:《损害赔偿范围确定中的法律政策和途径选择研究》,法律出版社 2015 年版。

95. 毛玉光:《保险损害赔偿》,人民法院出版社 1999 年版。

96. [英]珍妮·斯蒂尔:《风险与法律理论》,韩永强译,中国政法大学出版社 2012 年版。

97. [美]G. 爱德华·怀特:《美国侵权行为法》,法律出版社 2014 年版。

98. 毛玉光:《保险损害赔偿》,人民法院出版社 1999 年版。

99. 祝铭山:《财产损害赔偿纠纷》,中国法制出版社 2003 年版。

100. 陈聪富:《侵权归责原则与损害赔偿》,元照出版有限公司 2004 年版。

101. 李显东:《侵权责任法》,北京大学出版社 2014 年版。

102. 高宁:《国际原子能机构与核能利用的国际法律控制》,中国政法大学出版社 2009 年版。

103. 阎政:《美国核法律与国家能源政策》,北京大学出版社 2006 年版。

104. 方芗:《中国核电风险的社会建构》,社会科学文献出版社 2014 年版。

105. 陈刚:《国际原子能法汇编》,中国原子能出版社 2012 年版。

106. 宋宗宇:《环境侵权民事责任研究》,重庆大学出版社 2005 年版。

107. 冯恺:《诉讼时效制度研究》,山东人民出版社 2007 年版。

108. 全国人民代表大会常务委员会法制工作委员会:《中华人民共和国侵权责任法释义》,法律出版社 2013 年版。

109. [美]盖多·卡拉布雷西:《事故的成本》,毕竟悦等译,北京大学出版社 2008 年版。

110. 傅蔚冈:《我们需要什么样的社会性规制》,《规制研究》(第 1 辑),格致出版社 2008 年版。

111. 曾世雄:《损害赔偿法原理》,中国政法大学出版社 2001 年版。

112. 姜战军、杨帆、刑宏、程杰:《损害赔偿范围确定中的法律政策和途径选择研究》,法律出版社 2015 年版。

113. 蔡先凤:《核损害民事责任研究》,中国原子能出版社 2006 年版。

(二)论文类

114. [日]能见善久:《核事故的赔偿问题》,姜雪莲译,载《科技与法律》2014 年第 2 期。

115. 王小钢:《贝克的风险社会理论——全球结构中环境法的困境和景象》,载邓正来主编:《法律与中国》(第 6 卷),中国政法大学出版社 2007 年版。

116. 陈海嵩:《风险社会中的公共决策困境——以风险认知人视角》,载《社会科学管理与评论》2010 年第 1 期。

117. 陈建:《统一标准是跨省重点区域大气污染治理的出路——基于邻避扩张的视角》,载《江苏大学学报》(社会科学版)2017 年第 2 期。

118. 蔡先凤:《我国核损害赔偿立法的完善》,载《中国地质大学学报》(社会科学版)2017 年第 2 期。

119. 卢微微:《核损害赔偿国际立法对我国的启示》,载《海南大学学报》(人文社会科学版)2017 年第 3 期。

120. 朱岩:《对大规模侵权的初步思考——以实体法层面问题为中心》,载张新宝主编:《大规模侵权法律对策研究》,法律出版社 2011 年版。

121. 王蓓:《浅析核损害中的民事责任分配》,载《中国商界》2008 年第 1 期。

122. 李雅云:《核损害责任法律制度研究》,载《环球法律评论》2002 年第 3 期。

123. 曲云欢、董毅漫、张弛、宋大虎、刘婷:《中国核损害赔偿制度研究》,载《环境污染与防治》2012 年第 11 期。

124. 傅济熙、董保同:《浅谈第三方核责任法律制度》,载《中国核工业》1998 年第 3 期。

125. 傅蔚冈:《对公共风险的政府规制——阐释与评述》,载《环球法律评论》2012 年第 2 期。

126. 刘水林:《风险社会大规模损害责任法的范式重构——从侵权赔偿到成本分担》,载《法学研究》2014 年第 3 期。

127. 吴晓红:《侵权行为法归责原则若干问题研究》,吉林大学法学院2004年硕士学位论文。

128. 纪镇南:《特殊侵权行为归责原则之研究》,中国政法大学民商法学院2011年博士学位论文。

129. 李锡鹤:《侵权理论的几个基本范畴》,载《东方法学》2009年第2期。

130. 张佩霖:《也论侵权损害的归责原则——驳"无过失责任原则"》,载《政法论坛》1990年第2期。

131. 米健:《再论现代侵权行为法的归责原则——兼答张佩霖先生》,载《政法论坛》1991年第2期。

132. 米健:《现代侵权行为法归责原则探索》,载《法学研究》1985年第5期。

133. 刘士国:《关于完善我国侵权责任法的建议》,载《中国法学》1996年第4期。

134. 孔祥俊:《论侵权行为的归责原则》,载《中国法学》1992年第5期。

135. 刘淑珍:《试论侵权损害的归责原则》,载《法学研究》1984年第4期。

136. 郭明瑞:《侵权立法若干问题思考》,载《中国法学》2008年第4期。

137. 杨婧:《侵权责任构成之违法性要件研究》,郑州大学法学院2012年博士学位论文。

138. 孔祥俊、杨丽:《侵权责任要件研究》(上),载《政法论坛》1993年第1期。

139. 李雅云:《核损害责任法律制度研究》,载《环球法律评论》2002年第3期。

140. 刘风景、郑建保:《核损害赔偿的基本原则》,载《科技与法律》2014年第2期。

141. 丁文良:《核损害民事责任研究》,载《国际商报》2011年5月28日。

142. 朱志权、王云兰:《完善我国核损害赔偿制度的若干建议》,载《东华理工大学学报》(社会科学版)2017年第1期。

143. 蔡先凤:《核损害民事责任研究》,武汉大学法学院2004年博士学位论文。

144. 黄锡生、关慧:《供应商核损害赔偿责任豁免的反思与重构》,载《重庆大学学报》(社会科学版)2012 年第 2 期。

145. 胡艳香:《高度危险责任限额赔偿制度反思》,载《求索》2012 年第 6 期。

146. 朱岩:《危险责任的一般条款立法模式研究》,载《中国法学》2009 年第 3 期。

147. 杨立新:《规定无过错责任应当着重解决限额赔偿问题》,载《绍兴文理学院学报》2009 年第 2 期。

148. 陈海嵩:《风险预防原则的法理重述——以风险规制为中心》,载《清华法治论衡》2016 年第 1 期。

149. 雷涛:《限额赔偿的正当性基础及适用规制》,载《甘肃政法学院学报》2015 年第 5 期。

150. 王蓓:《核损害赔偿中的财务保证方式探讨》,载《中国核工业》2012 年第 1 期。

151. 戴定:《美国调整核责任险保费》, 载《国外核新闻》2013 年第 8 期。

152. 刘玉波、杨尊毅:《核第三者责任保险是管理核损害赔偿的重要手段》,载《中国保险报》2011 年 11 月 22 日,第 2 版。

153. 赵明昕:《机动车第三者责任强制的利益衡平问题研究》,载《现代法学》2005 年第 4 期。

154. 贾颖:《浅谈我国核责任保险》,载《中国保险》2011 年第 5 期。

155. 郑宏亮:《关于发展我国核保险市场的若干探讨》,载《上海保险》2002 年第 2 期。

156. 宋曼琳:《国外核第三方责任保险制度对我国的启示》,载《现代经济信息》2016 年第 3 期。

157. 李宗明:《让切尔诺贝利核事故的警钟长鸣——纪念切尔诺贝利核事故 25 周年》,载《核安全》2011 年第 3 期。

158. 张艳辉:《保险经营中的大数法则与规模经济性》,载《财贸研究》2003 年第 3 期。

159. 梁昊然:《论我国巨灾保险制度的法律构建》,吉林大学法学院 2013 年博士学位论文。

160. 许均:《我国巨灾保险法律制度研究》,华东政法大学法律硕士教育中心2008年硕士学位论文。

161. 吴惠灵:《我国巨灾保险体系构建研究》,西南政法大学政治与公共管理学院2012年硕士学位论文。

162. 李画:《巨灾保险制度率先在深圳建立》,载《中国保险报》2014年1月6日,第1版。

163. 张俊贤:《法公平价值与效益价值的冲突与调适》,黑龙江大学法学院2016年硕士学位论文。

164. 周旺生:《论法律的秩序价值》,载《法学家》2003年第5期。

165. 叶正明:《日本医药品副作用基金救济制度之法理基石与借鉴》,载《求索》2010年第3期。

166. 徐蓉、邵蓉:《国外药品不良反应救济制度简介》,载《中国药事》2005年第9期。

167. 桑东莉:《美国〈超级基金法〉责任条款的司法博弈》,载《法学评论》2013年第1期。

168. 谷庆宝、颜增光、周友亚、郭观林、李发生:《美国超级基金制度及其污染场地环境管理》,载《环境科学研究》2007年第5期。

169. 邢宏:《论大规模侵权损害赔偿基金》,华中科技大学社会学院2013年博士学位论文。

170. 佘少峰:《环境侵权损害赔偿中的财务保证制度研究》,载《时代法学》2006年第2期。

171. 王蓓:《由后福岛时代看中国核损害赔偿财务保证制度的发展》,提交"中国核学会会议"的论文,贵州贵阳,2011年10月11日。

172. 韩小平:《行政补偿制度的几个问题》,载《苏州大学学报》(哲学社会科学版)2001年第1期。

173. 姜明安:《行政补偿制度研究》,载《法学杂志》2001年第5期。

174. 彭诵:《论建立行政补偿制度的理论基础》,载《中国煤炭经济学院学报》2000年第1期。

175. 崔卓兰、施彦:《国家补偿理论与法律制度》,载《社会科学战线》1996年第4期。

176. 董波:《浅析我国行政补偿制度》,载《浙江省政法管理干部学院学报》2001年第4期。

177. 尹颖舜:《核事故损害赔偿中的国家补偿责任问题研究》,武汉大学法学院 2014 年博士学位论文。

178. 王利明:《论和解协议》,载《政治与法律》2014 年第 1 期。

179. 庄加园:《和解合同的实体法效力——基于德国法视角的考察》,载《华东政法大学学报》2015 年第 5 期。

180. 赵秀举:《论民事和解协议的纠纷解决机制》,载《现代法学》2017 年第 1 期。

181. 张晋藩:《中国古代诉讼制度通论》,载《法制与社会发展》1996 年第 3 期。

182. 徐炳煊、庄治国:《调解前置:多元化纠纷解决机制的优化路径选择》,载《延边大学学报》(社会科学版)2017 年第 5 期。

183. 郝振江:《论我国法院调解与审判的程序分离》,载《暨南学报》(哲学社会科学版)2017 年第 9 期。

184. 张卫平:《民事诉讼基本模式:转换与选择之根据》,载《现代法学》1996 年第 6 期。

185. 张卫平:《我国民事诉讼辩论原则重述》,载《法学研究》1996 年第 6 期。

186. 张卫平:《民事诉讼处分原则重述》,载《现代法学》2001 年第 6 期。

187. 张钰羚:《论环境法律体系中原子能灾害财政应急机制的构建——以福岛核事故财政应急工作为中心的考察》,提交"中国环境资源法学研究会 2015 年年会暨 2015 年全国环境资源法学研讨会"的论文,上海,2015 年 7 月 17 日。

188. 刘江:《印度 2010 年〈核损害民事责任法〉》,载《国外核新闻》2011 年第 9 期。

189. 江必新:《国家治理现代化基本问题研究》,载《中南大学学报》(社会科学版)2014 年第 3 期。

190. 姜晓萍:《国家治理现代化进程中的社会治理体制创新》,载《中国行政管理》2014 年第 2 期。

191. 吴汉东:《国家治理现代化的三个维度:共治、善治与法治》,载《法制与社会发展》2014 年第 5 期。

192. 杨尊毅、王国军:《建立我国核损害赔偿制度探讨——福岛核事故损害赔偿的启示》,载《保险研究》2013 年第 9 期。

193. 蔡先凤:《我国核损害赔偿立法的完善》,载《中国地质大学学报》(社会科学版)2017 年第 2 期。

194. 陈杭平:《"职权主义"与"当事人主义"再考察:以"送达难"为中心》,载《中国法学》2014 年第 4 期。

195. 张海燕:《大调解视野下的我国行政调解制度再思考》,载《中国行政管理》2012 年第 1 期。

196. 洪冬英:《当代中国调解制度的变迁——以法院调解与人民调解为中心》,华东政法大学法律学院 2007 年硕士学位论文。

197. 喻少如:《多元纠纷解决机制中的行政调解》,载《学术界》2007 年第 6 期。

198. 曾文革、蒋世松:《福岛核事故视角下的日本核应急法律制度析论》,载《云南大学学报法学版》2012 年第 2 期。

199. 蒋世松:《国际核应急法律制度研究》,重庆大学法学院 2013 年硕士学位论文。

200. 唐峰:《纠纷和解研究》,山东大学法学院 2011 年博士学位论文。

201. 许可:《论当事人主义诉讼模式在我国法上的新进展》,载《当代发现》2016 年第 3 期。

202. 祁程:《欧盟核应急法律法规体系》,载《辐射防护通讯》2017 年第 3 期。

203. 王韶伟:《日本福岛核事故对我国核应急管理的启示》,载《北京师范大学学报》(自然科学版)2012 年第 6 期。

204. 李韡、丁其华、伍浩松:《日本福岛核事故应急分析及对我国应急管理的启示》,提交"中国核学会 2013 年学术年会"的论文,黑龙江哈尔滨,2013 年 9 月 11 日。

205. 王海峰、上官志、洪赵锋、黄义超:《日本核应急体系及其在福岛核事故中的经验反馈》,提交"二十一世纪初辐射防护论坛第九次会议"的论文,江苏扬州,2011 年 9 月 26 日。

206. 章志远、刘利鹏:《我国行政调解制度的运作现状与发展课题》,载《求是学刊》2013 年第 5 期。

207. 张宏军:《西方外部性理论研究述评》,载《经济问题》2007 年第

2 期。

208. 朱国伟:《环境外部性的经济分析》,南京农业大学公共管理学院2003 年博士学位论文。

209. 康慧:《国际核事件分级表及应用实例》,载《中国核电》2011 年第 1 期。

210. 高鹏飞、张英振:《IAEA 国际核事件分级表(IENS)简介》,载《辐射防护》1994 年第 1 期。

211. 孙国华、何贝倍:《法的价值研究中的几个基本理论问题》,载《法制与社会发展》2011 年第 4 期。

212. 傅蔚冈:《对公共风险的政府规制——阐释与评述》,载《环球法律评论》2012 年第 2 期。

213. 翟晨阳、吴凯:《〈核损害民事责任维也纳公约〉体系评述》,载《中国环境法治》2012 年第 1 期。

214. 落志筠:《中国大陆核损害赔偿法律制度的完善》,载《重庆大学学报》(社会科学版)2012 年第 2 期。

215. 耿保江:《"核损害"法律概念探析》,载《华北电力大学学报》(社会科学版)2014 年第 2 期。

216. 叶延玺:《风险社会与损害救济机制的转型》,载《吉首大学学报》(社会科学版)2016 年第 4 期。

217. 尹生:《日本福岛核事故损害赔偿责任:中国的应对与启示》,载《法学评论》2013 年第 2 期。

218. 杨卫东、万思怡:《核损害赔偿与〈侵权责任法〉的适用——以第 70 条为中心》,载《湖北大学学报》(哲学社会科学版)2014 年第 3 期。

219. 王晓方:《核损害赔偿制度亟待完善》,载《中国电力企业管理》2011 年第 7 期。

220. 胡帮达、汪劲、吴岳雷:《中国核安全法律制度的构建与完善:初步分析》,载《中国科学》2014 年第 3 期。

221. 邹荣、扈黎光、杨尊毅:《我国核损害赔偿应解决的几个问题》,载《中国核工业》2016 年第 1 期。

222. 马忠法:《韩国核安全法律制度及其启示》,载《韩国研究论丛》2016 年 1 期。

223. 吴俐、王晓娜:《福岛核事故波及效应下的法律救济问题》,载《海大法律评论》2011 年第 Z1 期。

224. 张烨辰:《核第三者责任保险法律制度研究》,西南政法大学经济法学院 2015 年硕士学位论文。

225. 黄胜开:《核损害赔偿国际立法及对我国的启示》,载《中南民族大学学报》(人文社会科学版)2015 年第 2 期。

226. 陈嘉:《日本核损害赔偿责任制度研究——以福岛核事故为例》,载《华北电力大学学报》(社会科学版)2014 年第 5 期。

227. 陈刚:《国际原子能法框架研究》,中国政法大学国际法学院 2011 年博士学位论文。

228. 贺柳:《我国核第三者责任保险制度刍议》,载《保险研究》2011 年第 6 期。

229. 张泓:《中国核保险未来发展展望》,载《保险市场》2005 年第 15 期。

二、外文参考文献

(一)著作类

230. Patricia W. Birnie and Alan E. Boyle, *International Law and the Environment*, Oxford University Press. Oxford, 2002.

231. Larenz, *Die Berücksichtingung hypothetischer Schadensursachen bei der Schadensermittelung*. NIW, 1950.

232. R. F. V. Heuston and R. A. Buckley, *Salmond and Heuston on the Law of Torts*, twenty-first edition, Sweet & Maxwell, 1953.

233. R. Pound, *An Introduction to the Philosophy of Law*, Yale University Press, 1992.

(二)论文类

234. Jarvis, G. M., "Financial Responsibility for Nuclear Damage", *Chitty's Law Journal*, Vol. 13, Issue 10, October-Novemebr 1965.

235. Huber, Peter., "Safety and The Second Best: The Hazards of Public Risk Management in the Courts", *Columbia Law Review*, Vol. 85, Issue 2, March 1985.

236. Cross, Frank B. ,"Paradoxical Perils of the Precautionary Principle", *Washington and Lee Law Review*, Vol. 53, Issue 3, 1995.

237. Jaroslav G. Polach, "International Problems of Financial Protection against Nuclear Risk", *Atomic Indurstrial Forum*, Inc. ,1959.

238. Neraas, Mary Beth, "The National Childhood Vaccine Injury Act of 1986: A Solution to the Vaccine Liability Crisis?", *Washington Law Review*, Vol. 63, Issue 1,January 1988.

239. Benshoof, Janet, "Protecting Consumers, Prodding Companies and Preventing Conception: Toward a Model Act for No Fault Liability for Contraceptives", *New York University Review of Law & Social Change*, Vol. 23, Issue 3,1997.

240. Martin, Jeffrey N. , "Superfund fact book", *Natural Resources & Environment*, Vol. 6, Issue 1,1991.

241. Bailey, Edwin O. "Air Carrier Liability for Nuclear Damage", *Journal of Air Law and Commerce*, Vol. 34, Issue 4, 1968 .

242. Brodecki, Z. "Civil Liability for Nuclear Damage: The Polish Concept", *Anglo-Amecican Law Review*, Vol. 15, Issue 4 ,October-December 1986.

243. G. M. Jarvis M. B. E. , " Financial Responsibility for Nuclear Damage", *Chitty's Law Journal*, 1965.

244. Chandalia, Sidhant," International and Indian Civil Liability Regime for Nuclear Damage-Operator's Liability v. Supplier's Liability", *Kathmandu School of Law Review*, Vol. 2,2013.

245. Jing Liu, Faure, Michael. , " Compensating Nuclear Damage in China", *Washington University Global Studies Law Review*, Vol. 11, Issue 4, 2012.

246. Faure, Michael G. , Borre, Tom Vanden," Compensating Nuclear Damage: A Comparative Economic Analysis of the U. S. and International Liability Schemes", *William & Mary Environmental Law and Policy Review*, Vol. 33, Issue 1, 2008.

247. Idei, Naoki," Facing Mass Nuclear Damage Claims: Challenge of

the Japanese Judicial System", *University of Hawai'i Law Review*, Vol. 35, Issue 2, 2013.

248. Hinteregger, Monika, " The New Austrian Act on Third Party Liabity For Nuclear Damage", *Denver Journal of International Law and Policy*, Vol. 35, Issue 1, 2006.

249. Cross, Frank B. ,"Paradoxical Perils of the Precautionary Principle", *Washington and Lee Law Review*, Vol. 53, Issue 3, 1995.

250. Jon M. Van Dyke. , "Liability and Compensation for Harm Caused by Nuclear Activities", *Denver Journal of International Law and Policy*, Vol. 35, Issue 1,2006.

251. Broder, Sherry P. , " Responsibility and Accountability for Harm Caused by Nuclear Activities", *University of Hawai'i Law Review*, Vol. 35, Issue 2,2013.

252. Faure, Michael G. ; Fiore, Karine, " An Economic Analysis of the Nuclear Liability Subsidy", *Pace Environmental Law Review*, Vol. 26, Issue 2, 2009.

253. Hariharan, Arya, "India's Nuclear Civil Liability Bill and Supplier's Liability: One Step towards Modernizing the Outdated International Nuclear Liability Regime ", *William & Mary Environmental Law and Policy Review*, Vol. 36, Issue 1,2011.

254. Morishima, Akio ; Smith, Malcolm, " Accident Compensation Schemes in Japan: A Window on the Operation of Law in a Society", *University of British Columbia Law Review*, Vol. 20, Issue 2,1986.

255. Al-Sharari, Saleh, "The Legal Framework for Nuclear Energy and the Nuclear Program in the Hashemite Kingdom of Jordan ", *Journal of Politics and Law*, Vol. 7, Issue 4, 2014.

256. O'Connell, William D. , " Causation's Nuclear Future: Applying Proportional Liability to the Price-Anderson Act ", *Duke Law Journal*, Vol. 64, Issue 2,2014.

257. Burns, Stephen G. , " The Fukushima Daiichi Accident: The International Community Responds", *Washington University Global Studies Law*

Review, Vol. 11, Issue 4 ,2012.

258. Lippman, Matthew., "Civil Resistance: Revitalizing International Law in the Nuclear Age", *Whittier Law Review*, Vol. 13, Issue 1 ,1992.

259. Kiss, Alexandre., "State Responsibility and Liability for Nuclear Damage", *Denver Journal of International Law and Policy*, Vol. 35, Issue 1, 2006.

260. Michii, Rokuichiro., "The International Legal Framework for Liability and Compensation for Damage from Nuclear Accidents-History, Present Challenges, and Future Course", *Japanese Yearbook of International Law*, Vol. 56,2013.

261. Peixoto, Ester Lopes. "The Problem of Interpretation in Josef Esser's Thought", *DIREITO GV Law Review*, Vol. 3, Issue 1 (January-June 2007, pp. 121 –136.

262. Jon M. Van Dyke., "Liability and Compensation for Harm Caused by Nuclear Activities", *Denver Journal of International Law and Policy*, Vol. 35, Issue 1,2006. pp. 13 –4.

图书在版编目(CIP)数据

核损害赔偿责任制度研究 / 陈建著. -- 北京 : 法律出版社, 2019

(生态文明法治建设文库 / 刘俊, 张志辽主编)

ISBN 978-7-5197-3444-2

Ⅰ. ①核… Ⅱ. ①陈… Ⅲ. ①放射伤害-赔偿-社会责任-研究 Ⅳ. ①D911.604

中国版本图书馆 CIP 数据核字(2019)第083328号

核损害赔偿责任制度研究
HE SUNHAI PEICHANG ZEREN ZHIDU YANJIU

陈 建 著

策划编辑 沈小英 贾方武
责任编辑 贾方武
装帧设计 马 帅

出版 法律出版社
总发行 中国法律图书有限公司
经销 新华书店
印刷 北京虎彩文化传播有限公司
责任校对 杨锦华
责任印制 吕亚莉

编辑统筹 法治与经济出版分社
开本 710毫米×1000毫米 1/16
印张 15
字数 252千
版本 2019年7月第1版
印次 2019年7月第1次印刷

法律出版社/北京市丰台区莲花池西里7号(100073)
网址/www.lawpress.com.cn
投稿邮箱/info@lawpress.com.cn
举报维权邮箱/jbwq@lawpress.com.cn
销售热线/010-83938336
咨询电话/010-63939796

中国法律图书有限公司/北京市丰台区莲花池西里7号(100073)
全国各地中法图分、子公司销售电话:
统一销售客服/400-660-6393
第一法律书店/010-83938334/8335　西安分公司/029-85330678　重庆分公司/023-67453036
上海分公司/021-62071639/1636　深圳分公司/0755-83072995

书号:ISBN 978-7-5197-3444-2
定价:88.00元